占有性个人主义的政治理论

启真馆 出品

启真社科

占有性个人主义的政治理论

从霍布斯到洛克

［加拿大］C.B. 麦克弗森 著　张传玺 译　王　涛 校

浙江大学出版社

谨献给

Susan

Stephen

Sheila

译者说明

一、中译本格式

1. 页边标注原书页码；原书提及其自身页码的，中译本均标注为原书页码。

2. 原书的脚注系每页编号。原书引用自身脚注的，中译本保留原脚注编号。寻找对应脚注时，烦请读者诸君根据页边所注原书页码和脚注数目自行查找。

3. 译者所做的说明，以"——译者注"形式，在脚注里标出。

二、翻译问题

1. 本书引用了多部著作，其中有中译本的，译者多有借鉴；对引用部分有不同理解的，译本做出了必要修改。原书引用某一著作时，有时会以书名中的关键词称引，如以"*Considerations*"指称

Some Considerations of the Consequences of the Lowering of Interest and Raising the Value of Money。对此，中译本遵从原书体例直译（如译为《思考》），不再使用被引著作的中译本名称（如《论降低利息和提高货币价值的后果》）。"引用的作品及其版本"部分亦同。

2. 译者翻译过程中遇到诸多难于精准翻译之处，不得不做出取舍。以下仅举重要者稍做说明，并就教于读者诸君：

Appropriation 一词是洛克著述中的重要词汇，在本书的其他章节也出现过。洛克使用该词来表示个人通过劳动改造上帝交予人类共有的土地或地上出产，而把它们转化为自己的财产。译者认为，该词意指将本不属于个人专有之物转化为（to convert）自己之物，同时强调了通过劳动而占据某物的动作或曰过程，又强调了该物归属于己，即某种性质的私人所有权或私人财产权的生成。因此，译者按照自己对洛克和麦克弗森相关著述的理解，将其译为"据为己有"，省称为"据有"，以求尽量突出该词的上述三重含义。

Civil 一词的主要含义"公民的"、"政治的"、"文明的"、"世俗的"都曾出现在本书中，有时同时兼具数义。译文只能根据上下文语境暂择其一，且尽量选择涵盖能力较强的译法。如上下文明确出现 civilized（文明的、开化的）等提示时，译为"文明的"；又如"公民的"意思暗含了"世俗的"意味，反之则不然，所以在同时讨论宗教、世俗/政治、经济等领域的自由问题时，用"公民自由"来译 civil freedom。

Estate 一词来自法语，其拉丁词源是 status。常见含义包括：状态或地位；地产；财产。在普通土地法上，该词本指一个人在一块土地上的地位，借指该人与该土地的关系，由此引申为他在该土地上的权利，此即他所拥有的"地产"。该词进一步可用以概指一个人的全部财产（包括不动产和动产，债务除外）。该词在洛克《政府论》一书中极常见，常与土地占有相关。在本书第五章中，当该词概指财产，与"生命"、"自由"相并列时，一般译为"财产"；在涉及土地占有的特定场合下，则译为"地产"。

Labour 一词在指向具体的动作或与"工作"等相对时，译为"劳动"；在指劳动能力或与财产相对的抽象意义上则译为"劳动力"。

Possession 一词在与"生命"或"自由"等相对时，一般可译为财产；但在本书中，也有宜直译为"占有物"或"占有"之处。

Property 一词既可指"财产权"，又可指作为财产权客体的"财产"本身；在第四章和第五章，译文根据各处具体语境分别翻译为"财产"或"财产权"。在本书做"财产"解时的某些场合（尤其是在第五章里），又与意指"财产"的 estate 一词同时出现。为做区别，译文同时附上原文用词。

在本书中，麦克弗森使用了 imply、entail 和 contain 等术语；在第三章和附录部分，还出现了 freehold、copyhold 和 tenure 等普通土地法术语。译者试图展现麦克弗森原本用法，翻译时考虑了麦克弗森是否在强调逻辑关系或是否在强调法律区别的情况，来确定译法。

"温福特版" 导言

克劳福德·布拉夫·麦克弗森（Crawford Brough Macpherson）这部广受好评、名至实归的作品所采取的总体方法是政治经济学方法。在其整个学术生涯中，麦克弗森孜孜耕耘于政治与经济问题被看作是紧密联系着的领域。正是在这个领域里，亚当·斯密、大卫·李嘉图和卡尔·马克思提出了他们的观点。这也是哈罗德·拉斯基（Harold Laski，他在伦敦政治经济学院指导了麦克弗森的研究生学业）的研究方向。麦克弗森是当时多伦多大学政治经济学系的本科学生，而自 1935 年直到 1982 年退休，他是该系的一名教授。在多伦多，他最为杰出的长辈同事是哈罗德·英尼斯（Harold Innis），英尼斯对大宗商品贸易在塑造加拿大国家方面的分析，是一项令人瞩目的政治经济学成就。英尼斯亦被认为是传播理论（communication theory）的先驱者，他用这个理论为政治经济学增添了文化之维。我们必须将麦克弗森置于这个特定的政治／经济／文化框架之中。对于《占有性个人主义的政治理论》来说则更是如此。

本书的研究对象主要是霍布斯和洛克的政治理论。同时，也处理了（在 17 世纪英格兰要求经济政治改革的）平等派运动的观点，和在同一时期为士绅主导的共和国声辩的詹姆斯·哈林顿的观点。麦克弗森把他们的理论置于英格兰当时正在经历的从封建经济到资本主义经济的转型中来加以考察。他主张，这一变革既促进了一个"占有性个人主义"世界观的出现，同时又被这种世界观的出现所强化。按照这种世界观：

iv

> 人的实质是免受任何关系（为自己的利益而加入者除外）束缚的自由。个人的自由，只有出于其他人自由的需要才能被正当地限制。个人是他自己人身的所有者，为此他对社会无所亏欠。他有让渡自己劳动力的自由，但不得让渡他的整个人身。社会是一系列所有者之间的关系。政治社会是一个用以保护所有者和有序调节他们之间关系的契约性工具。（第 269 页）

这一世界观在麦克弗森所谓的"市场社会"中具体实现了；在这一社会中，市场关系"塑造了或渗透进了一切社会关系"，劳动力被视作劳动者（他们以其工作能力换取工资）的"可让渡的占有物"（第 48-49 页）。显而易见，麦克弗森对占有性个人主义的刻画，融合了政治的、经济的和文化的元素。政治社会履行着保护和调控市场社会的必要经济功能。占有性个人主义信条提供给了人们下面这个标准化灌输而形成的自我形象——能力归自己私人所有且只对自己负责的自由个体。

本书不仅或不主要致力于诠释经典；它是麦克弗森为了在自己所处的时代去理解和解决占有性个人主义观念，而对这些观念的起源所做的研究。把这一作品与麦克弗森此后的著作——特别是《民主理论》（*Democratic Theory*，1973 年）和《自由民主的生命与时代》(*The Life and Times of Liberal Democracy*，1977 年)——配合阅读，可以说明他的这个目的。从 1962 年出版《占有性个人主义的政治理论》到撰写这些著作的这一段时期，福利国家和社会民主主义已无处不在，足以软化资本主义市场更为坚硬的边界；而有人就会质疑，麦克弗森反对市场社会的理由是否过于夸张。在今天，撒切尔和里根的新自由主义遗产（看来）还有充足的力量能够挺过经济危机（正是这份遗产使经济危机变得可能），所以占有性个人主义处处会遭遇到它。因此，牛津大学出版社决定再版麦克弗森对其起源的考察，可谓正当其时。本书布局直接明了：麦克弗森根据下述前提来解读关键性文本，即我们最好将关键性文本理解为明确或隐含地表达了占有性个人主义世界观的各个方面。由于这些解释与对文本的常规理解背道而驰，所以他通过细读文本来支撑自己的分析。

对霍布斯政治理论的一种传统理解是：处于前政治的自然状态中的人们是自利的权力追逐者；由于缺少政治约束，他们就处于相互战争的状态中。霍布斯自称从物理学和生理学的基本原则推导出这个论点，而麦克弗森提出了下述相反看法：霍布斯是把他在 17 世纪英格兰看到的文明特性归给原始的自然状态："自然人就是仅仅去除了法律束缚的文明人。"（第 29 页）在这种文明状态中，一切经济互动行为开始由市场促成（而非由习惯或中央政治分配促成），而"权力"特指人们相对于另一个人的比较优势，特别是强制其他人将他们对自己工作能力的使用权转让给自己的能力（或者是欠缺这种强制能力）。所以说，自然状态效仿了市场社会。假使这样一个社会完全不受调控，它就会自我毁灭。霍布斯看不出市场社会内部有什么办法能确保调控，所以他规定市场社会完全服从于一个政治权威。至于这个社会的文化，麦克弗森突出了霍布斯下述鲜明主张："人的价值或身价正像所有其他东西的价值一样就是他的价格。"麦克弗森的解释是，对霍布斯来说，一个个体是诸项能力的集合，而能力的价值完全取决于"一个权力市场"（第 37 页）。

写到平等派时，麦克弗森质疑了他们作为激进民主主义者的名声。他反而首先将他们视为个人自由的拥护者——在他们那里，自由意指"一个人对他自己人身和能力的所有权"（第 142 页）。平等派确实为人民票选政府而奋斗，但对他们而言，选举权仅限于那些保留了对自己能力使用权控制的人。这既排除了赤贫的领取施舍者，也排除了"雇工"，而雇工主要是让渡了其能力使用权以换取工资的工人。这就把选举人比例限制在当时英格兰成年男性人口的三分之一左右。与此相似，哈林顿不仅剥夺了赚取工资者的选举权，他甚至还剥夺了他们的共和国（他极力主张消除共和国内部的阶级均势）成员身份。因为哈林顿为士绅声辩（麦克弗森将士绅视为发展中的资产阶级），所以霍布斯那里没有的阶级分析因素就被引入其中了。按照麦克弗森的观点，这是解决霍布斯面临的"如何调控一个市场社会"问题的关键所在，因为它考虑到了统治阶级（它能够为保全社会而约束自己）的凝聚力。

vi 　　通过聚焦洛克的财产权概念，麦克弗森将洛克誉为多数决民主（majoritarian democracy）和个人权利的拥护者。对平等派来说，人们的能力是他们的私人财产。如果他们没有其他资产，他们就要出卖其能力的使用权以换取工资。洛克还有一个更宽泛的财产权概念——把财产（property）描述为一个人的全部生命、自由与财产（"地产"），还是将其仅仅描述为一个人的财产（possessions），洛克对此摇摆不定。麦克弗森认为，这种摇摆为洛克的政治观点所不可或缺。人民（即复数的人，men）出于保全其财产的目的，缔结契约形成政治社会。只要这里指的是广义财产，它就适用于社会中的所有人，所有人就由此受政治性法律的约束。但是，这些法律仅仅是由那些持有狭义财产（即在财产/estates 意义上的财产）的人通过的，因为洛克还把选举权限于拥有私人财产的人。（第 247–251 页）

与霍布斯不同，洛克打算保留自然法所蕴涵的那些先前的道德传统。尽管人们通过"注入其劳动"于物品上而获得财产权，但自然法规定，为避免腐坏，他们不能把多于其个人能利用的东西据为己有，并且必须为其他人留下"足够的和同样好的"。麦克弗森通过说明洛克如何找到去除这些限制的方法，证明了洛克有资格被当作一位占有性个人主义理论家。按照洛克的说法，随着货币（人们可以积累货币，而货币不会腐坏）的发明，人类通过"默示同意"允许人们积累多于个人需求所要求的东西。其后果是放松了"为其他人留下足够的和同样好的"限制。此外，洛克提出了涓滴理论（the trickle-down theory）的早期版本，即生产率的最终提升将会惠及每个人。麦克弗森认为，洛克并非宽宥贪婪的囤积，而是在为以贸易为目的的资本主义据有行为声辩。（他提到，洛克不仅是位理论性的重商主义支持者，他还在贸易公司持有大量股份，包括奴隶贸易。[第 253 页]）

麦克弗森主张，其研究进路的一个优点是提供了一种方法，以说明他处理的理论家们所存在的表面不一致之处，如何能够——即使不是被克服，至少是——被理解。针对霍布斯，一个经常被提出的问题是如何解释，全然自利的个人如何能够将其权力交给一个共同主权者。洛克这里的问题是如何解释，身处自然状态中的人们如果被一种道德自然法支配，那么他们为什么还需要一个政治社会来强使人们做出道德行为。麦克弗森断言，不去抽象地思考人，而是把他们看作市场社会的参与者，为我们提供了合乎逻辑地解决这些问题的方法。按照麦克弗森的解释，霍布斯的自然状态实际上是一种无休止的市场竞争状态。参与到这种竞争中的人能够认可，一个

vii

主权力量是防止竞争变成相互毁灭所必需的，而这与他们的利己竞争行为相符。他们会明白，主权者的存在不仅与他们的持续竞争相一致，而且对这种竞争来说是不可或缺的。按照麦克弗森的看法，对洛克而言，自然状态包含一种阶级差别，工人阶级这部分不如资产阶级那部分有理性，因此不能理解道德自然法。要确保社会中的不那么理性且不那么道德的部分"维护和平"（第 241–247 页），就需要政治社会的约束。

毫不意外，麦克弗森左翼而离经叛道的分析激起了来自重要的政治理论家——如以赛亚·伯林（Isaiah Berlin）、约翰·邓恩（John Dunn）、戴维·米勒（David Miller）、约翰·波考克（John Pocock）、昆廷·斯金纳（Quentin Skinner）、詹姆斯·塔利（James Tully）和其他等人——的很多批评。批评者主张，霍布斯和洛克不是自觉的资本主义辩护者，而将这些人描述为不自觉的辩护者，则是在主张一种模糊不清的、带有马克思主义色彩的意识形态理论。17 世纪的英格兰不是一个资本主义市场社会。哈林顿笔下的士绅忠诚于贵族。洛克不赞成无限制获取。霍布斯关注各式各样的权力，而不仅是或不主要是麦克弗森所处理的那些权力。麦克弗森没能解释，共和主义者在他所处理的那段时期围绕公民美德展开的重要争论。此外，还有其他一些这类批评。这个导言无法公平地处理这些争议。有些批评针对的是麦克弗森对其理论的较早表述，他在本书里做了回应——读者可以自行判断其回应的合理性。读者还可以利用两项有用的研究，它们研究的是对麦克弗森解释的挑战：一项来自赞成批评的詹姆斯·塔利，[1] 另一项来自反对这些批评并为麦克弗森辩护

---

[1] James Tully,"After the Macpherson Thesis" in *An Approach to Political Philosophy: Locke in Contexts* (Cambridge: Cambridge University Press, 1993), Chap. 2.

的朱尔斯·汤申德（Jules Townshend）。[1]

至于麦克弗森的方法论，他无疑运用了一些马克思主义历史原理。市场社会被分割为阶级，其中有些人必须以其劳动力换取工资；麦克弗森认为，霍布斯、洛克和其他人所表述的占有性个人主义世界观正反映了这一点。不过，在一些重要方面，他的观点偏离了马克思主义。（麦克弗森的政治右翼批评者常常指控他是个马克思主义者，同时那些左翼的马克思主义者则批评他不是够格的马克思主义者。）麦克弗森主要感兴趣的是经济市场的政治和文化，而非马克思主义对生产力的关注。他明确抛开了对市场社会的"起源和发展的任何特别理论"（第48页）的思考。他没有提及社会革命理论。麦克弗森的研究进路也不是一种片面的进路或过于简单化的进路。他承认，洛克的自然状态观念"既归因于他对基督教自然法传统的理解，也归因于他对资产阶级社会的同等程度的理解"（第245页），而没有主张洛克的那些基督教观念只不过是心存怀疑的装点门面。他没有主张说，17世纪的自由、权利等此类观念导源于市场社会中的占有观念，而是主张说"占有观念有力形塑了其他这些观念"（第3页）。

为了把《占有性个人主义的政治理论》一书置于麦克弗森的总体工程中，我们应关注该书的一个主题，即他有关政治道德的论述。到了霍布斯的时代，人们已经无法指望通过诉诸"假设出来的、充斥宇宙的意志或目的"来为调节人类事务提供指导，而麦克弗森主张，这些事务开始被市场力量定性。每个人都平等地服从市场；而为了避免彼此毁灭的混乱，每个人都认识到需要服从一个统领全局

viii

---

[1] Jules Townshend, "Hobbes as Possessive Individualist" and "Locke as Possessive Individualist" in *C. B. Macpherson and the Problem of Liberal Democracy* (Edinburgh: Edinburgh University Press, 2003), Chaps.2 and 3.

的政治权力。对麦克弗森而言，这种服从是一种义务，它"可以被称为审慎义务，同样也可以被称为道德义务；它是市场人能够认可的最高道德"（第 87 页）。如此看来，霍布斯是从假定的社会和政治事实推导出一种道德准则。麦克弗森用了几页篇幅来为这一推导辩护（第 81–90 页）。正如他所指出的，大卫·休谟主张（而且，即使不是全部，至少是当代大部分主流哲学家都同意），没有人能够仅仅从有关非道德性事实的陈述中合乎逻辑地推导出一种表达道德规定的陈述。此处对麦克弗森观点的一种解释（或者可能是一种重构，因为他在这一点上表现出了某种混淆）是，尽管他使用了诸如"推导"和"有效性"等专门的逻辑术语，但他头脑所想的不是有关伦理学的哲学理论，而是某种常识道德。在霍布斯的时代，对人们来说，把政治规则诉诸神之准可的做法已经没有什么意义了，但是忠诚于一种监督市场关系的世俗权力则说得通。如此一来，霍布斯的义务观就"具有特定的历史有效性"，也就是说，它适合于市场社会（第 13 页）。

ix

在本书结论部分，麦克弗森回到了这个主题。他在那里说，尽管占有性个人主义预设在今天仍占优势，但"我们现在已经无法从中推导出充分的［道德］原则了"。常识性观念要具有实际道德力量，就必须满足两个前提条件：对市场力量的平等服从被所有人认为是"正当和不可避免的"，以及"在所有那些有权选举政府的人中间"的凝聚力。由于出现了一个自觉的工人阶级以及普遍的选举权，这些条件不复存在。不同阶级争夺政治权力，而且并非所有工人都把市场看作一个平等的公共场所。因此，现代自由民主理论面临着以下困境：市场社会留存了下来，但是从市场社会的占有性个人主义文化推导出共同道德观所需要的条件却没能留存下来。（第 271–275 页）麦克弗森猜测，或许，核灭绝威胁会为形成一种霍布斯式的"不安全状态的平等"意识提供一个新的基础，并由此带来全球性的（如果不是一国之内的）凝聚力。那些在 20 世纪 60 年代早期至少已是青年的人并不会认为，这只不过是一种猜测，因为当时爆发核战争的可能性高得惊人。麦克弗森的夫人凯（Kay）是加拿大和平运动的一位重要组织者，而麦克弗森那时想要出版系列讲座集《真实的民主世界》（*The Real World of Democracy*，1965 年），部分原因意在鼓励缓和。这种想法类似于今天人们有时对隐隐逼近的环境危机所表达的看法。

无论在核威胁下可能出现过什么样的平等意识，也无论对环境污染的恐惧可能会产生什么样的平等意识，我们都难以看到，它们如何能够以麦克弗森所希望的方式让自由民主理论和文化得以重生。相反，现在似乎有三个替代方案。其一，寻求对非自由民主选项的共识性接受。其二，抛弃"道德观必须反映那些当下人们共同理解的境况"这个观念，并倡导普遍适用的规定，无论其是否体现于日常道德中。其三，在现有的自由民主政治文化中界定非占有性个人主义的范围。这正是麦克弗森在其后续作品中所采取的方法。他从事政治思想史分析工作，其目的是说明自由民主思想是由两种相互竞争的倾向所组成。一种是占有性个人主义，另一种是非占有性人类潜力的平等发展这样一种民主观。因此，他撰写后续作品《民主理论：论文重淬集》（*Democratic Theory: Essays in Retrieval*）就是要论证，如果抛弃《占有性个人主义的政治理论》一书所呈现的那种占有性个人主义遗产，自由民主还如何能够坚持自我。

弗兰克·坎宁安（Frank Cunningham）

2010 年 9 月

C. B. 麦克弗森的著述

1953.《阿尔贝塔的民主》*Democracy in Alberta.* Toronto: University of Toronto Press.

1962.《占有性个人主义的政治理论：从霍布斯到洛克》*The Political Theory of Possessive Individualism: Hobbes to Locke.* Oxford: Oxford University Press. Reissued with an Introduction by Frank Cunningham. Toronto: Oxford University Press, 2011.

1965.《真实的民主世界》*The Real World of Democracy.* Toronto: Canadian Broadcasting Corporation. Reprint, Oxford: Oxford University Press, 1972; Toronto: House of Anansi Press, 2006.

1973.《民主理论：论文重淬集》*Democratic Theory: Essays in Retrieval.* Oxford: Oxford University Press.

1977.《自由民主的生命与时代》*The Life and Times of Liberal Democracy.* Oxford: Oxford University Press.

1978.《财产：主流的和批判的立场》*Property: Mainstream and Critical Positions.* Edited by C.B. Macpherson. Introductory and concluding essays by C.B. Macpherson. Toronto: University of Toronto Press.

1980.《伯克》*Burke.* Toronto: Oxford University Press.

1984.《经济正义的兴起与衰落》*The Rise and Fall of Economic Justice.* Oxford: Oxford University Press.

前 言

先前我曾提出，17 到 19 世纪之间的英国政治思想存在一种值得关注的潜在统一性。我把这种统一的预设称为"占有性个人主义"，并提出，如果把从约翰·斯图尔特·穆勒直到当前的自由主义民主思想的核心难题看作是由这个预设的持久存在和根深蒂固所导致的，我们就可以更好地理解这些难题。[1] 占有性个人主义观念还给了我们这样的希望：它能带来对 17 世纪主要政治理论的新认识，在某些情况下，还能解决那些有关它们含义的悬而未决的问题。

本书就是为了实现这种希望，并为此已经着手数年。我希望，我对洛克的研究已确立了一种对其财产权理论的解读，这种解读会改变对洛克政治理论的一般看法。这项研究某些先期完成的部分，已经刊载于 1951 年和 1954 年发表的两篇文章中。我还没有发现实质性增改那时观点的必要，尽管我已经为之后出现的一些洛克研究著作添加了引注。我对霍布斯的研究指出了有关其政治理论的主流

---

[1] *Cambridge Journal*, vii. 560–568 (June 1954).

论述尚有大量有待理解之处，并提供了一种替代解释。我对平等派理论的研究纠正了权威论述中的一个实质性错误，并探究了平等派的自由观在占有方面的隐含之意。我对哈林顿的研究则试图将其理论从士绅争议中解脱出来，并说明，他的理论最好被理解为具有资产阶级根源。对于迄今为止各个理论（尤其是洛克和哈林顿的理论）中没有被注意到或被太轻易放过的那些内部矛盾，本书都将其作为思想家隐含预设的线索而加以检验和利用；如此一来，这些矛盾表明需要对整个理论予以更全面的理解。

我希望，每项研究都能如上所述，有助于更充分地理解（而其中某些研究能有助于更准确地理解）17 世纪英国政治思想。我们或许可以认为，它们共同证明了，占有性个人主义观念作为自由主义政治理论的一项核心预设所具有的有用性。

《西方政治学季刊》（the *Western Political Quarterly*）的编辑允许我使用最早发表在该刊物的两篇文章，即《洛克论资本主义据有》（"Locke on Capitalist Appropriation"，1951 年 12 月）和《洛克政治理论的社会意义》（"The Social Bearing of Locke's Political Theory"，1954 年 3 月）；《古与今》（*Past & Present*）的编辑允许我使用登载于该刊物 1960 年 4 月卷的关于哈林顿的材料：在此一并谨致谢意。

本书所呈现的大部分想法，我已经和朋友及同事讨论过，是他们让我省去不少工夫。诸位朋友同事不会希望我逐一向其致谢，而他们之中有些人对我的帮助比他们自己所知的还要大。我的学生们同样如此——他们让我认识到我的研究主题所存在的某些困难，并鼓励我相信，它们终会被克服。

我在申请不同类型和不同数额的奖学金时，过程都很顺利：请允许我表达我对纳菲尔德基金会（the Nuffield Foundation）、加拿大艺术委员会（the Canada Council）和我自己所在大学的谢意，承蒙它们认为我的研究尚有价值，并切实地以有益观点慷慨赐教、施惠于我。

C. B. 麦克弗森

1961 年 6 月 30 日，于多伦多大学

目　录

第三章 平等派:选举权与自由

第四章　哈林顿：机会国家

第五章 洛克：关于据有的政治理论

第六章　占有性个人主义与自由主义民主

附录　1648 年左右英格兰的社会阶级和选举权人类别

引用的作品及其版本

第一章

导论

第一节　自由民主理论的根源

近年来的大量著述都提到，为自由民主国家找到坚实的理论基础是何等困难。既然这个困难一直存在，下面这个问题似乎就值得我们去探究：是否有可能这个困难并非深埋在自由主义传统的源头，而是产生于自由主义后来的发展中。对于这样一项探究来说，也许将造成这个困难的根源追溯到英国17世纪的政治理论和实践是恰当的。在那时，就在长期的议会斗争、内战、一系列共和试验、王权复辟以及最终的宪制革命的过程中，未来将成为自由主义民主理论之基础的原则全都被提出来了，尽管在当时这些原则没有取得同样的成功。很明显，现实斗争和理论论证都必需的一个组成部分是一种新的对个人价值及权利的信仰。

对17世纪的个人主义，既有人切齿痛骂它侵蚀了基督教自然法传统，也有人欢呼赞美它开辟了自由进步的新前景，对它的重要性人们则毫无争议。同样无可置疑的是，个人主义是随后整个自由主义传统的显著特征：个人主义，作为一项基本的理论立场，至少可以追溯到霍布斯那里——尽管很难把他的结论称为自由主义的，但他的理论预设确乎是高度自由主义的。他抛掉了"社会"、"正义"和"自然法"等传统概念，从相互分离的个体的利益和意志出发推导出政治权利和义务；另一种个人主义，强调每个人的平等道德价值，显然对清教政治思想来说至关重要；在洛克政治理论中，个人主义也颇占分量（即便面目有些含糊不清）。这些理论和为建立一个更具自由主义色彩的国家而进行的斗争密切相关。其中，清教理论和洛克的理论为它提供了主要的正当性论证。即使 18、19 世纪的功利主义看上去取代了上述理论，但功利主义在骨子里仍只是对创立于 17 世纪的个人主义原则的重述——边沁正是站到了霍布斯的肩膀之上。

人们不会奢望，在经历过复杂剧变的 20 世纪的世界，17 世纪的基本政治原则还完全够用。不过可能有人会期望，如果这些原则确实像看起来那样坚固，像看起来那样能契合现代人的需求、愿望和能力，就能继续把它们作为理论建构的基础。不过这种期望落空了——基础已经崩解倾颓。想要保留它们，就必须进行修复。

修复基础的方式必定取决于对缺陷之处的判断。时至今日这类判断已然不少——自约翰·斯图尔特·穆勒对边沁的功利主义进行抨击开始（在那时，边沁的功利主义已成为政治个人主义的具体表达），自由个人主义（liberal individualism）的缺陷就或多或少地被等同于边沁笔下那具有狭隘利己性和狭隘理性主义特性的版本。边沁理论有一个预设，即处在政治关系中的人确实并且应当被当作他自己利益的计算者，而这穷尽了他作为政治人的全部本性。这种预设被看作是对自由主义早前传统的基本见解的歪曲。

基于这种判断进行修复，就需要唤回一种个人的道德价值观，并将它与以某种方式存在于清教理论和洛克理论中的社群道德价值观相结合。可能曾有人希望通过这种方式重拾个人主义价值观中的可取部分，而舍弃其过度部分。自穆勒开始，从 T. H. 格林的观念论到诸多类别的现代多元主义都曾做过如此尝试，但全都遇到了严重困难；困难是如此严重，以至于值得重新斟酌业已做出的判断本身是否恰当。

本书当前的研究就是做这样的尝试。本书主张，现代自由民主理论所遇困难的根源较之前所设想的为深；17 世纪时原初的个人主义就已包含了核心困难，这困难在于个人主义的占有性（possessive quality）。个人主义的占有性可以在它的个人概念中找到，这种概念认为个人实质上是自己人身或能力的所有权人，为此他对社会无所亏欠。个人既不被视为一个道德整体，也不被视为更大的社会整体的一部分，而被视为他自己的所有人。所有权关系——对越来越多的人来说，它已成为极端重要的关系，决定着他们得以实现其全部潜力的现实自由和现实前景——被附会到个人的本性中。个人主义认为，只有当个人是自己人身和能力的所有者时，他才是自由的。人的本质在于免于依赖他人意志的自由，而自由取决于占有；社会变成了许许多多自由平等的个人，他们是自己能力和通过实践所获之物的所有权人，以此身份互相联系；社会由不同所有权人之间的交易关系所组成；政治社会就成了为保护这种财产权和维护有序的交易关系而设计出来的工具。

我们不能说 17 世纪的自由、权利、义务和正义观念都完全导源于这种占有观念，但可以证明，占有观念有力地形塑了其他这些观念。我们将看到，占有性预设不仅存在于两种主要的系统性政治义务理论（分别来自霍布斯和洛克）之中，而且在可能是最出人意表之处——激进的平等派和士绅意识浓厚的哈林顿的理论中——亦可觅其踪迹。我将证明，这些预设充分契合了市场社会中的现实关系，在 17 世纪赋予自由主义理论以力量；但市场社会的发展摧毁了从占有性预设推导出自由主义理论所需的某些先决条件，只不过社会与这些预设极为相合，所以还不能丢掉它们；这些预设就成了 19 世纪自由主义理论的缺陷之源。这些预设不仅还没被丢掉，而且只要市场关系还盛行，就不能被丢掉。当我们知道它们嵌入原初理论到底有多深后，我们就能认识到它们的持久性；当我们认识到它们的持久性后，我们就能估量它对造成当前自由民主理论的难题要负多大的责任。

第二节　解释的问题

我曾着力强调有些社会预设对 17 世纪政治理论的重要性，但总体来说人们并没有明确认识到这些社会预设，因此我觉得，它们还没有普遍得到人们的足够重视。在这些理论中，绝大多数预设是以混合了事实预设和权利预设的不确定面目出现的，因此它们往往不为哲学和历史评论者所注意。又因为有时理论本身的社会预设未被言明或未被完整阐述出来，它们就很容易被忽视或低估。这就带来了一个有关解释的总体问题。

说一个理论家没能明确说出他的某些预设，当然就是假定这个理论家在使用某些他并未明确阐述过的预设。不过，这个假定并不是当然成立的。我们不能仅仅通过证明，要得出其学说的结论在逻辑上需要某些未被说出口的预设（通常情况确实如此），来确立这个假定；人们可能还需要假设这位理论家是严格遵循逻辑的思想者。但是，做如此假设是不明智的。政治理论家确实会以合乎逻辑的论证来努力说服其读者，不过政治说教的要求和逻辑的要求并不总是相同的；更何况先前时代的思想家对逻辑的认识可能与我们不同。

不过，虽然"理论家在使用某些他并未明确阐述过的预设"的推测并不能当然成立，但是它仍具有相当的合理性。假如政治理论家总是明确陈述全部预设，那才会令人惊讶。他们之所以没有明确陈述全部预设，有两个相当明显的可能原因：

其一，如果作者理所当然地认定读者有着与他相同的预设，他就会觉得没必要在各个论证环节中把它们一一叙明，而我们这些无法自动领会那些预设的人就会认为，作者应该把它们陈述出来以补足论证。例如，17 世纪的一个常见预设是，劳动阶级是一个独立阶级，几乎算不上是政治社会的一部分。我们没有理由仅以"没有这个预设，他得不出这个结论；有了这个预设，他才得出了这个结论"为根据，就把这个预设归给某位 17 世纪的理论家。原因在于，我们有可能找到达成其结论的某些其他预设，有可能其他某个预设才更应该归给这位理论家。但是，如果一个预设不仅满足以下两个条件——（1）它足够常见，作者得以认定，他不必明言而读者当然自能领会；（2）它弥合了作者论证上的某个缺口——并且作者在我们认为不需要这个预设的某处行文之中提及或使用了它，则"他是在做出一项贯穿其整个论证的预设"的概率就大到不应被忽视了；排除这种可能性会比承认它更容易把我们引上歧途。我们将会看到几个这样的预设，这些预设实为某一理论所必不可少，但却只是被作者偶尔提及，就仿佛它们不值得详细阐述，[1] 或只是作者在论证其他事

---

〔1〕 例如平等派的"雇工被正当地排除在选举权之外"这个预设（见下文，第 122 页及以下）；洛克的"我的雇工的劳动是我的劳动"这个预设（见下文，第 215 页）。

项时顺带予以揭示。[1]

　　理论家没有明确陈述其预设的第二个原因是，他可能没有明确认识到这项预设。一个思想家，其个人的社会生活会使他形成某些关于人性和社会本质的一般性预设，他会时不时地将这些预设作为其理论基础，而不会完全意识到这点；倘非如此，才是奇怪的事。没人会把脑子里想的一切都明明白白地陈述出来；也极少有人会把将来可能与其问题有关的一切都完整阐述出来。他们没有明确阐述的东西仍可能贯穿他们的思考过程。我们不能忽视这类隐含预设存在的可能性。我们不能仅以"它们看起来在逻辑上是作者论证所必需的"为据，就将它们归给该作者；但如果这样的预设使得作者的论证能讲得通（或比其他预设更能使之讲得通），而我们现在能知道它们完全可能来源于作者的社会生活经验，而（此外）它们又一再在作者的附带论证中被暗示出来时，[2]那么"他就是在使用这些预设"的概率就已经大到足以使我们有理由承认它们的存在。

　　将作者并未明确陈述过的预设附会到其作品里的做法当然存在风险。无论"他认为某些预设实属当然"或"他抱持某些预设而不自知"的推测如何有力，我们都不能确定自己做出了正确的推测。但是，尝试做出这个推测的风险在原则上要小于避免做出这个推测的风险。如果只承认那些满足上述检验标准的预设，我们就至少有望能避免以下这种司空见惯的做法，即不自觉地将某些预设归给某人，对于这些预设，我们认定其实属当然，但先前时代的某位作者却并不会这样认为。

　　对于"思想家为何没有明确阐述他所使用的所有预设"这个问

---

　　〔1〕例如洛克的"劳动的穷人没能力去履行理性义务"这个预设（见下文，第224页）。
　　〔2〕例如哈林顿的"在他所描述的士绅主导型社会中，市场关系盛行"这个预设（见下文，第175–181页）；又如洛克所给出的两个相互矛盾的社会概念（见下文，第243页及以下）。

题，除上述两点外可能还存在其他原因：他可能故意隐藏或掩饰了一部分预设，其出发点或是担心得罪读者而不能使读者服膺其结论，或是害怕受到迫害。在 17 世纪，从事政治理论研究可是个危险行当。即使不考虑人身危险这个因素，一个思想已经彻底突破了既有传统的谨慎理论家还可能会觉得自己需要用某种花招来笼络读者。近来学者已经越来越多地给出了这类解释，特别是用它们来解释洛克理论中的混乱之处。[1] 我们不能忽视思想家以某种方式隐藏自己的预设这个可能性（在洛克那里，则是这种可能性更大），但在我看来，有关隐藏的假设并不能解释所有需要解释之处，即使在洛克的事例中也是如此；它还不足以替代以下这个假设：出于我上文所提示某个原因，思想家没有对某些社会预设加以完整陈述，或者是隐而不说。

最后，可以对政治理论的逻辑一致性问题做一番概括性评价。我接下来的每项研究，出发点都是一个理论结构中的某个真实的或假定的不一致之处。我已经发现以下假设是富有成效的：每位思想家都力图或确实（这两种情况的结果相同）在他的视野范围内做到前后一致。不过应予注意，这个说法完全不同于以下这个假说：只要能够被正确理解，每个理论都是前后一致的。有时研究结果的确会表明，一旦我们承认某个未被言明或未被完整阐述的预设（它之前被忽视了或未受足够重视），那么某个看似不一致之处其实是前后一致的；但更常见的情况是，研究结果表明，即使足够重视或已经特别重视某个理论的那些隐含预设，这个理论在某些方面仍存在着真正的不一致之处。因此，分析工作带来的就不是对逻辑不一致之

8

---

〔1〕 如见 Leo Strauss, *Natural Right and History* (Chicago, 1953), pp. 206–211, 246–247; R. L. Cox, *Locke on War and Peace* (Oxford, 1960)，对此的讨论，见下文，第 197 页注 2；及注释 R，第 300 页。

处的解决，而是对"理论家为何没有觉察这种不一致"的解释。

无论如何，一致性问题都是一个次要问题。有关"意图达到一致"的假设只是个有用的方法而已。当我们发现某一句话中就存在前后不一致的立场（比如，一份平等派的宣言主张，因为所有的人（*all persons*）都享有在选举中发声的平等权利，所以应该将选举权赋予除雇工和乞丐之外的所有人（all men）[1]）时我们就有理由发问，是否作者当时脑中存在某个预设能够对他做出这种主张提供解释；而如果我们接下来不去寻找这类预设的存在证据，就未免太不明智了。出现明确的不一致之处将会被我们当作寻找某些未经充分阐述的预设的线索。某位思想家在其视野范围是前后一致的。将这个假说作为探究其视野范围和局限（之后我们也许还可以再用其他证据对此加以证实）的指针比将其作为解决其不一致之处的方法来得更为有用。

---

〔1〕 John Harris, *The Grand Designe*. 引用之处见下文，第 125 页。

第二章

霍布斯：市场的政治义务

第一节　哲学与政治理论

人们认为霍布斯是最令人生畏的英国政治理论家，这看法广泛存在，也正确；他之所以可畏，不是因为他难于理解，而是因为他的学说既是那么清晰、那么绝对，却又是那么令人生厌。他对人性的设定不讨人喜欢，他的政治结论是非自由主义的，而他的逻辑看起来让我们无从置喙。不过，虽然相较其他大多数理论而言他的理论很清晰，但它非同寻常的广度和深度还是让它容易遭到各式各样的批评。它一再受到来自神学、哲学和实用政治等方面的攻击。不过，它不但挺了下来，而且更增光添彩。直接的攻击使它充满活力和长久魅力，它一直被解释、再解释，时至今日更是被彻底重构。

或许，霍布斯的理论看起来已无有益的余意可以发挥。不过，现今最广为接受和最有影响的解释仍留有缺憾。其中的大多数解释，是通过打破霍布斯呈现给人们的整体结构而做出来的。这种做法有时是为了诋毁整个理论，更常见的目的则是为将他的理论中极具分量的部分从被视作致命缺陷的其他部分里拯救出来。我们没有理由反对人们去探测一个貌似整体的结构，如果探测结果揭示出该结构不是一个真正的整体，那么就应该将这个事实记录下来并加以说明。但是，虽然人们经常这么处理霍布斯的理论，可这么做的结果如何尚无定论；这个方法是否加深了人们对霍布斯理论的理解，也颇可怀疑。

第一个楔形探针被打在了霍布斯哲学上的唯物论和他的政治理论之间。一些最著名的霍布斯的研究者已经采纳了以下看法：他的政治理论并非导源于他的唯物论，也没有受到他的科学观念的决定性影响；1936 年，施特劳斯发表了极具影响的研究成果，使这一观点达到了顶峰。[1] 不过，这种解释并不要求对霍布斯的政治理论做出什么广泛修正。因为，虽然霍布斯曾经提到过从几何学及物理学的物质和运动的基本原理推导出他的心理学原理（进而推导出其政治理论）的可能性，[2] 但他实际上没有试图做出过任何这类推导。他指出，那些可以从中推导出一种政治科学的心理学原理是不需要从物质运动定律中推导出来的，它们能够通过人的自我观察直接得出。这正是他所使用的方法。[3] 因此，忽略霍布斯的唯物论并不必然破坏他的政治理论；虽然我将论证，[4] 出于另一个原因，他的政治理论确实需要唯物论。

更为晚近时，一个新的楔形探针被打了进来，这次是打在了霍布斯的心理学原理和他的政治理论之间，这带来了要求实质性重构其政治理论的更深远后果。A. E. 泰勒（A. E. Taylor）于 1938 年提

---

〔1〕 G. C. Robertson, *Hobbes* (1886); John Laird, *Hobbes* (1934); Leo Strauss, *The Political Philosophy of Hobbes, Its Basis and Genesis* (Oxford, 1936).

〔2〕 *Elements of Philosophy* (*English Works*, ed. Molesworth, i. 74).

〔3〕 Ibid., pp. 73, 74; cf. *Leviathan*, Intro.

〔4〕 见下文，第 78-79 页。

出了下述这种新观点[1]：霍布斯的政治义务理论与他提出的人的心理本性的命题之间不存在逻辑上的必然联系。这个观点已经被广泛接受。这个观点被提出来以后，杰出的霍布斯的研究者们一直尝试着从霍布斯的著述中构建出一个能够在他们看来逻辑融贯且反映霍布斯真实想法的理论。为做如此尝试，他们只能不去理会霍布斯自己的表述，即他是从他的人性前提中推导出其政治理论的；[2]并且不得不在霍布斯的著述中为政治义务理论寻找其他某种基础。

欧克肖特（Michael Oakeshott）曾这么评价：我们不应该奢望霍布斯的道德思想存在着对任何一个 17 世纪作者的观念而言实属陌生的融贯性，也不应该试图从他的著述中提炼出某种前后一致的学说来创造这样的融贯性；但他在做出这个令人放松戒心的评价之后，却恰恰做了这样一个错误的提炼——他拒绝了以自我利益为根据的政治义务理论，并进而提出一个解释，据他说，这个解释将会给出"一个融贯得与霍布斯实际所写的一切都相一致的观点"[3]。这一观点就是，霍布斯提出的政治义务是屈服于主权者不可抗拒之力的身体束缚、以自我利益为基础的理性义务（它阻止了一个人去从事他理性地认识到其可能后果很可能对他自己有害的行为）以及并非以自利为基础的道德义务（它是由向主权者授权的自愿行为所创造的，在于服从被授权的主权者的命令）的混合体。[4]

这种程度的融贯性尚不能使其他学者满意。瓦伦德尔（Howard Warrender）认为霍布斯的政治义务理论并非全然以自我利益为基

〔1〕　A. E. Taylor, "The Ethical Doctrine of Hobbes", *Philosophy*, xiii (1938).

〔2〕　*Rudiments*, Ep. Ded., p. 5, and Preface, pp. 11, 13; *Elements of Law*, Ep. Ded., p. xvii, and chap. i, sect. 1; *Leviathan*, Review and Conclusion, p. 554.关于这三部作品的更多细节及所用版本，见注释 A，第 293 页。

〔3〕　M. Oakeshott, Introduction to his edition of *Leviathan* (Oxford, 1947), p. lviii.

〔4〕　Op. cit., pp. lix–lxi.

础，这与欧克肖特的观点相同；但他没有接受欧克肖特的警示忠告，从霍布斯的著述出发建构了高度融贯的义务理论。这一理论认为，政治义务是道德义务，它不是从关于人性的设定，而是从上帝的意志或命令或是权威自生的自然法体系中推导出来的。[1]其他批评者进而发现，瓦伦德尔的理论建构也不令人满意；它极为出色且彻底地发展了泰勒论点的隐含之意，但却使得这整个论点受到了质疑。[2]

但是，如果我们拒绝泰勒的论点，回归传统的观点——即霍布斯是从人性设定（他认为这对任何有头脑的观察者来说都是不言自明的）来推导出他的政治义务理论，那么我们就会再次面临原先就存在的而泰勒的论点能够避免或解决的难题。其中的两个难题可能需要予以特别注意。

其一，霍布斯的人性理论看起来是如此让人难以接受（至少就霍布斯将它推许为普适理论这一点而言，确是如此），以至于除非他的政治理论可以合乎逻辑地与之分离，否则这个政治理论就似乎并不值得认真考虑；不过，这个政治理论仍继续萦绕在霍布斯的批评者脑中，被认为是值得认真考虑的对象。霍布斯的人性理论确实难以被全盘接受。除了它容易引起强烈的厌憎情绪以至于直接被拒绝的事实之外，它还可能基于不同的合理原因而被拒绝。人们可能认为它的机械唯物论站不住脚，也可能从经验出发而拒绝它：如果他的人性理论成立，（如果我们像那些霍布斯的批评者普遍地随意做出假定一样，也去假定霍布斯的推导确实成立）那么对于既是霍布斯的读者又是霍布斯所写之人的那些人而言，他所得出的政治结论就

---

〔1〕 Howard Warrender, *The Political Philosophy of Hobbes* (Oxford, 1957), and *Political Studies*, viii. 1 (Feb. 1960), 48–57. 参看注释 D，第 294 页。

〔2〕 尤其可见于 Stuart M. Brown, Jr., "Hobbes: The Taylor Thesis", *Philosophical Review*, lxviii. 3 (July 1959).

应当是可以接受的；但实际上这些政治结论从没被接受过。这可能是因为，人们仍然对霍布斯这样一位思想家所具备的高超水平感到钦佩，但却（出于上述原因中的某一个）认为他的人性理论是站不住脚的；而且人们不容易感受到他的结论拥有较强的说服力：因此，他们要为他关于政治义务的结论寻求其他某种基础。不过，我们对霍布斯这样一位思想家的钦佩之情，并不需要驱使我们走得那么远。

我将指出，我们不必走到抛弃霍布斯的人性理论或否认它在霍布斯推导体系中的必要地位的极端地步，就能够处理这一难题。如果我们认识到他的人性理论反映了他对人们在特定类型社会中的相互行为的洞见，我们就能明白，为什么霍布斯认为，一旦他"有条理地和明晰地"阐述了他的人性命题，那么对当时所有可靠的观察者而言，这命题就会是不证自明的。我们也就能明白，他的命题虽然并不普遍有效，但对他的和我们的时代来说，他的命题要比（某些时代的）某些人（他们对待某件事要么全盘接受要么全盘拒绝，因而拒绝任何不能证明普遍有效的观点）所认可的更加近乎有效。至于要说明"为什么他的主张尽管有高度的精确性和充分性，但他的同代人仍不能接受"的原因，也不存在困难。[1] 总之，当我们给霍布斯的普适主张加上历史限定时，就不需要为了拯救他的政治理论，而将他的人性理论与之相分离；我们也就能看到，他的这两个理论都具有针对特定历史阶段而言的有效性，并且是相互一致的。

第二个由传统观点带来的难题是，它提出霍布斯犯下了一个现在所谓的严重逻辑错误，即，他曾试图从实证性的事实设定来推导道德义务。他的人性理论的核心无疑是一系列假设出来的事实设定，而他的政治理论又确实是从道德义务的角度来表达的。如果霍布斯

13

---

〔1〕 见下文，第五节、二。

确曾力图使他的政治理论成为从人性理论严格推导出来的结果，那他就会被判定为犯了从"实然"（what is）推导出"应然"（what ought to be）的错误；人们之所以会认为他犯错误，是因为现在人们认为，从"是"推导出"应当"（ought）在逻辑上是不恰当的。为了将霍布斯从这种境地中解救出来，似乎就需要将他的义务理论与他的人性理论剥离开来，并为前者寻找其他的某种基础；否则就要否认，霍布斯的义务理论是（而霍布斯本人认为它确实是）一个道德性的义务理论，而非只是一个审慎性的义务理论。

但在这里，与对待第一个难题一样，历史地看待霍布斯思想可以向我们证明，没必要走到那么极端的地步。我们为什么要将属于后霍布斯时代的逻辑规则强加给霍布斯呢？可能有人会说，在今天，如果我们打算让自己对其政治理论的逻辑合理程度和能够恰当信赖它的程度感到满意，我们就必须得这么做。不过，从历史角度来看，"从事实不能推导出义务"这条规则本身就是可置疑的。我将论证，[1] 如果充分认识到了霍布斯附有历史限定的预设，我们就有理由认为，霍布斯洞穿了哲学上的层层迷网，发现了事实和义务之间的一种关系，这种关系有着与现代规则一样有效甚或更好的逻辑地位；我将论证说，他穿透其所处社会的眼光使得他实现了一个哲学上的跨越，但因为后来社会对政治哲学所提出的要求，这个成果没有被接受，并很快被遗忘了。这里无须提前说明我的论证，只需先指出以下这点：鉴于我们已看到的，把后霍布斯时代的逻辑要求强加给霍布斯所带来的这些问题，当我们面对霍布斯的逻辑一致性和恰当性问题时，就有了显而易见的理由转向社会和历史考察。

可能有人会告诉我们，逻辑探究和历史探究彼此自主，而历史

---

〔1〕 见下文，第四节、五，第五节、一。

解释无论是多么地可被接受，都不会影响一个理论的一致性和逻辑恰当性。下述看法足够正确——即使存在大量关于作者动机或偏好的历史证据或猜测，我们也不能指望它们有助于判断他的体系的逻辑恰当性；但即便是这种历史探究，通过关注作者的写作目的和写作受众，也可以使我们避免将他没有提出的哲学问题归结于他，避免翻检他的作品来寻找他原本没有寻求过的答案。不过，我头脑中的那种历史探究并不关注动机，而是从历史角度去考察理论本身包含的或必然隐含的、未经阐述的或不明晰的预设的内容可能是什么。我找不出任何理由将这种历史探究与哲学探究隔离开来。近年来，特别是自哲学家转向语言分析以来，哲学家和政治理论家之间确实出现了越来越明显的劳动分工。这种分工趋势已经达到这样一个境地——近来最出色的研究霍布斯的哲学家已经能郑重地提出，历史考量与证明霍布斯表述的含义无关："霍布斯的理论如何产生和应该如何解释它的问题"与"他的理论是什么这个优先问题"被分离开来。[1]但是，将这个问题称为优先问题，本身就是有问题的。同样可以合理成立的是，如果不对霍布斯的不明确或未阐述的预设做出逻辑的和历史的猜测，我们就不能证明他的理论是什么。无论如何，看来值得弄清楚的是，一种既是逻辑的同时又是历史的探究能否为研究霍布斯的理论带来不一样的启示，以及它能否将霍布斯理论中已经被流行的逻辑分析方法遗落在阴影里的重要内容显现出来。

在接下来的探究中，我首先做出这样的预设，即霍布斯是在致力于去做那些他说过他正在做的工作；也就是说，他是从假设的或观察到的人性事实出发，去推导政治义务。我没有直接在"应当"和"是"的问题上，将他的理论置于后霍布斯时代的逻辑一致性标

---

〔1〕 Warrender, op. cit., pp. viii–ix.

准的检验之下，并进而试图从他的著述中建构能通过检验的理论；或以"不应该将一个 17 世纪的思想家置于这样的检验之中"为由为他开脱，并进而尽可能为霍布斯这样一位思想家被其时代的哲学缺陷所羁绊找到绝佳的理由。我的做法是，将这些检验的问题暂时搁置一边，直接去关注他某些预设的社会内容。

16　　在第二节我会说明，霍布斯从人的生理本性到人们针对彼此的必然行为（对主权者的需求就是源于这种行为）的论证，不是人们经常认为的那种从生理设定出发而做出的简单推导，它只与一种特定社会模式相契合。我相信，人们对霍布斯所做的从人的生理运动到社会运动的论证的认识，经常达不到他们本可以达到的清楚程度，个中原因是人们通常认为霍布斯的论证是以假设的自然状态告终，但他们却常常没能清楚地理解自然状态本身。因此，我接下来试图聚焦自然状态，首先说明自然状态是关于社会人而非自然人，接着说明它无论如何都不是从人的生理机能到人们相互行为的论证终点——早在霍布斯使用自然状态假说之前，他已经提出了一个关于人在社会中的必然关系的理论（这个理论之后被复制到了自然状态假说里，不过做了某些变动）。接下来我会说明，他的"人在社会中的必然关系"理论需要有关某种特定社会的预设。他在从人的生理运动到社会运动的论证的哪处加入了必要的社会预设？这个问题不如下述问题来得重要：他所得出的社会运动与什么类型的社会相一致？当然，这两个问题都值得思考。霍布斯关于人性中什么是先天部分、什么是习得部分的某些陈述，可能前后不一致，依据人们对可能前后不一致的陈述的不同解读，第一个问题可能有不止一个答案。我注意到了这个难题，也会给出偏好其中一种解读的理由。之后我会说明，无论我们怎么解读与第一个问题有关的那些篇章，第二个问题只有一个答案。

因此，在说明霍布斯关于人的社会运动的理论要求特定种类的社会的预设之后，我将（在第三节）考察某些社会模型，以求更为精确地说明其所要求的是什么类型的社会。我主张，霍布斯或多或少是自觉地建构了这样一个模型，并主张该模型在很大程度上对应着 17 世纪的英国社会。认识到霍布斯的社会预设，认识到他对人们需要主权者的推导继而具有了完整性，并不能解决"霍布斯如此证明其必要性的政治义务，究竟是恰如其分的道德义务，抑或仅仅是权宜和审慎义务？"这个哲学问题，不过这种做法确实将这个问题置于一个不同的视角下。

接下来在第四节我会论证，按照霍布斯的预设，我们必须承认，他从事实推导出义务的做法既具有引人注目的新颖性，也具有逻辑有效性。我会论证以下观点：因为他所做的关于社会本质（他将它看作是发生在个体之间的一系列竞争关系，这些个体天然地彼此分离、独立地自我运动，不存在天然的依附等级关系）的预设，他能够从假设的事实推导出一种道德义务，而无须引入等级性的道德价值观或目的论原理；他的唯物论是其推导不可或缺的一部分；从关于人性和人们之间必然关系的假设事实出发直接推导出义务，原则上并不违反逻辑，但需要附有条件，而在霍布斯之前的历史时期，这些条件并不存在。

在第五节，通过再思考霍布斯理论的独创性和他的学说普遍不被接受的原因，我得出了以下结论：与人们通常所认为的相比，实际上他犯的错误要少得多，而他的理论与现代社会之间有着大得多的相关性。

17

第二节　人的本性与自然状态

一、从社会中抽象出来

18　　对霍布斯持传统看法的人通常认为或假定：他的心理学命题就是关于那种彻底从社会中抽象出来的人，且那些命题涵盖了他推导出主权国家之必要性的全部所需。不过，这种观点存在严重的过度简单化。如果我们认为他的心理学命题意指那些关于感觉、想象、记忆、推理、欲望和嫌恶的命题——在这些命题中，霍布斯将人类描述成自我运动、自我导向的运动物质组成的系统（就是说，霍布斯使用这些命题来开始他在《利维坦》中的论证，而且有人可能会说，这些命题就是关于彻底从社会中抽象出来的人）——那么霍布斯的心理学命题就没有涵盖推导出主权国家必要性的全部需求。另一方面，如果我们使用"心理学命题"这个词语来涵括霍布斯有关任何社会中人针对彼此的必然行为（就是说，所有的人都寻求更多管制他人的权力）的表述，或是涵括他有关任何社会都不存在的假定状态下（即在自然状态下）人的行为的类似表述，那么这些心理学命题就确实涵盖了推导出主权者必要性的全部需求，但是这些命题并不是关于人类这种动物的命题，必须要为其加上某些文明社会中人的行为的预设。你可以从社会中争夺权力的普遍斗争出发，或从自然状态出发，无须做进一步的预设，就论证出主权者的必要性，但是如果不做进一步预设，你就无法从作为机械系统的人出发，论证出争夺权力的普遍斗争，或论证出自然状态。我将证明，这些进一步的预设要站得住脚，就只能是针对特定种类社会中盛行于人们之间的关系，虽然霍布斯假设它们是普遍有效的。这是个关于霍布斯的不常见观点，它需要进一步的解释。

　　对此，我将从两个方面展开。首先（在第二节、二中）我将说明：霍布斯笔下的自然状态或"人类的自然状况"不是针对与文明人相对的"自然"人，而是针对有明确文明欲望的人；自然状态是假设出来的状态，身处其中的人与现代人一样有着被文明社会生活所塑造的本性，如果没有能够慑服他们全体的共同权力，他们必然会放纵自己的本性。这方面的证据包含在霍布斯对自然状态的描述里。

　　其次，（在第二节、三中）我将从头检验推导链条并说明：起初，心理分析是（或看起来开头是）对完全从社会中抽象出来的人的本性的分析，但它很快就变成了对在既有社会关系中的人的分析；为证明所有身处社会中的人都寻求更多管制他人的权力（甚至是为证明在假设的自然状态中人的行为也是如此），并由此证明主权者的必要性，就必须做出特定的社会预设；（并将在第三节说明）这些必要的社会预设只适用于一个特定类型的社会。

二、自然状态

　　在霍布斯建构其政治理论的所有三部作品[1]中，对人们需要一个能够慑服每个个体的主权者的论证，紧跟在自然状态（或曰人类的自然状况）之后。自然状态描绘了如果没有执行法律或契约的权威，依其本性而存在的人的必然行为方式。鉴于人充满欲望而又深思熟虑的本性（这部分内容的阐述位于《原理》[Elements] 和《利维坦》靠前的篇章中，在《基本原理》[Rudiments] 中则是通过简要分析当时社会中的人的行为来揭示），如果完全去除法律的执行和契约的执行，那么这就是他们的必然行为方式。这种行为必然会是每个人对每个人持续不断的斗争，是每个人为争取管制他人的权力所进行的斗争。当然，霍布斯的出发点是为了说明：这种状况必然

---

[1]　见注释 A，第 293 页。

会阻碍每个人实现"舒适生活"和避免死于暴力的愿望；因此，为防范发生这种状况，每个理性之人都应该做那些必须去做的事情；而如果做不到"每个人都承认一个绝对的主权权力"，则无论如何都不足以防范这种状况。

正如人们普遍认可的那样，霍布斯笔下的自然状态是一个逻辑假说而非历史假说。它是一个"根据激情做出的推论"；它描述了"在没有令人畏惧的共同权力的地方，会有什么样的生活方式"[1]。霍布斯并没有主张说，现存的不完美的主权国家是由以前处于真实自然状态中的人们通过缔结协议而产生的；相反，他相信自然状态从没有在整个世界普遍盛行过（尽管他认为与自然状态相近似的状况存在于"美洲许多地方的野蛮民族"[2]），而且他很清楚，大多数现存的主权国家都不是起源于协约，而是起源于征服（"这世界上没什么国家的开业创基是良心上说得过去的"[3]）。他也没有主张说，仅靠身处真实的自然状态中的人们订立协议，就能建立完美的或完全的主权国家。他不能很令人信服地做出那样的主张，因为他的整体写作目标是劝服当时那些生活在不完美的主权国家里（意即，准确地说，不是生活在自然状态中）的人去相信，他们能够、也应该承认对一个主权者所负的完全义务，并因而应该让自己进到一个完美的主权国家里。他能够并确实提出的主张是，为了能有一个完全的主权国家，人们必须如同他们已经靠协议摆脱了自然状态那样行事。

必要的主权权力可通过下面两种方式之一产生：或者是通过某个人或群体去占领和征服当地居民而产生（经夺取而产生的主权／sovereignty by acquisition），或者是通过人们以契约来彼此达成合

---

[1] *Leviathan*, ch.13, p. 97.

[2] Ibid.

[3] *Leviathan*, Review and Conclusion, p. 551.

意，将他们的全部自然权力转让给某个人或某个机构而产生（经指定而产生的主权 /sovereignty by institution）。[1] 只要主权被所有公民承认，它以哪种方式产生，就没什么差别。如果他们承认了一个事实上的统治者或统治会议，并完全服从于它（如果他们已经把在假设的自然状态里拥有的自然权利自愿转让给它，他们在逻辑上就有义务完全服从于它），这就已经足够。换句话说，产生主权权力的全部所需，就是他们应该如同他们已经将其自然权利转让给一个主权者（如果他们曾生活在自然状态中，他们就能通过彼此间订立契约而创立这个主权者）那样去行动。

在着手推导主权者的必要权利和臣民的必要义务时，霍布斯发现，将契约说成是一个实际已订立或将在未来某个给定时间点去订立的协议，会很方便。他这么做就避免了不得不在论证过程里不断插进附条件的表述这个弊端——他就不用在《利维坦》第十八章整章中尴尬地反复说"如果人们已经订立了这么一个契约，那么将会如何如何"，而可以说"因为他们已经缔约，所以会如何如何"。不过在这么做之前，他小心地指出，要建立必要的主权权力，并不需要实际订立这样的契约。通过夺取而产生的主权者拥有和通过指定而产生的主权者同样的权利（其臣民也负有同样的义务）。

因此，霍布斯的自然状态是个逻辑假说。自然状态是一个逻辑假说而非历史假说，这点已为人们所普遍理解。如果不是它显然有时导致了错误的推论，这里本不怎么需要去关注它。不过，人们似乎经常做出如下预设：既然自然状态不是历史假说，那它一定是通过完全忽略人的历史习得特征而得出来的逻辑假说；如果它不是关于原始人的假说，那它一定是关于与文明人相对的自然人的假说。

---

〔1〕 *Leviathan*, ch. 17, p. 132.

但这样的推论是错误的。对霍布斯而言，自然状态是一种在逻辑上
先于完美（即拥有完全主权的）文明社会之建立的状况；他从自然
状态所推导出来的是，人们需要承认完美主权国家（而不是他们现
有的不完美主权国家）。因此，他能够根据他对人在现存文明社会中
的历史习得本性的理解，来得出他对自然状态的推导。他那"根据
激情做出的推论"就能够根据现在人的激情做出的，那些文明生活
所塑造的激情。他的推论就是这么做出来的。他笔下的自然状态是
对下述行为的陈述：所有法律和契约的执行者（就是说，被移除的
即使是现在这种不完美的执行者）被移除后人们会做出的行为，就
像那些生活在文明社会里、有着文明人欲望的人在此情况下的行为。
为了得出自然状态，霍布斯忽略了法律，但没有忽略人在社会中习
得的行为和欲望。

我认为，人们普遍忽视这一点的原因在于，霍布斯在引入假设
的自然状态之前所提出的社会模型本身，几乎和他的自然状态一样
是支离破碎的。他的社会模型包含了一种与自然状态类似的、每个
人为争夺管制他人的权力而进行的不间断的激烈斗争，尽管斗争被
限定在法律和秩序的框架内。可以这么说，在霍布斯的社会模型[1]
里，人的行为是那么反社会，以至于当他将这种行为置入他假设出
来的自然状态里时，人们很容易就误认为它表述的是非社会人（non-
social men）的行为。但是，它表述的其实是社会人、文明人的行
为。实情就是如此，这可以从多个方面看出来。

最明显的提示是（虽然其本身不是决定性的），霍布斯描述了当
前文明社会中人们那些可观察到的行为，将其作为人们互相侵犯、
毁灭彼此的"自然"倾向的证明。

---

〔1〕 见下文，第二节、三，第三节。

人性竟然会使人们如此［意即，就像在自然状态里一样］彼此互相离异、易于互相侵犯摧毁，这在一个没有好好考虑这些事物的人看来是很奇怪的。因此，他也许不会相信根据激情做出的这种推论，而希望用经验加以证实。那么我们不妨让这种人考虑一下自己的情形。当他外出旅行时，他会要带上武器并设法结伴而行；就寝时，他会要把门闩上；甚至就在屋子里面，他也要把箱子锁上。他做这一切时，自己分明知道有法律和武装的公共官员来惩办使他遭受伤害的一切行为。试问他带上武器骑行时对自己的国人是什么看法？把门闩起来的时候对同胞们是什么看法？把箱子锁起来时对自己的子女仆人是什么看法？[1]

在又一次说明自然状态从来没有普遍存在过之后，他紧接着说：

不论如何，我们从原先在一个和平政府之下生活的人们往往会在一次内战中堕落到什么样的生活方式这个活生生的事实中可以看出，在没有共同权力使人畏惧的地方，会存在什么样的生活方式。[2]

人的这种"自然"行为，这种由人的激情必然导致的行为，在生活于公民政府下的文明人行为里可以看得到，在本来生活于公民政府下，但发现自己身陷内战之中的文明人行为里也可以看得到（至少是非常类似的）。这种可观察到的文明人行为之所以能证实"根据激情做出的推论"，其原因在于，这推论就是根据文明人的激

［1］ *Leviathan*, ch. 13, p. 97; cf. *Rudiments*, Preface, p. 11.
［2］ *Leviathan*, ch. 13, pp. 97-98.

情做出来的。

对"自然状态所表述的是，即便去除现在的不完美主权者，也将导致确系文明人会做出的行为"这一说法，一项更具决定性的证据是，完全的自然状态实际上是通过对文明社会的逐步抽象而得到的。这一点经常被忽视。很明显，霍布斯所描述的完全自然状态是文明社会的反面：没有工业，没有土地耕种，没有航海，没有舒适的建筑，没有艺术，没有文学，没有社会，"而人的生活孤独、贫困、卑污、野蛮而短命"。霍布斯所描绘的画面是那么令人印象深刻，以至于我们很容易就忘记了他是怎样论证它的必然性。他是从文明人（他们是开化之人，因为他们的欲望不光是活下去，还要活得好、活得惬意）的欲望推导出这幅画面的。"三种造成争斗的主要原因"（它们是霍布斯"在人的本性"里找到的；如果不存在能慑服他们所有人的权力，那么这三者合在一起，就会将人置于这种野蛮的自然状态）中的前两种（竞争和猜疑）就产生于人们"活得好"的欲望。

正是这些要"栽培、播种、营造或占有一个舒适座位"[1]的人，必定预料到自己会被其他觊觎自己劳动成果的人所侵犯和剥夺占有（这种侵犯就是霍布斯在自然状态中看到的"竞争"的实质）。而这些已耕土地和舒适房屋的持有人会变得恐惧和猜疑，并一定会寻求通过征服尽可能多的潜在进犯者来防御自己——这就是说，"一直用武力或诡计来制服所有他能制服的人，直到他看不到足以危害他的其他力量为止"。甚至"本来乐于安守本分"的人，如果想抵御其他人的侵犯，也一定会通过侵犯其他人而扩张自己的权力。总之，正是为了已耕种的土地和"舒适的座位"这类文明开化的事物，竞争

---

〔1〕 *Leviathan*, ch. 13, p. 95.

和猜疑会导致每个人与所有人的战争。

甚而言之，与"自然的"人相比，争斗的第三个原因（霍布斯称其为"荣耀"，Glory）更是那些通过在文明社会里生活而获得其价值观标准的人所特有的；以下表达的就是此意——

> 每一个人都希望共处的人对自己的估价和自己对自己的估价相同。每当他遇到轻视或估价过低的迹象时，自然就会敢于力图尽自己的胆量（在没有共同权力使大家平安相处的地方，这就足以使彼此互相摧毁）加害于人，强使轻视者做更高的估价，并且以诛一儆百的方式从其他人方面得到同样的结果。[1]

所有这三个争斗的原因被表述为任何种类的社会中都普遍存在的运作因素，但只有当不存在约束它们的共同权力之时，它们才会变成破坏性因素。竞争、猜疑和荣耀，并不只是野蛮的自然状态的特征，它们是当前文明社会的因素；如果没有了共同权力，它们就会将文明社会推入那种野蛮状态。竞争、猜疑和荣耀是人在文明社会中的"自然"倾向。对霍布斯而言，"自然的"不是"社会的"或"文明的"的对立面。"人类的自然状况"（the natural condition of mankind）涵盖了《利维坦》中的一整章。在这一章里，霍布斯正是从当前之人的倾向出发推导出了野蛮状态。人类的自然状况就存在于现在人之中，而不是存在于被分隔到某个遥远时空的人之中。

若非"自然状态"一词是那么牢固地盘踞在关于霍布斯的文献里，完全弃之不用而改用诸如"人类的自然状况"（这就更容易被看作是某种与人有关的事情）之类的其他字眼，将会很有帮助。霍布

25

---

[1] Ibid., pp. 95–96.

斯自己没怎么使用"自然状态"一词。在《原理》一书里，有一章被冠以"论处于纯粹自然中的人的状况"（Of the condition of men in mere nature）之名。[1]这一章开头是一段陈述，在这段陈述里，他先是对人身心两方面的自然权力做出整体描述，之后他说，他将"思考我们的这一本性已将我们置于什么样的安全状态之中"，接下来他描述了人在所有情形中（即人的自然平等、虚荣和欲望）的"自然的"状况，而没有使用任何特定词组来指称这种状况。接下来他说明，如果缺少共同权力就必然会导致野蛮境况，并使用"战争状态"一词来描述这种境况。与此相似，他在《利维坦》中用"人类的自然状况"作为一章的标题；在那一章开头，他讨论了人在所有情形中的自然状况（他们的自然平等、竞争、猜疑和虚荣），据此，他"在人的本性里"找到了引致争斗的三个原因——他仍然没有使用任何特定词组来指称这种状况；接下来他说明，如果人们没有共同权力的辖制，就一定会进入野蛮的境况，而霍布斯称其为"战争的时期或状态"。

在这两处论述中，尤其是在《利维坦》中，他避免使用"自然状态"一词；他这么做可能是为区分人的自然状况（即人在所有情形下出于人的本性所处的状态或趋向于的状况，无论是在文明社会中或在文明社会之外）和战争状态（就是指如果不存在共同权力则会出现的状况，或假设去除原有的共同权力之后出现的状态）。不过，在《基本原理》中他确实使用了"自然状态"来无差别地描述这两种状况；[2]两者之间的区分不见了。又因为这种区分不见了，假设的"战争状态"形象（它在《原理》和《利维坦》中都得以保留，

---

[1] *Elements*, part i, ch. 14；标题位于 xv 页。
[2] *Rudiments*, Preface, p. 13, ch. 1, sects. 4, 10, 15; cf. ch. 8, sect. 1.

尽管不那么稳定）在《基本原理》里也就不见了——在《基本原理》里，"自然状态"被等同于"战争状态"，被说成是"在进入社会之前，人的自然状态"。[1]

不过，毫无疑问的是，与其他两部作品一样，《基本原理》里的"自然状态"是从文明社会中人的行为提取出来的逻辑抽象物。事实上，以下情形在《基本原理》里体现得甚至比在其他两处更为明显：霍布斯通过考察当时社会表层下的情形就找到了人的"自然"倾向。自然状态是经过两个步骤的逻辑抽象产物——首先将人的自然倾向从它们的文明背景中剥离出来，之后将它们推进到战争状态这个逻辑结论。《基本原理》略去了对人作为运动物质组成的系统的全部生理—心理分析，开篇就精妙地分析了当时社会中的人的行为，以此揭示出他们的"自然"倾向，并直接进入到"如果没有主权者，就会陷入战争状态的必然结果"的推导。

人寻求彼此相伴的目的也许可以从他们聚在一起做什么推断出来。他们聚在一起，如果是为做买卖，那显然每个人留意的是他自己的生意，而不是他的伙伴；如果是为执行公务，那就会形成一种特定的市场式的友谊关系，这种友谊里充斥着嫉妒，更甚于真正的爱。它有时可以是小集团的起因，但绝不会是商誉[2]的起因；如果是为了娱乐和寻开心，那人们通常碰到那些足以解颐的趣事都会觉得大为开心，而有时会（按照可笑之事的性质）用别人的缺陷或弱点来衬托他自己看法的高明之处；即使有时这种行径是无害的、不伤人的，但这仍说明，他们是对自

27

---

[1] Ibid., sect. 12; cf. sect. 11.
[2] 即 goodwill；拉丁文本中为"benevolentia"。

己的虚荣而非社会感到欣欣然。在这种社交聚会中最常见的情况是我们伤害那些不在场的；他们的整个生活、言行都被打量、评点和谴责；不惟如此，在场的人还没走就受到攻击的情况很少见，因此只要他的理智没出毛病，他就习惯于总是最后离开。而这些正是社会真正让人取乐的地方。我们被本性——意思是，被那些所有生物固有的激情——吸引到这里。……对任何稍事思考人类事务的人来说，经验显然表明，人们每一次主动相遇，不是相互需要的结果，就是追求虚荣的结果。因此，当人们相遇时，他们所追求的不是对自己的益处，就是受追捧的好名声（ εὐδοκιμεῖν ），即在相熟的人中的声望和名誉。通过推理，从意志、善、名誉和利益的定义中也可以得出相同的结论。[1]

由此可见，霍布斯对人性的认识主要是通过观察当时社会而得出，辅以检验各个定义来加以证实。

正是从这种对社会中的人之本性的分析中，霍布斯推导出了进入战争状态的必然趋势。他暂且不谈恐惧（既包括对主权者的恐惧，也包括对其他个体的恐惧）推导出了这点。如果将人看成是他们现在的样子，并消除他们对自己行为将导致让自己不快乃至致命后果的恐惧，那么他们现有的自然倾向就会直接导致战争状态。对当前社会中人的行为的剖析表明，一切社会联合（all society）"要么是为了益处，要么是为了荣耀；意思就是，为了爱我们自己远甚于爱我们的同伴"。因为益处和荣耀"可以通过统治别人而实现，这比通过联合别人去实现来得更有效：我想没人会质疑，如果清除了所有的恐惧，那么人会更为贪婪地被本性所驱使去攫取统治权，而非结

---

〔1〕 Ibid., sect. 2, pp. 22–24.

成联合、组成社会"[1]。

因此，如果我们假设所有恐惧（既包括对主权者的恐惧，也包括对其他个体的恐惧）都不存在，那么完全的自然状态（战争状态）就会随之出现。但是，完全的自然状态是这样一种状况：身处其中的人对其他个体的恐惧必定是无所不在的。因此，如果把对其他个体的恐惧（这实际上一直存在）带回到考量中，我们就能说明这种恐惧会因主权者的缺失而加剧。由此可知，完全的自然状态或战争状态违背了人的（欲望的和恐惧的）本性。"因而，彼此恐惧使我们认识到，我们应该从这样一种状况里摆脱出来，并找到一些同伴"，途径就是设立或承认一个能够保护我们的主权者。[2]

因此，《基本原理》里的战争状态是假设的状态，它是通过一种单纯的逻辑抽象而得出来的。然而，霍布斯称这种假设状态为"自然状态"，这使得它容易被我们误读——要么被误读为一种在历史上先于文明社会而存在的状态，要么被误读为一种从人的"自然"特性（这类特性被看作完全与他们在社会中习得的那些特性相分离）推导出的假设状态。

霍布斯"自然状态"概念所存在的问题是，它倾向于将两种不同的状态叠加在一起：反感和竞争的状态（霍布斯认为，人因其本性总是处于这个状态）与野蛮的战争状态。在使用"自然状态"这个字眼时（就像在《基本原理》中），这种叠合的可能性看来要大于避免使用这个字眼时，但这种叠合从没有完全消失过。不过，只要坚持认定以下事实——那些如果不存在共同权力就会堕入战争状态的人是文明之人，都有着向往舒适生活的文明欲望和追求优越感受

---

[1] *Rudiments*, ch. 1, sect. 2, p. 24.
[2] Ibid., sects. 13-14, pp. 29-30.

的文明品味——我们就能避免要么把霍布斯的自然状态当作是对原始人的分析，要么把它当作是对以下这种人的分析，即一种被认为与他们的一切社会习得特性相分离的人。

还有第三点能够证明霍布斯的自然状态没有忽略当时人们的社会习得特性，而只是忽略了法律（和契约）的执行或对主权者的恐惧（以及正如我们刚刚在《基本原理》里看到的，暂时略去了对其他个体的恐惧）。只要我们注意到，在完全的、野蛮的自然状态下，霍布斯笔下的人将缺少什么且肯定会感觉到缺少的东西，就能提供这第三点证明。他所缺少的正是文明生活所需的全部物事：财产、产业、商业、科学、艺术、文学，以及对他生命的保全。缺少这些物事有违人的本性。正因为缺少这些物事，霍布斯笔下的自然之人被迫寻求摆脱自然状态的途径。"使［自然的］人倾向于和平的激情，是对死亡的畏惧，对舒适生活所必需的那些事物的欲望，以及对通过他们的努力取得这一切的希望。"[1]追求舒适生活的激情就是霍布斯笔下的自然人的一种激情。自然人就是仅仅去除了法律束缚的文明人。

三、从生理运动到社会运动

我们已经看到，霍布斯笔下的自然状态所描述的，既不是原始人的必然行为（尽管与生活在既有公民政府下的人相比，原始人的行为与它更为近似），也不是被剥离了所有社会习得欲望的、动物性的人的必然行为。自然状态不是从这种人的欲望和其他能力推导出的结论，而是从文明人的欲望和其他能力推导出的结论。

现在我们转过来从头检验霍布斯的推导链条。在《原理》和

---

[1] *Leviathan*, ch. 13, p. 98.

《利维坦》里，霍布斯以对人性的生理和心理分析来开始整个推导式论证；在一开始，这种分析针对的是被人们认为与既有社会关系相分离之人的本性或运动。它针对的是（或看起来针对的是）这种人而非文明人。然而当他的论证进入到假设的自然状态时，就已经是讨论文明人了；那么问题就是，文明开化是在哪个环节进入论证过程的呢？

可能会有人认为这是个多余的问题，因为在一定意义上，文明一直存在于霍布斯的论证里。霍布斯自己告诉我们，他所做的心理分析是关于当时之人的："每个人对自己进行反省时，要考虑当他在'思考'、'构思'、'推理'、'希望'和'害怕'等等的时候，他是在做什么和他是根据什么而这样做的；从而他就可以了解和知道别人在类似情况下的思想感情。"而且《利维坦》请其读者不必大费周章，"只需考虑他是否发现他自己的情况有所不同。因为这类理论是不容许有别的验证的"[1]。事实上，我的推断是：霍布斯从一开始所分析的就是文明人的本性。因为，霍布斯极为钦服并采纳了伽利略的分解—组合方法（the resolutive-compositive method），[2]而这种方法就是将现存社会分解为最简单的元素，然后将这些元素重组为一个合乎逻辑的整体。因此，霍布斯所做的分解工作就是将现存社会分解为现存个体，进而将现存个体分解为他们最基本的运动元素。霍布斯没有引领我们踏勘他思路中的分解部分，而是带我们从分解部分的结果开始，只踏勘了重组部分。他的思路顺序是：从社会中的人退回到作为由运动物质所组成的机械系统的人；此后才重新向前推进，抵达人的必然社会行为。但是，他介绍给读者的，仅仅是

---

〔1〕 *Leviathan*, Intro., pp. 9, 10.

〔2〕 关于他对这种方法的使用情况，见 J. W. N. Watkins, "Philosophy and Politics in Hobbes", *Philosophical Quarterly*, vol. v, no. 19 (1955), 125–146。

此过程的后半部分。又因为（在《利维坦》和《原理》中）他的分析始于对作为运动物质所组成系统的人的生理和心理分析，读者就容易忘记，霍布斯整个理论建构的源头在于他对文明人的思考。

尽管如此，仍有必要探究文明开化从哪里进入霍布斯的理论建构中。因为，在分解—组合方法里，分解阶段的进行不单是将目标现象分割成最简单的元素，而且在此过程中还进行了大量的抽象化。在这种抽象化过程中，复合整体的某些部分（在霍布斯这里，就是社会的本质和文明之人的本性）可能被省略掉。而霍布斯确曾（或至少看起来确曾）在他开篇对人性的介绍中，略去了人的文明特征。因此我们必须探究它们是如何以及从哪里进入到他的组合阶段中的。《基本原理》不那么需要这种探究，因为在《基本原理》里，霍布斯对当时社会稍作观察后就直接进入对自然状态的构建。至于构成了《原理》和《利维坦》开篇心理分析的、程度更高的抽象化工作，《基本原理》则全无涉及。

我们应该比霍布斯的同代人更容易理解他在《利维坦》开头章节中所呈现的那种人，因为这种人非常像是自动化机器。它不仅自我运动，而且自我定向。它拥有（被装在它身上）的装备能使它根据使用材料的差异以及来自其他物体的影响（乃至预期影响）来改变自己的运动。《利维坦》前五章指出这个装备包括以下这些组件：感觉，它们接收外界物体的压力，通过神经将其传输给大脑和心脏，大脑和心脏再传递出一个反压力；想象或记忆，它可以唤回过去的感觉印象并把对它们的体验储存起来；"思想序列"或"想象序列"的机制，它"为某种现存或过去的结果追寻出原因，或者……为某种现存或过去的原因追寻出结果"，[1]并由此使这种机制能够预见

---

〔1〕 *Leviathan*, ch, 3, p. 20.

到它可能采取的各种可行行为的可能结果；语言，它让这台机器能发射和接收通信信息，并排列自己的计算；推理，它可以通过加减名词以及根据名词得出的结论，得到指引自己运动的一般性命题或规则。

《利维坦》第六章介绍了内置于这台机器的大体方向或目标——这机器寻求继续它自己的运动。它通过趋向有利于它继续运动的事物和避开无益于它继续运动的事物（它通过自己的计算来判断事物是否有利于继续其运动），来寻求继续自己的运动。运动所趋的叫作欲望或愿望（appetite or desire），运动所避的叫作嫌恶（aversion）。少数欲望和嫌恶（如食欲）被内置于这台机器，但多数都是通过"经验，和尝试它们对本人或他人的效果"[1] 而习得的。习得的欲望和嫌恶不总是指向相同事物：它们因机器的不同而异，因为它们有不同的经验；对同一台机器而言又因时间不同而异，因为每一台都"处在不断变化中"[2]。任何机器的欲望对象不论是什么都被登记为"善"，而它的嫌恶对象都被登记为"恶"。因此，每台机器都追求自己之善而避开自己之恶。

人的所有心智状态和一般倾向——诸如希望、绝望、恐惧、勇敢、愤怒、自信、怯懦、贪婪、对权位的野心、患得患失、大度、爱情、醋意、报复心、悲伤、怜悯、攀比和嫉妒——都可以归结为，一个人在各种不同情形下欲求自己个人善的行为。

每个人的行为都由他的欲望和嫌恶所决定，或更确切地说，是由他的计算（他会计算自己为满足欲望而可能采取的任何行为的可能效果）所决定。

---

[1] *Leviathan*, ch. 6, p. 40.
[2] Ibid.

33　　　　一个人心中对某一事物的欲望、嫌恶、希望与畏惧如果交替出现，做或不做这桩事情的各种好坏结果在思想中接连出现，以致有时欲求这一事物，有时嫌恶这一事物；有时希望能做，有时又感到失望或害怕尝试；那么一直到这一事物完成或被认为不可能时为止这一过程中的一切欲望、嫌恶、希望和畏惧的总和，便是我们所谓的斟酌（DELIBERATION）。[1]

一切自愿行为都是由这种斟酌过程所决定的。"因为自愿行为不是从别的，而是从意志中产生的行为。"而意志"是斟酌中的最后一个欲望"。[2] 最后，"因为生活本身只是一种运动，从来不能没有欲望，也不能没有畏惧，同样不能没有感觉"，每个人必定寻求不断成功取得那些他时不时渴求或将会渴求的东西。[3]

至此为止，在霍布斯的整个分析中，只有一次提到了某台自我运动机器与其他机器的关系，那就是在分析人的心态或一般倾向之时。霍布斯确实将其中一些（如义愤、仁慈、贪婪、野心、果敢、慷慨、醋意、报复心、怜悯、残忍、攀比、嫉妒）解释为人们之间的关系或人们之间关系的效果，但是对这些心态的分析附属于他的推导主线。这些分析表明，通过霍布斯有关"人是自我运动和自我导向的欲望机器"的设定，人的许多可被观察到的特性可得到解释；不过，这与其说是主要推导过程（从机械的本性到每个人针对每个人的斗争的必然趋势）的一个步骤，不如说是初始设定的一个附属证明。

在主要推导过程中意义重大的下一批命题出现在第八章，在这

[1] *Leviathan*, ch. 6, p. 46.
[2] Ibid., p. 47.
[3] Ibid., p. 48.

一章里，霍布斯在讨论智慧之德时给出了两个基于观察而来的概括陈述：一个是关于人们之间的关系，另一个是关于不同的人在激情上的差异。第一个说的是，人们通过与其他人所拥有的东西相比较来确定每件东西的价值："一般说来，所有各类事物中的美德就是以出类拔萃而见贵之物，存在于比较之中。因为如果所有的事物都平等地归于所有的人，那就没有可贵的东西了。"[1]第二个说的是，不同的人在智慧（就是说，他们明智处理所面临问题的能力）上的差异首先要归因于他们的"权力欲、财富欲、知识欲和名誉欲"的不同程度。有的人"对这些都没有很大的激情"，而有的人有；这种激情的差异"不但会由于人们的特质不同，也会由于习惯与教养不同"[2]而产生。

不过，霍布斯直到第十章才开始认真分析这些自我运动的机器之间的关系，对于这些关系，霍布斯在第十章和第十一章里几乎将需要说明的都说了。我们必须要注意到，第十章和第十一章是关于生活在既有社会中的文明人之间的关系，这两章包含了霍布斯在第十三章里用以推导出"如果去除了共同权力，必然爆发每个人对每个人的战争"的全部（或除了一点之外的）必要命题。唯一一个直到第十三章才阐述的相关必要命题是人的自然平等，霍布斯需要用它来说明战争状态永不可能由任何一人战胜其余人而告终结。

总之，在第十章和第十一章里，我们发现了从人自己作为一台机器到人这台机器作为一系列社会关系中一个单元的主要转变。正是在这些章里，我们将有望发现那些推导自然状态所需的新设定——它们或是明言的或是隐含的。也正是在这些章里，我们能看

[1] *Leviathan*, ch. 8, p. 52.
[2] Ibid., p. 56.

到，在何种程度上，这些设定是从一个特定类别社会里人们之间被

35 观察到的关系中所得出来的。

第十章和第十一章所走的路线，实际上是始于第十章开篇对权力的中性定义（"一个人的权力（一般地来理解）就是他取得某种未来可见利益的现有手段"），结束于第十一章前面给出的结论："因此，我首先提出一个所有人类的普遍倾向，即永久的、不安分的权力欲，这欲望一波接一波，至死方休。"[1] 权力在这里变成了管制他人的权力。正是这个结论，在假设去除所有政治权威和法律执行之后，直接引导出了第十三章的战争状态。问题是，霍布斯是如何从对权力的中性定义出发，论证出每个人寻求更多管制他人权力的欲望的呢？

在《利维坦》里，霍布斯在给出了对权力的中性定义后，紧接着将权力分类为原始（或自然）权力或工具性权力，并断言：

> 自然权力（*Natural Power*），就是身心机能的优越性，如与众不同的强壮、仪容、审慎、技艺、口才、慷慨和高贵的出身等等都是。**工具性权力**（*Instrumental Power*）则是来自上述诸种优越性或来自幸运，并以之作为取得更多优势的手段或工具的权力，如财富、名誉、朋友以及上帝暗中的神助（即人们所谓的好运）等都是。从这一点看，权力的本质就像名誉，愈发展愈增加；也像重物的运动，愈走得远冲劲愈大。[2]

我们注意到，一个人的自然权力并没有被定义为他的自然能力

---

〔1〕 Ibid., ch. 11, para. 2, p. 75.
〔2〕 Ibid., ch. 10, p. 66.

（强壮、审慎等等），而是被定义为他能力的优越性（the eminence）。正是他在能力上相对其他人的优越性，使得他能够获得工具性权力（财富、名誉、朋友等等）。一个人的权力并不是个绝对量，而是个相对量。它并不是（就像有人可能认为它已经隐含在第一个或中性的权力定义中那样）一个人的个人能力以及他运用这些个人能力所获得其他对物事的控制力；它是由他的个人能力超出其他人个人能力的部分，再加上他通过超出部分的能力所取得的物事所构成。这个权力的重新定义隐含着一个新设定，即：每个人得其所欲的能力，受到其他所有人的这种能力的对抗。《原理》中的相应段落明确做出了这个设定。在那一处，一个人得其所欲的能力首先被定义为：

> 身心机能［和］进一步的、靠身心机能获得的权力（即）财富、权威地位、友谊或青睐，和好运。［随后是以下阐述：］而由于一个人的权力抗拒和阻挠另一人权力的影响；简言之，权力就只是一个人的权力比另一人权力的多出部分。因为对抗着的平等权力会毁灭彼此；他们的这种对抗就被称为争斗（contention）。[1]

每个人的权力都受到其他人权力的对抗，这种情况是如此普遍，以至于"权力可以直接"被重新界定为一个相对量而非绝对量。这个有关个人权力相对抗的设定是全新的：它没被包含在之前关于人作为自动机器寻求保持或增强其运动的命题里。[2]

---

〔1〕 *Elements*, part i, ch. 8, sect. 4, p. 26.
〔2〕 有人可能会说，它隐含在前面已经提到过的《利维坦》第八章开头的一句陈述里，即"所有各类事物中的美德就是以出类拔萃而见贵之物，存在于比较之中"；但是，这一陈述同样不能从生理设定推导出来。

对于霍布斯在这个设定里所述的权力对抗的普适性，如果有人有任何怀疑，那么这个怀疑也会被霍布斯对社会中各种特定种类权力的讨论和他对评价与尊重（valuing and honouring）的分析所打消——在《利维坦》和《原理》中，这类讨论和分析都跟在这些对权力的定义之后。为什么诸如财富和名誉这类东西是权力呢？《利维坦》所揭示的原因是：它们赋予人们防御和进犯他人的力量。因此，

> ……财富与慷慨大度相结合也是权力，因为这样可以获得朋友和仆人。没有慷慨大度就不然了，因为在这种情形下财富不能保护人、只能受嫉妒而成为被人掠夺的对象。拥有权力的声誉也是一种权力，因为它可以吸引需要保护的人前来皈附。……使一个人受到许多人爱戴或畏惧的任何品质或其声誉都是权力，因为这是获得许多人帮助或服务的手段。[1]

霍布斯所描述的各类获得的权力都属于防御和进犯他人的力量。它们都是对其他人某些权力的控制力；它们全都是将某些人的权力转给其他人的产物。实际上，霍布斯将获得的权力定义为控制其他人提供服务的能力。一个人管制自然的权力，他靠自己的力量、智慧和知识去改造自然的能力，很明显被放到了他的"原始权力"而非"获得的权力"的名目下。那些与改造自然的能力相关的权力被忽略了。

霍布斯对评价和尊重的分析紧跟在他对各种权力的描述之后，这些分析充实了他所描绘的社会中人们之间关系的图景。权力转移被认为是如此常见，以至于存在一个权力市场。一个人的权力被当

---

〔1〕 *Leviathan*, ch. 10, p. 66.

作商品，其日常交易确立市场价格。

> 人的价值（*Value*）或身价（WORTH）正像所有其他东西
> 的价值一样就是他的价格；也就是使用他的权力时，将付与他
> 多少。因之，身价便不是绝对的，而要取决于旁人的需要与评
> 价。……对人来说，也和对其他事物一样，决定价格的不是卖
> 者而是买者。即使让一个人（像许多人所做的那样），尽量将自
> 己的身价抬高，但他们真正的价值却不能超过旁人的估价。[1]

人们相互评价（与他们每个人对自己的评价相比）的高低程度
是以某人被他人尊重或轻视的程度来加以衡量的，以他人在各个方
面给予某人的尊重的正差值或负差值来表示：

> 互相评价的表示一般称为尊重或轻视。高度评价一个人就
> 是尊重、低度评价则为轻视。但这儿所谓的高低，要通过对比
> 每个人对自己的估价来理解。[2]

因此，一个人的受尊重程度通过与某人给自己的估价的比较来
衡量出此人的实际价值。但是，这个实际价值是由他人为了能够运
用他的权力愿意付与此人多少来决定。尊重，从接受尊重者的主观
认识角度来看，是他的自我估价和市场对他的估价之间的差值。但
如果客观来看，尊重相当于市场估价，后者既确立了他的实际权力，
又是由他的实际或可见权力所确立的。他的实际或外在权力主要由

38

---

[1] Ibid., p. 67.
[2] Ibid., p. 68.

他对他人服务的控制力所构成，而他对他人服务的控制力又基于别人对他当前权力的估价：

> 一切能成为权力的象征和证明的所有物、行为或品质都是令人尊重的事物。［因此］统治地位和胜利是令人尊重的，因为这是以权力获得的。……财富是令人尊重的，因为它们是权力；……当机立断是令人尊重的，因为这就是藐视微小的困难和危险；……由于财富、职位、伟大的行为或任何杰出的善而闻名，也就是以此而为人所知，是令人尊重的，因为这是他因之闻名的权力的表现；……贪得巨富或热衷声名是令人尊重的，因为这是获得这一切的权力的象征；……行为只要是伟大而艰巨的，因而成为巨大权力的象征时，就是令人尊重的，合乎正义与否并不足以改变这一点。原因是尊重只在于对权力的评价。[1]

在这里，我们得到了竞争性市场的本质特征。每个人的价值（体现为别人给他的尊重）既由他人对此人权力的评价所决定，又决定着他人对此人权力的评价。这项评价体现为他们为使用他的权力而愿付与此人多少。评价或尊重，不单是一个受到尊重或轻视的人与一个给予他尊重或轻视的人之间的关系；它是一个受到尊重或轻视的人与给予他尊重或轻视的其他所有人——就是在他使用其权力的方式上有任何利益（无论这利益有多么不确定或遥远）的其他所有人——之间的关系。所有这些人都独立评估他的权力。他们比较着其他人的权力来评估他的权力，因为对他们而言，他的有用性不是一个绝对量，这个量值取决于此其他人的权力的可用性（availability）。

39

---

〔1〕 *Leviathan*, ch. 10, pp. 70-71.

并且，每个人不仅被那些在他使用权力的方式上有任何利益的人估价，他也给所有这些人估价。最终，通过这种不计其数的独立价值判断，每个人的客观价值被确定下来。每个人的客观价值只能这么来确定，因为每个人的权力都被看作是一件商品，即通常被提供出来（而且是以竞相提供的方式）用以交易的物。每个人都身处权力市场（要么是作为供给者，要么是作为需求者），因为每个人要么有可以提供给其他人的某种权力，要么有取得其他某些人权力的需求。

　　同样的预设也隐含在《原理》对尊重和评价的讨论中。某人尊重一个人"就是设想或承认这个人，针对某人自己或与某人自己，拥有优势或超量权力。令人尊重之物是这样的标志——凭着这些标志，一个人承认另一个人的权力高于或超出他自己当时所拥有的权力"。所以，强壮、胜利、冒险、高贵出身和其余标志，都是令人尊重的；"财富是令人尊重的，因为它是取得财富的权力的标志"。"……因此，我们根据尊重和轻视的标志，来估量一个人，定出一个人的价值或身价。每一个事物价值多少，就是一个人为它的全部效用而愿意付出多少。"[1] 就像在《利维坦》里一样，此处个人的客观价值由其他人的估价所确定，而这种估价是基于其外在权力对其他人的有用性。每个人价值的确定就像价格在市场中的确定。市场只决定那些通常用来出售和为购买者所需求之物的价格。因此，谈论每个人的价值或价格就预设了：每个人要么是他自己权力的卖方，要么是别人权力的买方，或两者皆是。

　　霍布斯对评价和尊重的分析，进一步细化了他对权力的界定以及他对权力种类的描述，大大补全了他的以下论证：社会中所有人的必然行为是夺取管制他人权力的无休止斗争。他从"取得未来利 40

---

　　[1] *Elements*, part i, ch. 8, sect. 5, pp. 26-27.

益的现有手段"这个权力定义出发，而此时已经进到了对权力的一个重新定义："一个人的手段，对比其他人手段的超出部分或优越之处。"第二个定义由以下设定所确立：每个人取得其未来利益的手段，都对抗着其他每个人的手段。霍布斯曾将获得的权力描述为（实则是定义为）控制其他人服务的权力。他认定，对获得的权力的需求是如此普遍，而这种权力又是如此普遍地可被转让，以至于存在一个无处不在的权力市场，确定了每个人的价值。在他的论证过程中，他曾做出了几个最初的心理分析所不包含的预设。其中最重要的预设就是，每个人的权力都对抗着每个其他人的权力；这个预设看来是一个社会设定而非生理设定。

从上述关于霍布斯论证的解释来看，他在给出对权力的中性定义之后马上就将一个社会预设加进到他的生理设定中。他接下来对权力、评价和尊重的讨论，都只是让有关"人在社会中的运动"的理论显得更加明白——这个理论原本已经隐含在"每个人的权力对抗着每个其他人的权力"的设定里了。这个设定与"每个人都寻求继续自己的运动"的设定合在一起，就足以产生每个人对管制他人权力的追求。

然而，霍布斯提出"每个人的权力对抗着每个其他人的权力"的设定，不是将它作为不证自明的设定，他使用了在逻辑上先于这个设定的其他设定来支撑它。至于这些在先的设定是什么？依据对霍布斯某些阐述的不同解释，可能存在两种观点。对我而言，其中一种观点的基础更坚实。这种观点认为，霍布斯从以下两个设定推导出这种权力对抗时，他在逻辑上是前后一致的：（1）一些（而非全部）人天生渴求更多权力和愉悦，而其余的人只求维持他们当前的水平，这个生理设定；（2）社会极具流动性或支离破碎，以至于无节制的人的行为迫使其他所有人都加入到争夺管制他人权力的争斗中，这个隐含的设定。而按另一种观点，霍布斯的逻辑是不一致的。有时他从"一些（而非全部）人天生渴求更多"的设定推导出权力对抗，但有时他也从"所有人天生渴求更多管制他人的权力"这单个生理设定推导出权力对抗。第二种观点认为，霍布斯确曾说过只有一些人天生就不节制，这没有争议；但是霍布斯这么说使得自己前后不一致。

有明确证据支持霍布斯抱持"只有一些人天生渴求更多权力"的立场。我们还记得，霍布斯之前曾说，[1] 不是每一个人都欲求对多于他已有的权力、财富、知识或尊重（要么是对它们自身，要么是对它们带来的愉悦）；在《利维坦》第十一章，紧跟关于"在社会中夺取权力的斗争"部分的行文里，霍布斯重复了这一论断："一个人并不总是渴望比现已取得的更为强烈的愉悦；他也不总是不能满足于适度的权力——但因为他不取得更多的话，就保不住他现有的、取得美好生活的权力和手段。"[2] 虽然每个人与生俱来的欲望确是无休止的，但不是每个人与生俱来的欲望都指向更高水平的满足或权力。社会中（以及在假设的自然状态中）的所有人都寻求更多权力，但不是因为他们全部都有对更多权力的天然欲望。社会中那些天生有节制的人必须寻求更多权力，为的只是保全他的现有水平。霍布斯有关"他们所有人必然会这么行事"的结论意味着，这里的社会安排使得每个人的自然权力受到其他人的侵犯成为可能：如果在任何阶层中，对个人生计有任何来自习惯的保护，或对他们的竞争行为有任何基于习惯的限制，那就不会是使得所有人都不得不（或都

42

---

　　〔1〕　*Leviathan*, ch. 8, p. 56.

　　〔2〕　Ibid., ch. 11, p. 75. 在第十三章关于自然状态的行文部分，霍布斯再次做出同样的区分："有些人把征服进行得超出了自己的安全所需要的限度之外，以玩味自己在这种征服中的权力为乐；……其他那些本来乐于安分守己的人……"（第95页）

有能力）加入到对更多权力的争斗中了。

因此，如果我们将"并不是所有人天生渴求更多权力或愉悦"当成霍布斯深思后的立场，那么他的"社会里每个人的权力对抗其他每个人的权力"设定就需要这样一个社会模型的预设——它使得并要求每个人被其他每个人持续侵犯成为可能。因此，他所做出的"社会中所有人确实都争取更多管制他人的权力"这个结论就有赖于这同一个社会预设。[1]

施特劳斯颇有说服力地提出了另一个关于霍布斯立场的观点，[2]即：霍布斯（前后不一致地）认为，争取无限制权力是人作为人自然而天生的欲望；"在一股喷薄而出的欲望里，人自发无休地渴求权力，渴求越来越大的权力，……"[3]在我看来，在施特劳斯为支持这一论点而引用的诸多段落中，只有一段可以明确支持这个论点。这就是霍布斯所说的："人，从他们甫一出生，就天然地争夺他们所贪恋的每一物，并且如有能力就会叫整个世界都惧怕和服从他们。"[4]然而，这是霍布斯在一部很晚期的作品中——1677 年《自然科学十讲》（*Decameron Physiologicum*）——所做出的捎带评论，而且是他在解释为何他的宿敌（自然哲学家们）是那么喜欢吹嘘和哄骗时，相当随便做出来的。霍布斯再没有以任何方式跟进这一评论；因为若以它为理论基础，不会有多少所得。在我看来，从施特劳斯所引用的其他段落中也就只能推导出"某些人有对无限制权力或愉悦的

43

---

〔1〕 当然，他的"在假设出来的自然状态里的所有人必然会争取更多的管制他人的权力"的结论只需要"不存在法律"的设定——如果没有法律，每个人都有可能被任何人侵犯，而有节制的人会被那些天生寻求更多的人所侵犯。

〔2〕 Leo Strauss, *Political Philosophy of Hobbes*, pp. 8–12.

〔3〕 Op. cit., p. 10. 不幸的是，Richard Peters, *Hobbes* (1956) 在引用这一段时（第 153 页），引用得就像它是霍布斯的表述一样。

〔4〕 Hobbes, *English Works*, vii. 73.

天生渴求，而其余人有社会习得的这种欲望"这个意思。对施特劳斯而言，证明力最强的一个段落是，霍布斯注意到了"随着人取得更多的财富、尊重或其他权力；他们的欲望也持续增长，越来越多"，并做出结论说，幸福"不在于已经成功了的，而在于迈向成功的进程"。[1]这段话确实与施特劳斯的解释相一致，但鉴于霍布斯曾明确说过，不是所有人都天然渴求更多愉悦或权力，那么将这段话理解为是在指那些凭其天生欲望就渴求更多的人，亦无不可，甚至更妥帖。

施特劳斯承认霍布斯曾说过，不是所有人都天然渴求更多愉悦或权力，并用下述方式将此陈述与他加之于霍布斯的相反立场调和起来——他说，在霍布斯的理论中存在两种对权力的追逐：一种是非理性的追逐，这是人之为人的天然欲望；另一种是理性的追逐，它属于那些本会满足于适度权力但发现为了保护他们的已有愉悦而必须争取更多权力的人。霍布斯确实说过，一些人天然寻求更多的权力（我们可以很妥当地称其为非理性的追逐），也说过，一些人寻求更多权力，只为了保全能满足他们的适度愉悦和权力（我们可以很妥当地称其为理性的追逐）；但是，从霍布斯的上述说法中不能推论出霍布斯将天生的或非理性的追逐加在所有人头上。

施特劳斯也指明了下述事实：[2]霍布斯发现，争取荣誉，或优先于他人，以及让他人认可这种优先地位，是人的一个普遍特征。霍布斯确实有如此发现，但他并没有说这是所有人的天生特征。和争取权力一样，争取荣誉完全可以被解释为，在有些人那里是与生俱来的，而这些人由此被其他人仿效。霍布斯关于优先地位的很多论 44

---

〔1〕 *Elements*, part i, ch. 7, sect. 7, p. 23.
〔2〕 Strauss, op. cit., pp. 11–12.

述都切合施特劳斯的解释，但霍布斯最明确的表述与此相反。

> ……一旦我们考虑到，由人们激情的多样性所导致的人们之间所存在的极大差异，有些人是如何虚荣、渴望优先于和优越于同伴，不仅当他们在权力上平等时是这样，而且当他们处于劣势时也是如此：我们就必须承认，以下情形必然会随之发生——有节制的、仅仅追求自然平等的那些人，就会厌恶其他人的力量，就会试图制服他们。由此就产生出人类中间的普遍猜疑，和彼此间的互相恐惧。[1]

> 在自然状态下所有的人都有为害人的意愿，但不是产生于同样的原因……因为，根据我们之间的自然平等，一个人应允他人的，和他允诺自己的一样多（这是一个温和的、正确评价自己权力的人的标志）。另外的人，设想自己比别人都强，总想着被允许去做他想做的一切，并因为身处人前而要求尊重和名誉（这是一种好胜性格的标志）。这个人为害人的意志源于虚荣和他对自己所拥有力量的错误评价；另一个人为害人的意志，则来自防御他自己、他的自由和他的财物免遭这个人暴力的必要性。[2]

所有人都渴求优先地位、名誉和荣耀，就如同所有人都渴求更多权力。但在这两种情况下都是，有些人生来就具有这种欲望，而有些人的这种欲望是被强加上的。

事实上，对名誉的渴求可以归结为对权力的渴求："权力欲、财

---

〔1〕 *Elements*, part i, ch.14, sect. 3, p. 54，强调是我标注出来的。
〔2〕 *Rudiments*, ch. 1, sect. 4, pp. 25—26，强调是我标注出来的。

富欲、知识欲和名誉欲［可以全都］归结为第一种欲望，也就是权力欲；因为财富、知识和荣誉不过是几种不同的权力而已。"[1]荣耀欲不是独立于权力欲的一种激情；它是权力欲的结果，通过权力欲来界定："荣耀，或内在的洋洋得意，或心灵的骄傲，是这样一种激情——它产生于我们对自己的权力高于与我们相争之人的权力的想象或认识。"[2]荣耀欲的普遍存在不是独立的；它就是引发争夺管制他人权力的普遍争斗的那些因素的结果。荣耀具有相对性和竞争性，个中原因也与权力何以具有相对性和竞争性的原因相同；因为"一个人的权力抗拒和阻挠另一人权力的影响"[3]。考虑到这些证据，在我看来，将争取权力和优先地位——霍布斯认为这是社会里（和自然状态中）所有人的特征——当作一种某些人天生的争取行为和其他人的习得行为，就更贴近霍布斯的意图。

然而，我们必须留意：如果我们认为霍布斯有时确曾表示"所有人天生寻求没有限制的、高于其他人的优先地位和权力"则意味着什么？如果这个设定针对所有人，那么就无须其他预设来论证"在自然状态中所有人必然会处于彼此间的持续对抗中"。单有生理设定，就能推导出这一点。但如果是这样，我们就有理由说，霍布斯确曾将一个实质性的社会预设引入其生理设定中。因为，所有人对无限制管制他人权力的天生追逐，并不和持续运动的欲望一样是一项不证自明的生理设定。"所有人天然渴求无限制的更多权力"的设定，只有针对着已经处于一个普遍存在激烈竞争的社会里的人来说，才是显而易见站得住脚的。

但是，我们不需要纠缠于这一点。更重要的是，我们要注意到，

[1]　*Leviathan*, ch. 8, p. 56.
[2]　*Elements*, part i, ch. 9, sect. 1, p. 28.
[3]　Ibid., ch. 8, sect. 4, p. 26.

即使我们认可这是一项生理设定，如果不做进一步的社会预设，由它推导出来的也仅仅是"在自然状态中所有人必然处于彼此间的持续对抗中"。然而，为了论证"在社会中所有人必然处于彼此间的持续对抗、因此必然争取管制他人的更多权力"，还是需要另外的预设。霍布斯在对权力、评价和尊重的分析中努力证明的就是这个预设。这里所需的预设至少是这样一个社会模型：它使得每个人的自然权力受到其他人的持续侵犯成为可能，身处这个社会中的每个人都能持续图谋将别人的某些权力转移给他自己。

没有哪个社会能允许人们通过个人暴力来实现这点。如果所有个体之间都存在这种持续冲突，那么社会将无法存在，文明社会是肯定不会存在。但是，霍布斯发现，这种每个人对管制他人权力的不断追逐正是人在文明社会中的真实行为。我们可以断言，他对权力市场和作为权力伴生物的尊重及评价的整体描述，都是针对既有社会的。我们可以断言，尊重和轻视的诸多方式（它们被用来表示、确认或获取一个人的价值和权力）都是针对文明社会的，尽管有些也能被加入到对自然状态的理解中去：有些是"自然的，……不论是在一个国家之内或在一个国家之外都是一样"，其他的只在国家之内找得到（和可以想象得出）。[1] 既然霍布斯认为这种必然行为是社会中的人特有的，那他必定预设了某种类型的社会，这种社会提供了某种和平非暴力的方式，使得每个人都能不断寻求管制他人的权力，而不至于导致社会本身的毁灭。

因此，无论我们怎么解读霍布斯从人的生理运动到社会运动的论证，除了生理设定外，它都需要一个社会预设。接下来，我们必须去探究什么样的社会能契合这个预设。我将在第三节说明，只有

---

[1] *Leviathan*, ch. 10, p. 69.

一种我称之为"占有性市场社会"的社会才切实满足霍布斯论证的要求，并且我会论证，霍布斯或多或少是在有意识地将这种社会作为他的社会模型。

第三节　社会模型

一、模型的用途

在分析政治理论时建构社会模型是一个不常见且可能被认为是不必要的程序。它的价值如何，必须留待读者对它效果的评判；但它在分析霍布斯理论时可能会起到的作用，已经由霍布斯自己所使用的方法暗示出来了。霍布斯通过对设定的人性要素进行逻辑连接而精心建立起了一个人的模型。他还建构了一个关于人们之间关系的显著模型，也就是自然状态，且故意将它设置成有一个极限状态（limiting case）。我们可以称其为一个非社会的模型（a model of non-society）。自然状态如此令人印象深刻，以至于遮蔽了霍布斯对权力、荣誉和价值的讨论中所包含的社会模型。霍布斯的理论中实际上存在着一个非自然状态的社会模型，这个事实常被轻易忽视。虽然他没有像构建他的其他模型那样明确地建构这个社会模型，但是这个模型对于他的论证来说至少是同样重要的。因此，我们能够希望，通过比较他的模型与我们将更加明确建构起来的社会模型来分析他的论证，而使用这种方式要比使用其他方式去分析来得更加精确。采取这个做法，我们应该也能够检验霍布斯模型的前后一致性，以及这个模型与真实社会的相似程度。

上述这些目标决定了这里我们要建构的模型的性质和数量。这里的难题是，建构尽可能少的几个模型，还能够让所有已知类型的社会与之相匹配。而且，我们还能够以某种方式将这些模型的特征分离出来，使得我们能够将其与霍布斯的模型进行比较。三种模型似乎就够了。几乎不消说，这里所使用的模型，对一般社会学或历史学分析来说是不充分的或不恰当的。例如，第一种模型——我称之为习惯社会或身份社会（customary or status society）——取材广泛，足以囊括差别巨大的社会，如古代帝国、封建社会和部落社会。第二种模型——简单市场社会（the simple market society）——取材范围非常狭窄；它不是历史上存在过的任何社会的模型，它只是为分离出经过更加成熟的现代市场社会的具体特征而用于分析的权宜工具。第三种模型是为了对应现代市场社会，我将其称为占有性市场社会。在更全面地检验它之前，这里可以先行说明一下它与其他两者的本质区别，这也部分地解释了我为什么选用这个名字的原因。

48

我使用"占有性市场社会"的概念来指这样一种社会：与以习惯和身份为基础的社会相比，这种社会不存在对工作或报酬的权威性分配；与由独立生产者（他们在市场里只交换他们的产品）组成的社会相比，这种社会存在一个与产品市场一样的劳动力市场。如果需要为占有性市场社会给出一个单一判断标准，那就是人的劳动力是一种商品，意即一个人的精力和技术是他自己的，但不是被看作他人格不可分的部分，而是被看作他的占有物；他能自由地以某个价格，将对自己精力和技术的使用权和处分权转让给其他人。正是为强调完全市场社会的这一特性，我将它称为占有性市场社会。占有性市场社会同样意味着，在这种社会里，劳动力已经变成一种市场商品，市场关系塑造了或渗透进了一切社会关系，以至于称其为一个市场社会，而非简单地称之为一个市场经济，更为恰当。

占有性市场社会这个概念既不是一个新鲜的建构，也不是一个随意的建构。它明显与马克思、韦伯、桑巴特和其他人（他们使劳动力市场的存在成为资本主义的一个判断标准）所使用的资产阶级或资本主义社会的概念类似；而且就像他们的概念一样，我提出这个概念的目的是让它成为与现代（意即后封建时代）欧洲社会近似的一个模型或理想型。占有性市场社会和上述学者的概念的主要区别在于，它不需要关于这种社会的起源和发展的任何特别理论。它不关心各种因素（诸如马克思的原始积累，韦伯的理性资本核算，或桑巴特的企业家精神）是否占据首要地位以及它们的相对重要性。它的用途不要求它全盘接受这些彼此相争理论中的任何一个。我们可以说它具有这样一种积极价值：它能直接吸引人们去关注这种社会的两个本质特征，即市场关系的至高无上地位和劳动力被当作可转让的占有物。 49

二、习惯社会或身份社会

我们可以这样来界定习惯社会或身份社会的本质属性：

（一）社会的生产和调节工作被权威性地分配给各团体、阶层、阶级，或者个人。分配和运作由法律或习惯来强制执行。

（二）每个团体、阶层、阶级或个人都局限于一种工作方式，所接受和被许可拥有的报酬级别只能与它或他的职责表现相称，相称与否，由共同体的共识或统治阶级来决定。

（三）不存在无条件的个人土地财产权。个人对土地的使用权即使存在，也要取决于他对共同体或国家所分配职责的履行情况，或取决于他向上级提供服务的情况。因此，不存在土地市场。

（四）全部劳动人口都被束缚在土地上，或者被束缚在对所分配职责的履行上，或者（对奴隶而言）被束缚在其主人手里。因此，劳动人口的组成人员不能自由地在市场里提供他们的劳动力——也就不存在劳动力市场。（可能存在奴隶市场，但奴隶市场是由奴隶主之间而非奴隶与主人之间的交换关系所构成，因此并不是一种一切相关人员之间的市场关系。）

有了身份社会的这些属性，我们随之得到了它的具体特征。既然不存在土地和劳动力市场，个人（除了高阶层者）就没有任何手段去持续寻求改变他们的权力等级地位（意即，改变别人从他们身上榨取的自然权力的量，或改变他们从别人身上榨取的自然权力的量）。这个模型为那些处于上层权力位阶、需要更多愉悦的人留下了空间，使他们得以去暴力侵犯处于这些位阶的其他人，并以此迫使处于这些位阶的其他人（包括若无此遭遇，本会满足的任何人）加入到争夺权力的竞争中来。也就是说，这个模型里存在着王朝斗争、宫廷政变和贵族冲突的空间。但是，这是一种对手之间为了争夺已经从下级人口身上榨取到的好处而展开的竞争。它不会普遍波及整个社会，因为要想维系社会存在，要想持续榨取对手争夺的那些好处，就必须维持该社会中制造活动和管理工作的习惯性分配和强制执行。社会的大部分人必然被局限于他们被要求做出的社会贡献所设定的工作和生活方式；而这些方式不会给他们普遍的机会去侵犯或征服其同伴。由于不存在个人劳动力（意即他们的自然权力）的自由市场，个人之间为获得其他人某些自然权力而展开的竞争就不会渗透到整个社会。这个模型也为那些底层的人留下了暴力抗拒其上级增加索取的空间。如果索取的习惯水平对统治阶级而言是安全的且有利可图的，那么这类抗拒就不会频繁发生。无论如何，较低阶级的成员的联合抵抗本身并不是（也不创造出）一种每个个人被其同伴侵犯的普遍模式。

总之，习惯的身份社会模型既可能有顶层对手之间的常年暴力侵犯，同时也可能有不同阶级之间或不同阶级的不同派别之间的偶尔暴力侵犯，但不可能有整个社会中个人之间的、常年暴力性或其他方式的侵犯。这个模型既不可能出现也不要求个人对管制其他个人权力的不断追求达到这样一个程度，即所有个人为保护他们的已有愉悦必须寻求更多权力。很明显，身份社会的模型不满足霍布斯的要求。其根本缺陷是，在身份模型中，个人的自然权力（即劳动力）不能自由转让。只有在每个人的劳动力都是可交换商品的社会里，对个人权力的控制权的转让才能够像霍布斯的预设所要求的那样无处不在。

三、简单市场社会

简单市场社会同样达不到要求，因为我们将它定义为这样一种社会：在这种社会里，商品和服务的生产与分配由市场调节，但劳动力本身不是市场商品。是否曾有一个与此模型极为近似的社会曾经存在过很长时间，这很令人怀疑。不过，引入这个模型是为了将一切市场社会的共有特征和那些只发现于完全市场社会的特征相分离。这种分离有助于我们注意到那些经济学家的模型常常不予以强调的完全市场社会的特征。出于经济分析的目的，最为必要的特征是一切市场社会的共有特征；而出于政治分析的目的，最为必要的特征是完全市场社会的独有特征。

简单市场社会具有以下属性：

（一）不存在对工作的权威性分配：个人可以自由地依其所愿耗用自己的精力、技术和物品。

（二）不存在对工作报酬的权威性供给：国家或共同体不发给个人或保障个人得到与他们的社会职责相称的报酬。

（三）存在对契约的权威界定和强制执行。

（四）所有个人都理性地寻求最大化他们的效用，即在耗费确定精力或物品的基础上得到所能得到的最大满足，或者是以耗费尽可能少的精力或物品的方式得到确定的满足。

（五）所有个人都拥有土地或其他资源，凭借这些资源，他们可以靠自己的劳动谋生。

有了这一模型的这些属性，特定后果随之产生。为寻找谋生手段，个人会以社会（那是作为消费者的同一批个人）愿意购买的方式去利用他们的精力、技术和物质资源。个人寻求报酬的活动（报酬只能靠运用他们的精力和资源才能得到）发挥了社会的生产和其他功能。因为个人寻求工作回报的最大化，劳动分工比每个人事事亲力亲为更有效率，所以个人就会拿自己用劳动和资源生产出来的产品去交换别人生产的物品。产品市场应运而生。价格由销售者之间的竞争和购买者之间的竞争所决定，并决定着个人如何在不同种类的生产之间分配他们自己的劳动和资源。价格会浮动，被出售的东西会被买走，有需求的东西会被制造出来出售，因为市场是自我调节的。

我们没有理由在这个模型里将产品市场扩展到劳动力市场。为了彻底排除劳动力市场，我们有必要做出进一步设定：

（六）一个人因保留对自己劳动力的控制而得到的满足，大于预期工资与他作为独立生产者的预期回报之间的差量。

由于在简单市场社会中，个人保留对自己精力和技术的控制，而交换只限于产品之间，市场交换就不能成为这样一种手段——凭借这种手段，个人得以要求别人改变他们使用权力的方式，从而将别人的某些权力转为己用，以此得到益处。的确，这个模型中的每个人都在市场交换产品，因此可以说是将别人的某些权力或劳动力间接地转为己用。每个人为了获得益处而参与这个市场，并确实因为参与市场而获得益处，但每个人在这个市场里所得的益处，是他

靠生产用于交换之物（而不是靠为自己生产每一物）而得到的更大
效用。一个人获得的益处并不以别人的损失为代价；一个人将别人　53
权力转为己用的量，不会多于别人将他的权力转为他们所用的量。
如果某些人想要多于他们已经拥有的，想要提高他们所享有的满意
度，他们可以抽出更多精力和技术来增加生产，通过交换得到更多
益处，以满足需求。但他们这样做，将别人权力转为自己所用的量，
仍然不会多于别人将他的权力转为他们所用的量。而且他们的行为
不会招致其他那些满足于现有水平之人的反对。因此，简单市场社
会并不满足霍布斯所建构社会的要求。满足于现有满意水平的个人
不会为了保护他们的已有水平而被迫参与到争取更多权力的竞争中。

简单市场社会的模型明显无法对应现代市场社会。如果我们去
掉设定（五）和（六），只要再添加"存在竞争性的劳动力市场"的
规定，我们就会得到一个具有彻底竞争性的市场社会的充分模型。
不过，比简单规定存在劳动力市场更有效的做法，是去想一想为了
带来劳动力市场，还需要什么样的进一步设定。因此，我们将通过
添加一些对于简单市场社会向完全市场社会转型来说必要和充分的
设定，来建构一个完全市场社会的模型。

四、占有性市场社会

通过保留简单市场社会模型的前四个设定，再另外添加四个设
定，简单市场社会的模型就转化成占有性市场社会的模型。这样，
我们就有了以下设定：

（一）不存在对工作的权威性分配；

（二）不存在对工作报酬的权威性供给；

（三）存在对契约的权威界定和强制执行；　54

（四）所有个人都理性地寻求最大化他们的效用；

（五）每个人的劳动能力是他自己的财产且可以让渡；

（六）土地和资源归个人所有且可以让渡；

（七）一些个人想要获得比他们现有水平更高的效用或权力；[1]

（八）一些个人比其他人拥有更多的精力、技术或占有物。

有了这四个新设定，再加上简单市场社会的前四个设定，一个完全市场社会就随之出现。那些要么拥有更多能作为资本来使用的占有物（和使用它们来盈利的技巧），要么拥有更好的能用来积累资本的精力或技术的人，如果想要提高其效用水平或权力水平，就会寻求出价雇用别人的劳动力，以期从雇用的劳动力上得到大于为它所花费的价值。那些拥有土地或资源，或技能较少、尚不足以凭借独立生产为自己提供正常生计的个人，就会接受能让他们维持生计的工资。

在竞争性市场里，由技能熟练、能力较强或资源较多的人组成联合劳动，其较高效率将会压低产品价格，于是越来越多孤立的生产者发现，继续独立生产变得不可能或无利可图，因此将自己的劳动力供应到市场里。因此，如果一个社会里的劳动力可以让渡，且存在不同等级的需求，或不同等级的能力或占有物，那么一个竞争性的产品市场就会带来一个全面竞争的市场。劳动力、土地、资本以及产品，都会服从于市场的决定——所有这一切的价格都由销售者之间和购买者之间的竞争所确定，所以，供应的会被买走，需求的会被供应。

由此，我们得到了现代竞争性市场社会的本质特征。这一社会不存在对工作或报酬的权威性分配，市场根据不计其数的个人决定

---

［1］ 由于设定（四）和（七）表面上相似，或许应予强调它们的差别。设定（四）规定，每个人都希望以尽可能少的代价得到尽可能多的收获，而不是任何人所想要的都超过他现有的。

来给每一物定价，而个人做出决定时又参考了这些价格。市场是这样一种机制——正是通过这一机制，个人对处分自己精力和做出效用选择的决定生成了价格；也正是通过这一机制，价格成了影响个人做出处分自己精力和做出效用选择之决定的关键性因素。

透过市场的价格生成机制，商品交换渗透到个人之间的关系中，因为在这个市场里，包括人的精力在内的一切占有物，都是商品。在基本的谋生问题上，所有个体实质上都以可交易商品（包括他们自己的权力）的占有者身份而彼此关联。所有人都必须持续在市场里供应商品（取"商品"一词的最广义），与他人竞争。

这个市场里的竞争（与简单产品市场里的竞争不同）是欲求更多的人可以用来将别人的更多权力转为己用（"更多"是指多于别人将他的权力转为别人所用的量）的一种手段。原因在于，这种市场里的竞争迫使企业家（他们必须在最开始就已经拥有用来雇用劳动者的资本）使用数额越来越多的资本来作为更高效生产的手段。驻留市场所需的资本越多，没有什么财产的人想要加入或保持独立生产的可能性就越小。由于资本化程度更高的生产所具有的更高效率使得人口增长成为可能，所以这种生产对规模更大的社会而言就变得不可或缺。随着土地消耗净尽（此时土地消耗确实会更快，因为土地已经变成了一种资本），越来越多的人口变得依赖于出卖劳动力。在那些拥有土地和资本的人与那些没有土地和资本的人之间，一种阶级分化即使说还未成为现实，但也由此开始了。当土地和资本全部归一部分人所有时，人们之间的总体产品分配就会发生永久改变，变得不利于没有土地和资本的人。由于后者不能求诸独立生产，他们就无法要求工资在数额上等同于他们对自己土地或资本投入劳动所得的出产。因此，那些拥有资本和土地的人就能通过雇用其他人的劳动力，获得其他人的某些权力（或者这些权力的某些

56

产品）向他们的净转移。

当我们将这个过程说成是一个人的某些权力向另一人的净转移时，我们是在将一个人的权力看作（遵循着霍布斯的定义）一个人用以取得未来可见利益的全部现有手段。因此，一个人的权力就不仅包括他的精力和技术或劳动能力，还包括能够使用那些资料（土地、原料或其他资本）。没有这些东西，他的劳动能力就不能变成运转的劳动，也就不能生产任何物品。除此之外，没有其他更狭窄的关于人的权力的定义，能与一个人类社会模型相一致，至少对于一个任何身处其中的人想要糊口就必须去生产的社会来说是如此。如果一个人为了继续作为人（意即继续生存下去）就必须生产，那么它为了继续作为人，就必须既拥有劳动能力又有权使用劳动资料。所以准确地说，一个人的权力必然包括能够使用劳动资料。[1] 因此，当一个人不再能够自由使用劳动资料时，他的权力就被缩减；如果他无法获得任何使用时，他的权力就缩减为零，在一个竞争性社会里，他就停止存在了。如果他能够使用那些资料，但并不能自由使用，那么他的权力就必须减去他为了利用那些资料而必须付出的价格，这个价格标示着他转移给别人的权力的量。

57

从简单市场模型（在这个模型里，每个人都有用以劳作的土地或原料）到占有性市场模型（在这个模型里，有些人没有自己的土地或资本），一些人所失去的是对这样一类资料的自由利用：他们的劳动能力基于对这些资料的自由使用才能变成生产劳动。失去这部分权力之后，他们就必须不断向拥有土地和资本的那些人出售自己的剩余权力，必须接受一份工资，且允许产品的一部分流向土地和

---

〔1〕 对一个人的权力的更狭窄定义只可能出现在一种经济模型里，这种模型对人的人类属性的抽象程度极高，甚至不把他看作必然处于持续运动中的运动物质组成的系统，而只看作一个被称为劳动力的生产要素的所有者。

资本的所有者。这构成了他们的部分权力向别人的净转移。只要有生产就会有这种净转移，所以它是一种持续不断的转移。净转移的量并不固定，而是在竞争性市场中，随着劳动力供应和资本供应的变化而上下波动。[1]

当然，净转移不完全为市场社会所独有。虽然简单市场社会不可能存在这种净转移，但它在所有那些习惯社会和身份社会里确实存在，这种社会里的统治阶级通过贡赋、租税或奴隶制来维持自身。市场社会中所发生转移，其独特之处在于，它是靠所有层面上个人之间持续不断的竞争来维系的。每个人都是某物（哪怕只是他自己的劳动能力）的占有者；所有人都被卷入市场；竞争决定着他们为了得到什么东西而不得不提供什么东西。他们的纯收益记录着他们已经将自己的权力转移给别人（或已经将他们的利益或产品转移给别人）的净额，或别人已经将别人自己的权力转移给他们的净额。由于这是由市场的客观运行所决定的（市场的相对价格回应着需求的变化、消耗精力和技术的变化、生产的创新、劳动—资本比率的变化和其他因素的变化），所以在权力和满意度的水准上，每个人都潜在地处于升降变动中。

占有性市场模型要求具备一个强制性法律框架。最起码，生命和财产必须受到保护，契约必须被明确界定并得到强制执行。这个模型也允许远超这个最低限度的国家行为。国家可以控制土地的使用和劳动力的使用，可以通过禁运和关税来干预贸易的自由流动，可以扶持一种产业和打击另一种产业，可以提供免费或受补贴的服务，可以救助赤贫，可以要求质量或培训的最低标准，还可以靠这些及其他干预方法来防止价格（包括工资）达到一个不受监管或监

[1] 见注释 B，第 293 页。

管乏力的市场可能会创造出来的水平。国家通过这些方法改变每个人在计算获利最大的做法时所列方程中的某些项。不过，这并不必然会影响到这个体系的主体部分，即人们确实在计算能使他获利最大的做法，也确实在根据这个计算来利用其劳动力、技能和资源。他们用于计算的有些数据被改变了，但价格仍由计算者之间的竞争所确定。这种价格会与受控程度较低的体系里的价格有所不同，但只要价格仍依据个体竞争者的决定而改变，且价格仍引起商品生产并决定其配置，那么它就仍是一个市场体系。就是说，国家可以在不妨碍竞争的情况下，移走某些不利于某类竞争者的障碍物或改变那些不利因素。当然，国家可以有意无意地以同样的干预手段来终结竞争。但它不需要这么做。一个人不能从存在干预这个事实推论出其意图是削弱这个体系，或其结果将是削弱这个体系。因此，占有性市场模型并不要求自由放任的国家政策。重商主义政策能完美地契合这个模型，而在占有性市场社会发展的某些阶段，可能还确实需要重商主义政策。[1]

　　无论国家行为的程度如何，占有性市场模型都允许，那些想要 59 的愉悦多于自己现有愉悦的个人，去寻求将别人的自然权力转为他们自己所用。他们通过所有人都必然被卷入其中的市场来做到这一点。既然市场是持续竞争的，那些本来对现有满意度感到满足的人，就会因为别人提高其自身满意度的每次尝试，而被迫投入新的努力中。那些满足于他们现有水平的人，如果不寻求更多权力（就是说，不寻求将更多的别人权力转移给他们自己）就无法补偿他们被别人的竞争努力所转移走的越来越多的权力，就无法保持现有水平。

　　因此，占有性市场社会确实符合霍布斯的要求。它是这样一种

---

　　〔1〕 参看下文，第62、96页。

社会：在这个社会里，有更多需求的人可以也确实在不断寻求将别人的某些权力转移给自己，从而迫使每个人都去争夺更多的权力；而这一切都是以和平合法的、不以公开武力破坏社会的方式来实现的。占有性市场社会是我们三个模型中唯一符合霍布斯要求的；而且，我们很难想象任何其他模型也能做到这一点。只有在这样的社会——身处其中的每个人的劳动能力是他自己的财产，是可以让渡的，是一件市场商品——之中，全部个体才会处在这种持续的竞争权力关系中。

占有性市场模型符合（也是诸模型中唯一符合）霍布斯的要求，这个事实当然可以归因于以下事实：我们在这个模型里置入了（并且从其他模型里排除了）某些设定，而这些设定是霍布斯明确做出的社会设定。确实，设定（七）和（八）——一些个人想得到比他们现有的更多的愉悦；一些个人比其他人有更多能力——是霍布斯的作品明确陈述过的，而有人可能认为，要提出我们的模型其实并不需要这两个设定。因此，注意到下面这一点很重要：这两个设定（实际上，为了将简单市场模型转化为完全市场模型而规定出来的所有那四个设定都是如此）都是创造一个基本上于真实竞争市场社会相对应的模型所必需的。

不言自明，设定（五）（每个人的劳动能力是他自己的财产且可以让渡）是必需的，因为如果没有它，现代竞争性市场社会的一个本质特征就不可能存在了。可以说，设定（六）（土地和资源归个人所有且可以让渡）也同样如此。这一设定尽管契合简单市场社会，但却不是它所必需的。即使土地权利固定且不可让渡，简单产品市场仍能运转。但是，这个设定是一个完全市场社会所必需的，因为，除非土地和资源可以通过市场转移，进而与劳动力以最佳盈利方式结合，否则就无法发挥劳动力可用性的全部优势。设定（七）（一些个人想要获得比他们现有水平更高的效用或权力）同样为一个现代竞争性市场社会所必需。因为没有这一设定，人们就没有动力去积累资本并用它来雇用劳动力，也就不会有普遍的劳动力市场。这个设定与设定（六）一样，虽然契合简单市场社会，但并不是它所必需的；但它却是完全市场社会所必需的。最后，设定（八）（一些个人比其他人拥有更多的精力、技术或占有物）是现代竞争性市场社会所必需的。因为，除非有些个人拥有比别人更多的用以起步的占有物，或有能力取得别人更多的占有物，否则就不会有资本积累，而没有资本积累就不会有普遍的劳动雇佣。

要想提出一个基本上与真实的竞争性市场社会相对应的模型，我们就需要将完全市场模型与简单市场模型区别开来的所有这四个设定。正是这些设定，通过创造出一种作为商品的劳动力所构成的市场关系，创造出了霍布斯对社会的本质要求，即这样一种机制——通过它，那些想要的权力或愉悦比自己已有更多的人，可以投身到持续不断的、非暴力的争夺他人权力的竞争中，而这又迫使其他人加入竞争。

五、霍布斯与占有性模型

至此，我已说明：占有性市场社会模型而非其他模型确实在主要方面对应着现代竞争性市场社会。为了创造这种对应性，它的每个设定都是必需的。是这个模型而非其他模型符合霍布斯对社会的本质要求。当然，我们不能据此就推断说，霍布斯的头脑里明确有着某种这样的市场模型。他确实使用过模型：一个关于人的机械模型，一个关于没有法律执行的社会关系的模型，以及一个关于处于两者之间的文明社会的模型。但我们刚刚检验过的模型是后霍布斯时代的建构，因此不能不证自明地将其归于霍布斯。我们同样不能以"英国社会的市场性质是如此明显，以至于这样一位敏锐的观察者不可能漏掉它"为理由，主张霍布斯必然在使用某种这样的市场模型。

大量证据表明，17 世纪的英格兰非常近似于一个占有性市场社会。几乎近一半的人都是全职赚取工资者（full-time wageearner）；如果将茅舍农（cottager）算作非全职赚取工资者（part-time wageearner），赚取工资者的比例就超过三分之二。[1] 虽然雇佣关系不像下个世纪那样完全跟人身全无关系，但如霍布斯所知，[2] 它基本上已经是一种市场关系。将土地作为资本来开发的趋势有了一定的发展，以至于侵蚀了土地领主和封臣之间的那种家长关系（这种关系挺过了 16 世纪的变革而幸存下来）。[3]

62

国家针对市场经济运行的政策当然不是自由放任。政府通过制定法和行政指令对市场力量的自由发挥所进行的监管、控制和干预是无处不在的。无论是资本市场还是土地市场，无论是产品市场还是劳动力市场，都不被允许进行完全的自我调节。即使为了应对很多立法和行政行为无效的事实而允许市场自我调节，以重复加以干涉的频率来看，国家控制的程度仍令人印象深刻。但是，正因为占有性市场关系是如此深刻地渗透进社会，才需要如此广泛的国家调控。有些调控措施被设计出来（不论有没有经过深思熟虑）以推动产业和贸易；更多的调控措施则是被用来防止或减少市场波动，或用来抵制波动造成的影响，维护社会秩序。这很大程度上是因为现在有那么多人依赖于雇佣就业，而他们的就业情况又依赖于商品市

---

〔1〕　见注释 T，第 301 页。并参看 Clapham, *Concise Economic History of Britain* (Cambridge, 1949)，他发现终身赚取工资者在 17 世纪结束前已经稳居多数（第 212–213 页）。

〔2〕　*Behemoth*, ed. Tönnies, p. 126，下文第 66 页有引用。

〔3〕　参看 G. Davies, *The Early Stuarts* (Oxford, 1945)，他提到作为内战结果而产生的新土地领主，"在他们和他们的封臣之间，不存在人身束缚——除了金钱关系，别无他物"（第 271 页）。

场那变幻莫测的状况——就是它造成了规模足以危害公共秩序的周期性失业——以至于政府被迫那么费力地采取那么多种方式去加以干预。[1]17 世纪的政府调控确以占有性市场社会为前提。

因此，一切证据都指向了已基本上成为占有性市场社会的 17世纪英国社会。余下的问题是，霍布斯在多大程度上意识到了这一点？幸运的是，有一些证据涉及这个问题。首先，霍布斯的以下说法——"人类的劳动也和任何其他东西一样是一种可以交换而营利的商品"[2]——虽然只是在讨论对外贸易时顺带提到的，却是能证明他将雇佣关系的常态看作理所当然的推定性证据。他对交换正义和分配正义的看法更为重要，其看法表明，他明知习惯的身份社会模型是他自己的社会模型之外的另一个模型而且仍被普遍接受，但却有意排除了这种模型。

按照霍布斯的描述，被普遍接受的交换正义和分配正义概念是习惯社会模型的伴生物。它们假定，并非由市场决定的报酬标准是有效的且被强制执行。霍布斯说，交换正义"被著作家们"认为体现"在立约的东西价值相等，而分配的正义则在于对功绩相等的人分配相等的利益"。[3]霍布斯毫不掩饰对这两个概念的蔑视。他在一句话里同时对两者加以驳斥："好像是说贱买贵卖是不义，给予一个人多于其应得的东西也是不义。"[4]正是市场模型的下述属性使这些旧概念成了蔑视对象，即任何事物的价值就是它那由供求关系

---

[1] B. E. Supple, *Commercial Crisis and Change in England* 1600—1642 (Cambridge, 1959)，在一项对那个时代的市场经济不稳定性的精湛分析中已经说明，国家对工资、价格、投资和贸易的不断干扰是一个"为保护英格兰在工业和商业结构方面不倒退的情况下免遭经济波动的更严重影响"的长期尝试，而主要动力就是"对失业和经济不稳定的有效恐惧"（第 251 页；并请概括参看第十章）。

[2] *Leviathan*, ch. 24, p. 189.

[3] Ibid.,ch. 15, p. 115.

[4] Ibid.

所确定的价格。"一切立约议价的东西，其价值是由立约者的欲求来测量的，因之其公正的价值便是他们满意付与的价值。"[1] 既然除了市场价格并不存在别的价值尺度，那么准确地说，自由立约人之间的每一次价值交换就是同等价值的交换。交换正义的旧概念因此变得毫无意义。"正确地说，交换的正义是立约者的正义，也就是在买卖、雇佣、借贷、交换、物物交易以及其他契约行为中履行契约。"[2]

分配正义与此相似："对功绩相等的人分配相等的利益"作为一条压倒性原则（根据它来决定对报酬的任何实际分配是否正义）变得毫无意义，因为在霍布斯的模型里，除了对一个人功绩的实际市场评估之外，不存在测量功绩的其他方法。与身份模型一样，霍布斯的模型没有给按以下方式来评估不同人的功绩留下空间——即按照他们为整个社会的目的所做出的贡献来评估他们的功绩，或按照他们作为社会有机体的正常运作部分所具有的需求来评估他们的功绩。因此，分配正义就变成了仅仅"是公断人的正义，也就是确定'什么合乎正义'的行为。在这种事情中，……［公断人］就被说成是将各人的本分额分配给了每一个人。……"[3] 至于"什么能被恰当地看作是一个人自己本分"的问题，其答案首先不是由有关社会目的的任何观念所决定的，而是由霍布斯尽其所能想到的最远离这种观念的标准所决定的，一个清除了一切社会评价的标准——它要"通过抽签方式决定。因为……想不出其他的公平分配的方法"。[4] 在以这种方式处理交换和分配正义中，霍布斯是在从他的社会模型中

64

---

〔1〕 Ibid.

〔2〕 Ibid.

〔3〕 *Leviathan*, ch. 15, p. 115.

〔4〕 Ibid., p. 119.

推导出逻辑结论——当一切价值都被归结为市场价值，正义本身就被归结为一个市场概念。当他要求市场的正义概念应当取代习惯的正义概念时，他似乎既向人们宣称，一个完全市场社会就此生根发芽，而且还表明这种社会是在最近才出现的。

霍布斯致力于分析长期国会和内战的书还进一步暗示：他将竞争性市场关系看作是对英国社会之前模式的侵蚀。他认为那么多人背叛国王，投入内战的理由之一是，"一般的人"（指有些财产的人，因为"没什么普通人多么关心过双方中任一方的事业，他们会为了获得报偿或掠夺物而支持某一方"[1]）都相信，每个人都是"他所占有的任何东西的主人，他的主人身份是如此天经地义，以至于不能在没有得到他同意的情况下，以共同安全的任何借口将他的东西从他那里拿走。"[2]准确地说，霍布斯认识到了这种信念不属于之前盛行的封建财产观念，认识到了这种信念已经发展到触发内战爆发的程度。他观察到，那些持有此种无条件个人财产权新观念的人，运用旧的阶层等级仅仅是为了推进他们的新目标："国王不过是个最高荣誉的头衔，绅士、骑士、男爵、伯爵和公爵不过是凭藉着财富的帮助升向国王的晋升之阶而已。"[3]

霍布斯正是将内战的爆发归因于市场道德和市场所造就的新生豪富力量。他将这场战争看作是摧毁旧政制并代之以一个更有利于新兴市场利益的政制的一次尝试。国王的敌人，"借口将人民从税收和其他似是而非的东西里解放出来，实则控制了伦敦市的钱袋子，控制了英格兰大多数城市和自治市镇的钱袋子，以及在此之外的很

---

[1] *Behemoth*, ed. Tönnies, p. 2.

[2] Ibid., p. 4.

[3] Ibid.

多个别人的钱袋子"。[1]人民部分地受到新教义（长老派教义是其中最重要的一种，人民普遍接受它，除其他原因之外，是因为它没有"抨击买卖人和手艺人的图利的罪恶……这是对大多数市民和市场型市镇居民的极大解放"[2]）的诱惑，部分地受到他们对无条件财产权的新信念的诱惑。[3]人们受到这种诱惑，而商人有钱来供养一支军队，是对这场战争的充分解释。霍布斯在对话里借对话者之口对这一点提出评论，它有着哈林顿式的风格："我认为，在这样一个人民政制（constitution of people）里，国王已经被剥夺了他的管治之权，因此他们不需要再为此武装起来了。因为我想象不出，国王手中还会有任何措施能抵御他们。"[4]

66

在之后的分析中，霍布斯又再次关注新兴市场豪富所发挥的关键作用。议会军是由"伦敦市和其他自治市镇"[5]来供养，这些市镇不满于被征税，"它们的市民，也就是商人，他们专以私人获利为业，自然是税收的死敌；他们的唯一荣耀是通过买卖的慧黠来积累巨富"。[6]霍布斯同样认识到，他们的财富是靠购买别人的劳动力而创造出来的。他驳斥了下面这种对其行为正当性的陈腐论证："有人说他们使更贫困的那类人从事工作，因为这个，他们在所有职业里对国家最为有益。"[7]霍布斯用下述这段简短评论来驳斥这种论证："其实就是使穷人按照他们自己定的价格向其出卖劳动力；其实，大多数穷人可以在感化院（Bridewell）里工作谋生，这要好过他们靠

---

〔1〕　Ibid., p. 2.

〔2〕　Ibid., p. 25.

〔3〕　Ibid., p. 4.

〔4〕　Ibid. Cf. Harrington, *Oceana*："那时的情况是，政府瓦解引起了战争，而不是战争引起了政府的瓦解。"（*Works*, 1771, p. 65）

〔5〕　*Behemoth*, p. 110.

〔6〕　Ibid., p. 126.

〔7〕　Ibid.

纺织或其他此类能胜任的劳动而获得的生计；此外，他们只要干一点儿这种工作，就能让他们自己看到我们手工业的耻辱。"霍布斯已经看穿了这种对雇佣关系的家长式正当性论证；他已经看到，用家长式社会模型（它从根本上与市场关系相矛盾）来论证雇佣劳动正当性的做法已经过时。

霍布斯在《比希莫特》(*Behemoth*) 一书中所描述的英格兰是一个相当彻底的市场社会。劳动力是商品，其供应量是如此之大，以至于其价格被购买者压低到仅可谋生的水平。[1]市场运作所产生的财富已经累积到使其持有者能够挑战国家的地步——他们认为国家的税收权是对其权利的侵犯。这项挑战取得了成功，因为他们有钱来供养军队；挑战之所以有丝毫的可能，只是因为人们已经开始赋予通过市场获取财富的行为高于人们赋予传统义务或既有阶层的价值。正是因为英国社会已经在这些方面发生了变化，内战才会爆发。

因此，霍布斯对内战起因的解释暗示出，他自己多少是认为，市场社会是对先前社会的侵蚀。他并不完全而明确地持有这个看法。若非如此，他就不可能将社会本质上看作是一系列市场关系了，就像他在《利维坦》和其他理论著述中所做的那样。不过，即使那些作品（他对交换正义和分配正义的讨论亦是如此）也多少承认，市场道德观不同于传统道德观。我们可以猜测，霍布斯之所以那么轻易地认定市场关系是一切社会的共性，是因为他与时人共享一个对文艺复兴时期的人来说实属寻常的观点，即文明社会限于古典希腊和罗马及中世纪之后的西欧。由于那些古典社会在某种程度上是市场社会，霍布斯很容易就会认为，它们符合主要从他自己时代更为

---

〔1〕 一个人会好奇：霍布斯是否从这一观察里得出一个人的价值或价格是由买主而非卖主所决定的看法（*Leviathan*, ch. 10, p. 67）。

彻底的市场社会中得出的模型。一旦模型建立起来，就不难将它应用到所有其他那些社会中最文明化的那部分身上，即其他社会中的那些活跃上层阶级，因为在非市场社会中掌权的那些人，他们之间的关系往往体现为与一种市场关系相近似的争夺权力的激烈斗争。不论这是不是霍布斯的思路，不论他是多么自觉地出于对 17 世纪社会的市场属性的赞赏而得出他的社会模型，显而易见的是，他的模型与占有性市场社会模型最为接近。

　　我已经说明：霍布斯从人的生理本性论证出社会中的所有人都必然尝试寻求更多管制他人的权力，需要一个命题，即"每个人的权力对抗和阻碍着其他人的权力"。即使我们假设这个命题是从"所有人天生渴求管制他人的无限权力"的生理设定推导出的，它也至少还需要一个进一步的社会模型预设，这个社会模型应使得每个人被每个人持续和平侵犯成为可能。如果我们将这个命题看作是从"只有某些人天生需求更多权力"的生理设定推导出的，那就需要一个这样的社会模型：它不仅使得每个人被每个人持续侵犯成为可能，而且还迫使有节制之人去侵犯别人。能满足这些要求的唯一模型就是占有性市场社会，它基本上对应着现代竞争性市场社会。霍布斯明确陈述过的设定（尤应注意：劳动力是一种商品；有些人想要提高他们的愉悦水平；有些人拥有比别人更多的自然权力）实质上是那些关于占有性市场社会的设定。霍布斯在他对权力、评价和尊重的分析中建构的，又在他对交换正义和分配正义的分析中所确认的社会模型，实际上对应着占有性市场模型。尽管霍布斯没有完全意识到这种对应，但有证据表明，他意识到了，他的分析与 17 世纪社会尤为适切。

六、自然状态的不足

　　至此我们已经有了这样一个立场：霍布斯从他最初的生理设定

出发，依靠引入只适用于占有性市场社会的预设，得出了"所有人必然寻求更多管制他人的权力"的结论。只有在确立"社会中所有人都必然寻求更多管制他人的权力"的结论之后，他才引入了假设的自然状态，进而由自然状态推导出主权国家的必要性。在前文[1]我已提出，不仅霍布斯有关"社会中所有人都必然寻求更多管制他人的权力"的推导需要他的社会预设，而且他对自然状态里人的行为的推导，同样有此需要。有人可能认为，这点并没有得到证明，因为前文并没有特别去说明，霍布斯的"所有人寻求更多管制他人的权力"这个结论或导致他得出这个结论的社会分析，是他推导出自然状态中行为所必需的。难道说，他不可能在没有说明社会中所有人寻求更多管制他人权力的前提下，就直接从生理设定推导出自然状态中的人的行为吗？这个问题可能并不是很重要，因为实际上，他确实先煞费苦心地说明了社会中的所有人都必然寻求更多权力，然后才将这些人置入假设的自然状态中。不过，我们可以很容易就看到，他不可能单从生理设定就推导出自然状态里的行为。

确实，他本可以仅从"所有人寻求继续他们自己的运动"的生理设定，加上"一些人寻求更多管制他人的权力"的设定，就推导出自然状态里的行为。[2] 在做出法律被移除的假设后，这两个设定就会产生出"所有人寻求更多管制他人的权力"（此即自然状态的行为）的必然性。不过，这第二个设定不是通过生理观察或分析而得到的，而是来自对社会关系的观察和分析。如果我们称其为生理设定，那么我们就必须说，霍布斯的生理设定是关于社会人的生理机能。但是，即使不拘泥于定义，还有另一个答案可以回答"为什么

---

〔1〕 见上文，第 19、34 页。
〔2〕 当然，也可能是从"所有人天生寻求管制他人的无限权力"的单一设定推导出来;不过，正如我已经论证过的（见上文，第 45 页），它不是严格意义上的生理设定。

霍布斯不可能单从生理设定（即便将'一些人寻求更多管制他人的权力'的设定当作是一个生理设定）就推导出自然状态的行为"。这样的推导不符合霍布斯的方法或目的。

他的目的是劝服人们去相信，他们需要承认一个主权者，而他的劝服方法是"只将他们已经知道的，或通过他们的经验可以知道的东西放到他们的头脑里"[1]。他的努力是否能一举取得成功必定依赖于这种方法。要做到这点，霍布斯就不得不向人们展现他们自己的真实属性：他们处于社会之中。也许，他本可以完全不用自然状态的人为假说，仅仅从"社会中所有人都必然寻求更多管制他人的权力"的结论中推导出主权者的必要性。但是，在尚未说明人在社会中的必然行为之时，他是不会想向其读者说明，仅从假设的自然状态推导出主权者具有必要性。只有当身处假设的自然状态中的人的行为契合了人们在社会中的必然行为时，从自然状态做出的推导对于已经身处（一个公认的不完美）社会中的人来说才具有有效性。

我的结论是，从他的生理设定到他有关人在自然状态中的必然行为的阐述（主权者的必要性从这个阐述中被有效推导出来），霍布斯在这里确实需要一些社会设定。

第四节　政治义务

一、从动机到义务

一旦霍布斯证实了所有人的普遍倾向是追逐更多管制他人的权力，他就能够很轻易地证明，如果不存在能够慑服他们所有人的权

---

〔1〕 *Elements*, part i, ch. 1, sect. 2, p. 1.

力，他们的生活必定极端悲惨和不安全。他已经设定说，人必然寻求活下去，并且要活得舒适。随之推导出来的就是，那些全面计算后果的理性人，必然会承认一个能够慑服他们所有人的权力，以避开上述那种状况。如果尚不存在一个能保护他们的共同权力，那么为达目的，他们就必须与其他每个人订立契约（或如同已经订立契约那样），所有人将他们用来保护自己的权利同时转让给某个人或某个机构。正是这种权利转让创造了他们对主权者所负的义务。而且因为这一契约是对欲望的抑制，如果没有权力去强制执行它，它就没有约束力；因此人们必须在转让其自然权利的同时也转让其自然权力。这给了主权者绝对权威和有效运用权威的足够权力。只有承认了这种权威，人们才能（1）有可能避免暴死的持续危险以及那些必将带来毁灭后果的、对管制彼此之权力的追逐所必然会带给他们的其他一切灾祸。（2）有可能保障他们必然渴求的舒适生活条件。因此，只要你了解人性要求以及这些要求的必然后果，你就必定会承认对一个主权者负有义务。

霍布斯由此相信，他已经推导出了每个人承认对主权者负有义务的必要性，而且这是从关于人性的事实以及这些事实的必然后果推导出来的。他相信，由此推导出的义务是一种道德义务；一旦一个人已经将权利转让给另一个人，"那么就有义务（to be OBLIGED）或受约束（to be BOUND）不得妨害接受他所赠予……该权利的人享有该项权益：他应当不使自己的自愿行为归于无效，这是他的责任（DUTY）。……"[1] 总之，霍布斯相信他从事实推导出了道德义务，从"是"推导出了"应当"。

我们在第二节和第三节的分析中没有涉及这个主张。我们只是

---

〔1〕 *Leviathan*, ch. 14, p. 101.

已经说明，霍布斯借以推导出政治义务的事实，包括了关于人们的
历史习得特性和社会习得特性的特定事实。这其中的某些事实，是
有对那些身处占有性市场社会里的人所做出的设定。至于"霍布斯
的政治义务是否的确是道德义务而非仅仅是审慎义务"和"他从事
实推导出道德义务的隐含主张能否在任何意义上都被认可为有效"　72
这两个问题，至此尚无定论，现在我们要对其加以思考。

二、道德义务还是审慎义务？

关于霍布斯从动机到义务的推导，我上面给出了一个简短的概述。
据此来看，他的政治义务似乎只是审慎义务（prudential obligation）。
他看起来只是证明了，出于对其自身利益的长远考虑，人们应该承认
对主权者负有义务。有人说，完全建立在自利基础上的义务不能被恰
如其分地叫作道德义务。[1]假如有人发现霍布斯确实只从自我利益就推
导出了他的政治义务，又假如他接受"道德义务是一种以自利之外的
某事物为基础的义务"这个定义，那么问题当然就解决了——霍布斯
的义务不是道德义务。但这个答案太过简单。它只不过是提出了一个
更深层的问题：我们是否有更多理由去接受有关道德义务的这一定义
而不是拒绝它，并同时接受审慎义务和道德义务之间的明显区别以及
道德义务所暗含的优越性？霍布斯拒绝了这种定义，而他的一些批评
者则将它看作是不言自明的。有没有在两者间做出裁决的方法呢？

道德主义者做出这种区分，是因为他们认定这两种义务在效力
上很可能存在重要差异。有人说，当仅以开明自利为基础的义务与
短视的自利发生冲突时，我们无法指望它有约束力；但真正的道德
义务并没有这个弱点，因为它基于自利以外的某项原则。不过，这

---

〔1〕　见注释 C，第 293 页。

种区别以及道德义务的优越性，都只是由定义造就的。要想让这种区别能够拥有颇具分量的实际意义，就必须证明，与审慎原则相比，人们更可能坚定地坚持"道德"义务原则。审慎义务论调的缺陷很明显，但是除非能证明"道德"义务并不包含同样的或更大的缺陷，否则这种区别就没有太大意义。这两种义务的约束能力都只能放到实践中检验；它取决于它们让自己被人们接受的能力。

霍布斯认为，没有证据能证明，比起基于自我利益的义务原则来，基于自利之外某物的义务原则可能会被更广泛和更坚定地接受。这种接受指的是基于其具有的理性价值而非"看不见的精气灵"（spirits invisible）从而被人们广泛接受。一种被说成是上帝所规定的义务原则，可能比一种只能靠自身价值去竞争的原则立足更稳。但如果你像霍布斯一样拒绝这种被强加的原则，[1]那么对你而言，一种审慎义务和任何其他种类的理性义务之间就不存在明显的区别。以往道德哲学家的效能没有打动霍布斯。他认为，他所提出的这种新义务更严格地关联着人的能力和需求，因此更可能是有效的。

即使他提出的义务是以人的自利和（更加不那么高尚的）恐惧为基础，那它也是以人的理性为基础的。他认为，如果不去虚假地引入宗教制裁，那么这就是人的最佳表现了；他还认为，人坚持自己的理性，远比他们诉诸想象出来的不可知的神明或本质更具有道德性。他认为，他提出的理性义务虽然是自利的，却是一种货真价实的"道德"义务。我们说，霍布斯将他的这种义务称作道德义务，其理由之充分，不下于其他哲学家曾经或正在努力拒绝给它这头衔的理由；我们这么说，并不是主张霍布斯的义务比其他某种义务更有效，或同样有效。我们只是在说，加之于其他人的证明责任应当

---

〔1〕 见注释 D，第 294 页。

与加之于霍布斯的一样多。实际上，霍布斯所做的是，他知道道德主义者无法承担这种证明责任，从而将责任转移给了他们。只要他们举不出证据，那么霍布斯的义务就仍能被叫作道德义务。

但霍布斯所宣称的胜利，不是光坐等对手失败就能取得的胜利。他对自己立场的自信，部分地基于一个设定，而我们到目前为止对此只是顺带注意到过。现在我们必须更细致地检验它。这就是"人之平等"设定。到目前为止，它只是作为一个用以说明"在自然状态里为何对权力的争夺永不可能结束"原因的设定，而被我们关注过。但作为一个设定，它的重要性远非仅此而已。霍布斯正是借助这个设定从事实推导出了权利和义务。

三、对平等的设定

霍布斯设定了人们之间的两种平等：能力的平等与满足其需求期望的平等（equality of ability and equality of expectation of satisfying their wants）。在霍布斯看来，每种平等都蕴涵着一种权利的平等。能力平等根据经验和观察即可被明确表述出来。人的能力并不绝对平等，而是平等到最弱小的可以轻易杀死最强壮的；而这意味着一种道德平等。在霍布斯理论的三个版本里，这一点都有体现。

> 首先，如果我们考虑到成年人之间在力量或知识方面的差异之小，而力量或（和）狡智较弱的一方所能掌握的技能大到足以毁灭较强者的权力，因为不用费什么劲就能夺走一个人的性命；那么我们就能得出结论说，那种我们所考虑的、处于纯粹自然中的人，应当承认他们之间彼此平等。……[1]

---

〔1〕 *Elements*, part i, ch. 14, sect. 2, p. 54.

如果我们打量成年的人，考虑到我们这人类躯体的构造是多么脆弱，……而即便是最弱的人要杀死最强的人，又是多么轻而易举的事，任何一个自信于自己力量的人都不会有理由应该将自己设想成天生高于其他人——他们是彼此针锋相对，能做同等的事的平等的人；但那些能做最强悍的事（意即杀人）的人也能做同等的事。因此，所有的人天生彼此平等。……[1]

75

自然使人在身心两方面的能力都十分相等，以致有时某人的体力虽则显然比另一人强，或是脑力比另一人敏捷；但这一切总加在一起，也不会使人与人之间的差别大到使这人能要求获得人家不能像他一样要求的任何利益，因为……最弱的人具有足够的力量来杀死最强的人。……[2]

在每一个版本里，我们都找到了一种关于权利或义务的原则，它导源于对观察到的事实的陈述。霍布斯认为，从明确表述的平等推断出来的是：人们应当承认彼此平等（《原理》）；任何人都没有理由应该设想自己高于其他人（《基本原理》）；一个人不能（理所当然地）主张高于另一人的任何好处（《利维坦》）。霍布斯在没有引入任何外部的价值判断或道德情况下，认定一种事实平等确立了一种权利平等。他并没有去证明事实蕴涵权利，而只是假定，因为不存在反驳这点的理由，所以事实确实蕴涵权利。任何人都没有理由应该设想他自己高于其他人；因此，不言而喻，他不应该这么想。

霍布斯设定的第二种平等是满足需求期望的平等。在《利维坦》中，他将其表述为第一种平等的结果："由这种能力上的平等出发，

---

〔1〕 *Rudiments*, ch. 1, sect. 3, p. 25.
〔2〕 *Leviathan*, ch.13, p. 94.

就产生达到目的的希望的平等。"〔1〕在《原理》和《基本原理》中，霍布斯强调的则是所有人平等地渴求保全他们的生活。在这两处陈述里，一种权利的平等都被看作蕴涵在事实的平等之中。

> 既然自然的必要性使得人想要和渴求"对自己有益之物"（*bonum sibi*）以及避免对自己有害之物；在所有可怕的自然敌人中，最可怕的是死亡，我们能预想到，因为死亡而失去全部权力，和失去权力时最大的躯体疼痛；一个人尽其所能来保全他自己的躯体肢干摆脱死亡与疼痛的困厄，就并不违理性。而对不违理性的事物，人们称其为"权利"（RIGHT，或 *ius*）。……〔2〕
>
> 每个人都是趋利避害的，而在各种自然的恶中的至恶就是死亡——他受到确定的自然冲击而死亡，与一块石头受到确定的自然冲击而下落的情况别无二致。因此，如果一个人尽全力去保全防卫他的躯体及其各部位免遭死亡和悲伤，那既不荒谬也不应受指责，也不违反真正理性的要求。那么，不与正确的理性相悖，就算是正义地和有权利地去行事。……〔3〕

可能有人会反对说，在这些段落里，霍布斯将一种道德含义偷偷融入他所讲的"理性"或"正确的理性"中。但我们同样可以有理由说，他在这里的做法其实与他从能力平等推出权利平等的做法一模一样，即将人的那些不明显荒谬或不应受谴责的自然需求的后果认定为是正确的。这样来说的话，举证责任就再次被转给了道德主义者。霍布斯从下述事实推导出了权利：每个人都有他确实和必

76

---

〔1〕 Ibid., p. 95.
〔2〕 *Elements*, part i, ch. 14, sect. 6, pp. 54–55.
〔3〕 *Rudiments*, ch. 1, sect. 7, pp. 26–27.

定会寻求去满足的需求。

可能有人还会反对说，霍布斯不是从事实推导出权利，而是在事实设定之外引入了一项权利设定，即平等的生存权利。霍布斯确实主张平等的生存权利，但这里的重点是，霍布斯认为它包含在事实设定里。因为有他最初的机械唯物论设定，他才能够这么做。既然人是自我运动的物质系统，平等地寻求维持他们自己的运动，而且每个人都一样脆弱，那么他们就没有理由不应该享有平等的权利。正是这些权利被转让给一个主权者，政治义务才得以确立。霍布斯能够将他的政治义务视为一种道德义务，因为它源自于那些他眼中的道德权利。道德进入论证，不是在订立社会契约这个后期阶段，而是在从能力和需求的平等推导出权利平等这个早期阶段。

以此方式来从事实推导出权利和义务，霍布斯这是在采取一种彻底全新的立场。他假定：没必要非得从外部向事实领域内引入权利，权利已经在事实领域里了。除非能证反，否则可以假定，平等的权利就蕴涵在对持续运动的平等需求中。

这是政治理论的一次飞跃，其激进程度堪比伽利略在自然科学中提出的匀速运动定律的公式，而且并非与它毫无关系。伽利略和霍布斯都是通过对某些预设做出简单改动，从而引发了革命性变革。在伽利略之前，人们做出的预设是：一个静止物体，如果没有其他物体的推动，就会永远处于静止状态，只有一直受到外力作用才会持续运动。伽利略做的预设是：一个运动物体，除非其他某个物体使它停止，否则就永远处于运动之中；而且其运动并不要求外力的持续作用。

霍布斯反转预设的做法与此相似。我们可以说，自柏拉图以降，权利和义务都是从人的能力和需求推断出来的，而这个推断总是间接的：从人的能力和需求推导出某些假设的自然目的或神的意志，再从自然目的或上帝意志推导出人类的义务和权利。人的能力和需求被视为自然目的或上帝意志的结果；而后者被当作人的能力和需求的原因，也被预设成道德权利和义务的源泉。目的或意志（从外部被引入到人们观察到的宇宙中）被实体化为一种外部力量，持续不断地（通过理性或启示的方式，或两者兼有的方式）将自己施加于人。根据这个预设，如果没有受到外部力量的作用，义务和权利就会不复存在。义务和权利会是什么样子，取决于某个哲学家将什么样的目的或意志归因于外部力量；而哲学家一般认为这些权利和义务是不平等的。[1]

霍布斯反转了这个预设。他没有仅仅从某种力量中寻找权利和义务，而是预设它们就蕴涵在每个人形机械装置维持自身运动的需求中。每个人形机械装置要维持运动就必须估量他自身的要求，因此不可能从外部或上部来施加一个价值体系。进而，也无法找到一个关于需求或权利义务的等级体系。每个人的需求和权利义务都必须被假定为是平等的。

霍布斯拒绝为人的需求强加上道德差异，他认为对持续运动的平等需求是权利的充分来源。这构成了他在道德和政治理论上的革命。在没有将任何幻想出来的东西掺进事实里的情况下从事实推导出权利和义务，霍布斯是第一人。

四、道德、科学和市场

当我们用这种方式来看霍布斯的思想时，他的政治理论与他的科学唯物论之间的根本联系就变得明确了。他将人类归结为自我运动和自我导向的物质系统，这使他能够（也要求他）去做出以下预

----

[1] 参看下文，第89页。

设：每个人的持续运动是同等必要的。他接受了新科学的预设，即持续运动并不要求持续的外力作用，这使他能够摈弃任何从外部强加的道德目的设定，并做出下述预设：道德价值、权利和义务都蕴涵在平等地自我运动机械装置的能力和需求中。因为运动对每个机械装置而言都是同等必要的，又因为除了运动之外别无他物，所以唯一可能存在的道德就必定是从这种运动中推导出来的。道德，就是对持续运动最为有利者。因此，在基本的和纯粹的层面上，每个机械装置都拥有持续运动的权利。而作为理性的、精于计算的、自我纠正的机器，它们每一个都能强制自己遵守规则（它们遵守那些可以被证明为保障持续运动尽可能最大化所必需的规则）。因为如果不经过自我纠正，它们的运动将把它们带进最终会造成运动减损的持续冲撞之中，因此纠正措施（即一套道德性的义务体系）不仅是可能的，而且是必要的。

79　　因此，借助平等设定，霍布斯对唯物论预设（这是他从 17 世纪的新科学那里汲取的）的接受，看起来使得从事实推导出权利和义务成了可能。以此看来，霍布斯的唯物论既不是事后聪明，也不是空洞装饰，而是其政治理论的必要部分。他的唯物论是其政治义务理论的必要条件。

　　当然，他的唯物论并不是他义务理论的充分条件。因为，除了"人是由运动物质组成的自我运动的系统"的唯物论预设之外，他还需要"每一个体的运动必然对抗每一其他个体的运动"的设定。后一个设定没有被包含在他的机械唯物论中，而是（如我们所见）源于他的市场预设。正是有关对抗运动的设定，使他能够将所有个体看作处于同等的不安全状态下，进而看作同等地需要一套政治义务体系。

　　因此，霍布斯要想推导出政治义务，唯物论预设和市场预设都是必需的。唯物论预设使他能够主张，个体都有持续运动的平等需求，使他能够证明，如果找不出相反理由，那么就可以认为平等需求确立了平等的道德权利，从而为证明道德义务奠定基础。市场预设使他能够主张，人平等地处于不安全状态中，并进而推论出道德义务的必要性。换句话说，我们需要唯物论预设和市场预设来确立有关两种平等的假定事实。对霍布斯而言，可以从这些事实推导出义务。

　　既然唯物论预设和市场预设都为霍布斯所需，也都被他使用过，那么我们就没有必要再去猜测哪个预设更重要或霍布斯首先想到的是哪个预设。但我们可能会注意到，市场预设是根本性的：只有一个像市场社会那样支离破碎的社会，才能可信地被视为一个由自我运动个体组成的机械系统。我们不知道，是不是霍布斯将社会视为一个由市场关系所组成的系统的看法导致了他大胆的唯物论假说；我们也不知道，是不是他对新科学的痴迷促使他去寻找一个社会模型，一个可以用力学术语来处理的模型，并由此引导他发现了市场模型。但我们能够说，正是市场预设使得霍布斯能够将新科学的力学设定应用到他对社会的分析中。

　　市场预设还从另一方面使得霍布斯认为自己能够从事实推导出义务。占有性市场社会具有一个独一无二的特征：在这种社会里，每个人的价值或身价都由市场所决定。价值、应得权利（entitlement）及由此而来的实际权利，实际上都不是由纯主观力量或超自然力量所决定的。霍布斯抓住这一点，得出结论认为，我们并不需要其他的价值或权利标准。有关交换正义和分配正义的旧观念基于外在于事实且高于事实的正当标准。这些旧观念在他的观点里被完全取代。市场体系的事实提供了一个价值标准。他认为，这个价值标准可以被视为公正的标准，因为它满足任何道德原则都必须满足的那个要

80

求：超越每个人的主观欲望。因此，我们可以认为，除此之外，人们无须依赖那些从事实之外引入的道德原则。

综上所述，霍布斯的市场预设为他认为自己能够从事实推导出道德性义务和权利提供了两个独立的理由。首先，有关人在社会中处境的事实，（如同他所分析过的）包括一种对持续运动的平等需求，一种普遍的运动对抗，以及由此造成的同等不安全。在需求和不安全方面的平等（按他的分析，这比任何不平等都更为根本）使他能够假定平等的道德权利，并由此假定道德义务的可能性，而无须设定任何外在于个体自身的目的或意志。其次，这些他分析过的事实包括了一种客观但并非超自然的权利标准。

也许这些事实的这两个假定属性都足以使霍布斯假定，他仅仅从事实就能够推导出义务，而不会出现任何不一致之处或逻辑谬误。两者一起（加强彼此力量）则完全足以使他得出这个推定。无论我们认为他自己如此假定或他做出这个推导的方法是否存在疏误，我们都可以说，他自己认为这样是可以的。因此，通过假定他在做一件完全不同的事，来为其理论寻找更高程度的融贯性，这种做法是没有根据的。如果我们想要理解霍布斯，批评霍布斯，那么我们就应该去领会他在事实和义务之间所看到的关系，而不能以"前后一致的思想家不会做出如此推定"为由而对其置之不理。

五、从事实中推定出义务

至此我们已经看到，霍布斯对市场社会本质属性的认识如何使他相信，有关社会的事实包含了推导出政治义务（它对理性人有道德约束力）的全部所需。在检验他独特推导的优点之前，我们必须先考察一下，从事实推导出义务是否从理论上讲符合逻辑。

近年来，"道德原则不能合乎逻辑地从任何事实陈述中推导出来"已经变成了公理；它是如此不容置疑，以至于人们普遍认为，简单援引这一公理就足以解决问题。但是，以这种方式处理问题，会遗漏掉霍布斯做出的一项极为重要的创新。我将论证：在严格逻辑蕴涵关系之外的其他意义上，从事实推导出义务是可能的；蕴涵关系之外的意义是如此重要，以至于努力做出这种推导（在人力所及范围内）是必要的；即便是在这些意义上，只有当社会事实包含了一种有关人的显著平等时，这种推导才有可能成立；霍布斯把握住了这一点；因此，他从事实推导出义务的尝试从理论上讲就是有效的。

　　义务不能从事实推导出来，这是相对晚近的一个新观点。人们普遍将其归因于休谟，尽管它是否如此久远仍属可疑。[1] 此前的政治哲学家（包括霍布斯之前的所有人和霍布斯之后的一部分人）通常都从观察到的人的需求与能力推导出道德的和政治的义务与权利。不过，他们只有借助有关自然的或神的目的或意志之类的设定才能做出这种推导，但愿"自然造就任何事都是有目的的"。通过这种设定，他们就能接着从人的能力与需求论证出一个义务权利体系。这种论证看起来就像是从事实推导出权利（尽管并非如此），而且人们在理论上普遍认可义务和权利能够从事实推导出来。

　　自休谟以来，评论者已经注意到，早前的哲学家并没有做那些他们认为自己在做的事，或别人认为他们在做的事。也就是说，评论者们看到，他们并不是在依照逻辑从事实推导出义务，而是在引入一项外部设定。现代评论者（尤其是语言分析家）已经看到了这点。他们已经看到，将早先那些基于一项外部设定的推导视为基于

82

---

〔1〕　Cf. A. C. MacIntyre, "Hume on 'Is' and 'Ought'", *Philosophical Review*, lxviii (1959), 451ff.

事实的推导在逻辑上是无效的，但是他们推断说，早前体系之所以无效就是因为它们试图从事实推导出义务；他们还将"义务不能从事实中推导出来"提升为一个首要原则。

我认为这一推断是错误的。我们必须承认，按照形式演算模式（the model of formal calculi），道德话语不能蕴涵在事实陈述里。[1]但是，我们没有理由将一切思想都归结为这个模式。此外，在人类需求的本质方面还存在另一个有力理由，能说明我们不应该将一切思想都归结为这个模式。对人类生存来说，某种社会秩序以及由此而来的权利和义务是必需的，这毫无争议。当然，有人可能会否认人类生存本身有任何重要性或价值，但除非我们如此放弃人道，否则我们就必须首先假定，权利义务体系能够从某处推导出来。

有人可能在承认这点的同时否认以下说法：这个体系可以在不从外部引入某种强加的意志或目的的情况下，仅仅从人的需求和能力中推导出来。虽然这个立场完全站得住脚，但没有理由将其视为一项逻辑规则。下述说法同样站得住脚：那些使一个义务和权利体系成为必要的事实（意即人的需求和能力），也使这种体系成为可能。也就是说，人的能力和需求为推导出一个义务权利体系提供了足够的论据，这种说法是站得住脚的。

现在，一个对社会中所有个体产生（或能够产生）道德约束力的义务体系，必定是一个所有个体都能认可其约束力的体系。在能够从事实推导出这种义务之前，人们必须先说明下述这个事实（它或者是可以观察到的，或者是可以通过分析确立的）：这些个体能够承认这种义务。如果社会中的个体能够认为他们某一方面的平等比他们其他一切方面的不平等都要重要，那么上述条件就能得到满

---

〔1〕 MacIntyre, op. cit., p. 462.

足。只有在这样一个社会里，我们才能说（人们也才会接受），任何人都没有理由去要求更优越的权利。因为，如果人们不接受这种平等，他们就能要求不受限制的优越地位；要求不受限制的优越地位，他们就在道德上不受任何非超自然义务体系的约束。[1] 因此，一种人们能够认为它胜于他们所有那些事实不平等的事实平等就是仅从事实推导出具有道德约束力的义务的前提。

霍布斯抓住了这一点。如我们所见，他正是基于他的平等设定，论证了任何人都没有理由应当拥有比别人更多的权利，进而论证了义务的可能性和必要性。他基于一项假定的事实平等直接论证了政治义务的必要性，这个假设的事实平等就是人们杀死彼此的平等能力；在假设的自然状态里，这个事实平等导致生命财产处于平等的不安全状态。然而，这种假定的平等不是社会中人们政治义务的充分基础。因为，虽然对社会中的人和假设的自然状态中的人来说，人类躯体的脆弱这项生理设定都能成立；但只有在假设的自然状态里，它才蕴涵着完全的因而平等的生命财产的不安全状态。但是，从定义上看，霍布斯的自然状态根本就不是一个政治社会。任何类型的政治社会都提供了对每个个体的生命免遭其他个体攻击的某种保护；既然这里不存在完全的不安全状态，那么就不必然存在平等的不安全状态。如果霍布斯是要证明社会中的个体能够且应当承认义务，那他就必须说明社会中的个体在某方面的平等比他们在其他方面的不平等要更为重要，而且他们自己能看到这点。那种假设的自然状态中的虚假平等是不够的。[2] 所以，我们不得不回到霍布斯的社会模型。他的模型中是否存在这种平等？如果有，那么他对义务

[1] 见注释 E，第 204 页。
[2] 参看上文，第三节、六。

的推导在原则上就是有效的。此外，在他的模型中发现的这种平等是否与其模型的其他属性相协调？如果是，那么他的推导对占有性市场社会来说就是有效的，因为其模型的其他属性都是占有性市场社会的属性。

通过归纳霍布斯对权力、尊重、评价和正义的分析，我们可以说，在霍布斯的社会模型里有两种平等：平等的不安全状态和平等地服从市场。每个人都必然被拖进夺取管制他人权力的竞争里。每个人都寻求获得比他天生所拥有的更多权力，并且只有通过将别人的某些权力转为己用的方式才能实现这个目的。因此，每个人都容易遭到别人对其权力的持续侵犯。霍布斯将它看作是不安全状态的平等。在他看来，这种不安全状态的平等是人们生活的显著特征，以至于任何理性之人都能看到它，并且只要将它指出来，人们就会立刻认可它的必然后果。但正如我们所见，每个人身处其中，其权力会被其他人如此这般持续侵犯的唯一社会就是占有性市场社会。因此我们必须要问，将占有性市场社会里每个人的不安全状态看作平等的不安全状态，是否准确。

极为明显的是，虽然在这个社会里，每个个体都是不安全的，但他们远非平等地不安全。原因在于，占有性市场社会要求一种资源控制上的实质不平等。这里必然某个阶级存在拥有充分资源去雇用其他人的劳动力；也必然存在某个阶级几乎不拥有任何资源而只能让自己受雇于他人。虽然这两个阶级的成员都是不安全的（即，他们的权力都容易通过市场被别人侵犯），但两个阶级的不安全状态是极为不平等的。因此，我们不能指望他们会认为自己在不安全状态方面有多么平等，以至于光凭这一点就承认对一个共同权威负有必须履行的义务。因此，霍布斯的模型没能将不安全状态的不平等纳入其中，而这种不平等是他模型的其他属性所必然蕴涵的。如果在其社会模型里，霍布斯只依赖假设的不安全状态的平等，我们就必须说，他没能为社会中的所有人都承认一种共同的政治义务提供一个合理根据。

然而，霍布斯的社会模型还有另一个特征可以被看作是一种平等：每个个体对市场规律的平等服从。在其模型里，每个人都服从竞争性权力市场的决定，这与占有性市场社会的模型相吻合。准确说来，霍布斯看到，在占有性市场社会里，一切价值和应得权利事实上都是由市场运作确立的，而一切道德都易成为市场的道德。占有性市场社会确实以事实确立了权利：每个人的应得权利都是由个体权力之间的实际竞争关系来决定。如果所有社会成员都认可，由市场来决定价值和权利是正义的，那么指向某个护维和实施市场制度的权威的理性义务（它约束所有人）就具备了一个充分基础。霍布斯认为这个条件得到了满足：他认为市场的正义观是唯一一个能被理性个体（他认识到了自己只是市场社会一分子的真实处境）所接受的正义观。[1]在这一点上，他至少是部分地弄错了。理性人也有可能抗拒或拒绝整个市场制度。

不过我们必须承认，霍布斯猜想占有性市场价值观必将占据主导地位，而事实确实站在他这边。或许，他稍稍超前于他的时代，因为英国社会中仍然有不少人拒绝市场道德主张。按照霍布斯的解释，内战是那些支持传统价值观的人和那些支持市场道德观的人之间的较量。无论一个人怎样解读复辟和辉格党革命，他都不能说，到 17 世纪结束时甚至更晚些，对传统价值观的支持已经变得完全无足轻重。洛克试图整合传统道德观和市场道德观；一个世纪之后，伯克（Edmund Burke）以更为根本、也更为绝望的方式做出相同的

_____

〔1〕 参看上文，第 63-64 页。

86

努力。但是，市场道德观此时已经大行其道，此后直到 19 世纪都没有受到真正的挑战。因此，霍布斯做出"市场体系一旦确立就强大无比，以至于身处其中的个体都不可能逃脱，因此所有处在市场体系中的理性之人，都只能将市场的正义观念接受为唯一可能的正义观念"预设，终究在大体上是对的，至少在他目力所及的范围内是对的——他所预见到的，在大概两个世纪间变成了现实。

如此看来，霍布斯已经为占有性市场社会中所有成员的理性义务找到了一个基础。因为，如果市场社会是唯一的选择，或者备选项只有无政府社会，那么每个身处其中并看到自己真实处境的人，唯一的理性选择就是支持一个能够维持这个社会作为正常秩序体系而运作的政治权威。换句话说，身处其中的每个个体都能够且必须为了其自身利益而承认，自己对一个有足够权力去实施竞争性社会之规则的政治权威负有义务。这种义务既可以被称为审慎义务，也可以被称为道德义务；它是市场人（market men）能够承载的最高道德。如果将霍布斯的理论视为对"在一个占有性市场社会里，什么样的政治义务是可能的和必要的"这个问题的阐述，那么他从事实推导出义务的做法就可以被认为是有效的。

第五节　霍布斯政治理论的洞察力和局限性

一、推导的历史前提

我已经论证了下述这几个问题：一旦摈弃对某种先验的意志或目的的依赖，道德义务和审慎义务之间的差别就变得微不足道了；摈弃这种依赖后，我们面对的重要问题就是，是否还可能存在一种对理性个体有约束力的义务；如果人们认为（或我们可以期望他们会认为）自己在某个方面的平等比其他所有的不平等方面都更为关键，则这种义务有可能存在；霍布斯抓住了这一点；只要占有性市场关系盛行并被认为是不可避免的，所有人对市场决定的平等服从（这是占有性市场社会的一个属性，霍布斯将它引入了自己的社会模型）就是推导出约束这个社会中所有理性人的义务的充分基础。

与通常看法相比，我对霍布斯体系有效性的认可程度更高，尽管它不会使霍布斯满意——他认为自己从永恒的人性事实推导出了一种必要且可能存在的政治义务。即便说他对自己理论的推许过高，他的成就仍是卓著的。他开辟了政治理论的新路径。比起他的任何同代人和很多后继者来，他对现代社会本质的洞见更为深刻。他的每项成就都值得我们注意。

霍布斯最能成立的自我推许或许就是他最自豪的一个："在公民哲学（civil philosophy）领域，［没有］比我自己的书《论公民》（*De Cive*）……更早的了。"[1]霍布斯是第一个认为我们可以从有关人们彼此间真实关系的一些尘世事实（包括这些关系中固有的平等）直接推导出义务的政治思想家；正是由于看到这种可能性，他成了能够不再预设外在目的或意志的第一人。当然，斯多亚派的和基督教的自然法传统曾经宣扬所有人的平等，但这与其说是宣扬事实，不如说是宣扬这样一种愿望：人们应该通过反思他们的共同理性或同为上帝创造，将自己看作是平等的。与霍布斯在日常生活表象下发现的不安全状态和服从市场相比，共同理性是人空洞含糊的特性。或许正是因为理性如此空洞，神圣目的和意志才会很早就被引入到自然法传统中，用以支撑共同理性这个设定；随着它们的引入，如何从尘世事实中推导出义务就不再被人们提起了。

---

〔1〕 *English Works*, i, p. ix.

89　　霍布斯是第一位摆脱传统上对假定充斥宇宙的意志或目的的依赖，让自己立足于一种假定的尘世平等的政治思想家，这毫不出奇。[1] 在霍布斯之前，所有因素凑在一起使得政治思想家只能依赖一些从观察事实之外引入的价值和应得权利标准。一方面，市场关系没有在任何地方充分渗透到一切社会关系中，以至于人们能够想象到，价值可以由客观但并非超自然力量的运作来确立。另一方面，霍布斯之前的大多数政治思想家都是在存在明显阶级分化的社会中展开工作。在这种社会里，等级秩序似乎是政治和道德无政府状态的唯一替代。在等级社会里，奴隶或农民起义以及大众平均主义运动的风险从没完全消失。只要这类运动被认为是无政府主义性质的运动，致力于建构政治义务理论的思想家们就必然会在阶级之间设定某些功能性或道德性的不平等，因为等级社会需要不平等的权利和义务。由于很难以理想方式向一个可能自认为受到压迫的阶级说明，等级制和不平等的道德准则所具有的优点，这里就有了另一个原因，使得思想家从某种神圣的或至高无上的命令而非直接从人的能力和需求来推导出一套义务准则。

霍布斯同样生活在一个阶级分化的社会里，但他不觉得人的阶级差异必须归咎于能力或需求的显著不平等。因为，按照他对 17 世纪社会事实情况的理解，社会秩序已不再依赖于等级制的维系。他认为，客观的市场已经取代或可以取代阶层的不平等，并同时确立一种不安全状态的平等。当然，他并没有单单依靠市场来提供秩序。一位政治主权对于维系秩序来说是必要的，它靠执行某些规则来防止，和平的市场竞争演变为公开的暴力或被公开的暴力所取代。与

---

〔1〕 可能有人会主张，摆脱传统依赖的第一人的荣誉应该归属于格劳秀斯；正是他从神的意志和目的分离出了自然法。但格劳秀斯依赖一种假设出来的社会性的事实性质（a supposed factual quality of sociability），而它几乎和之前的理性一样空洞。

之前不同，主权者的权威现在以人们同意的、基于理性的权利转让为基础，而这些人在双重意义上是平等的：他们的价值和应得权利是由市场平等支配的；他们在市场中似乎处于平等的不安全状态中。 90

与他的诸位前辈不同，霍布斯不需要为他的论据加上一个不平等的价值等级体系，因为他认为我们没必要区分出不平等的价值，并将其作为不平等的权利和义务置入他的道德规则和政治规范中。出于相同原因，与其前辈不同，他得以摒弃假定的神圣目的或自然目的：因为他不需要将不平等归咎于谁，不需要预设不可观察到的目的或意志（价值和应得权利的不平等能够被嵌入其中）。

总之，到了霍布斯的时代，市场社会的发展已经为从尘世事实推导出政治义务提供了两个之前并不存在的必要条件。其一，它创造了（或曾引人注目地正在创造着）一种在市场规律面前的平等，它足以令人信服地成为对清楚自己真实处境的理性之人有约束力之义务的基础。正如我已论证过的，这种平等的存在，使得从事实推导出义务在逻辑上无懈可击。其二，市场社会的发展已经用客观的市场秩序（它不要求不同阶层享有不平等的权利）取代了（或引人注目地正在取代）等级秩序。由此，等级秩序的衰落第一次为使从事实推导出义务在政治上无懈可击，提供了至少一个条件。如果说，让霍布斯的推导在逻辑上和政治上成为可能的社会条件在他的时代之前还不存在，这并不是在贬低他的成就。这其实是承认他的洞察力——凭借着它，他洞悉了自己所处社会的本质关系；这也是承认他的技巧——他用这些技巧将这些关系作为其理论基础。

二、自我持续的主权者

对霍布斯成就的上述评价，似乎与他的学说在当时的实际接受情况有着惊人差异。如果真如我主张的那样，他抓住了自己所处社

91 会中的本质关系，并且合乎逻辑地将其作为思想基础，那么他的结论就应该至少会被 17 世纪中叶及之后的新人类所笃定接受，被那些欢迎市场关系侵入英国社会的人所笃定接受。但我们知道，在霍布斯所生活的那个世纪，在英格兰，他的学说没被任何重要的群体或运动接受过。不论是保皇党人还是议会党人，不论是传统主义者还是激进的共和党人，不论是辉格党人还是托利党人，都容忍不了它。他的许多批评者（包括那些最畅言无忌的人）既拒绝他的前提又拒绝他的结论。[1] 即使是那些大体上接受霍布斯的人性分析并和他一样将社会视为市场的人（我们可以将哈林顿[2] 甚至洛克[3] 也算在内），也拒绝他的整体结论。当我们注意到他们拒绝的是霍布斯的什么结论、接受的又是他的什么结论之时，我们就会看得更清楚，在一个市场社会里，他学说的哪部分原则上是可以接受的，哪部分是不能接受的。

　　哈林顿和洛克都不反对主权权力。两人都认为，在任何政治社会的某个地方必然存在某个政治权力，而每个个体都必定被看作已将他的所有权利和权力都交给了这个政治权力，并且这个政治权力必定不受任何联合起来的或更高的人类权力的制约。哈林顿曾非常明确地说道："如果主权权力不如在君主国里那么完整和绝对，则根本不会有政府。"[4] 洛克将主权权力置于政治社会（即多数人）中：由于他们被假定只追求公共善，那么他们就可以可靠地拥有主权权

---

〔1〕 Cf. John Bowle, *Hobbes and his Critics* (1951).

〔2〕 哈林顿将霍布斯的"关于人性和关于自由及必要性的论述"赞誉为"新观点中之最伟大者，是那些我已遵循的，及将会遵循的观点"（*Prerogative of Popular Government, Works*, 1771, p. 241）。哈林顿赏识把社会看作市场的做法，对此见下文，第四章、第二节。

〔3〕 见下文，第五章、第四节，特别是第 239-241 页，245 页。

〔4〕 *Art of Lawgiving*, Book III, Preface (*Works*, 1771, p. 404).

力，且必须由某人来拥有它。[1]因此，接受了政治社会所委托的立法权和执行权的人或会议当然不是主权者；但是，如果这种权力被赋 92 予一个经选举产生的会议，而非一个自我持续的会议或君主，洛克就认可它实质上行使主权权力。[2]被哈林顿和洛克两人认定为既没必要又与个体能想到的授权给主权权力的唯一目的不相一致的是：将主权权力不可逆转地交予一人之手或多人组成的机构之手，而他或他们拥有指定自身继任者的权威。他们反对的不是持续的主权权力，而是自我持续的主权者或主权机构。

　　然而，霍布斯坚持认为，在任何给定时刻掌握主权权力的个人或众人都应该是自我持续的。这当然会使得主权权力的持有者一直超脱人民或人民内部派别的控制，但在霍布斯看来，这无论是多么不幸，都不可避免。他认为，自我持续的权力是主权的一个本质属性。"在任何完整的政府形式中，继承问题的规定都由现任的主权者掌管。"[3]一个享有主权的会议必定享有填补其成员空缺的权利；一个享有主权的君主必定享有指定其继任者的权利。在霍布斯之后，不管人们多么赞同霍布斯将人视为自利的计算机器的做法，也不管人们多么接受市场社会的价值观，他们都不会同意下面这个说法：这要求人们承认一个自我持续机构的主权权威。实践也与霍布斯的结论相悖。至少自 1689 年以降，英格兰被"议会中的国王"这一机构治理得很成功，这个机构拥有的主权权力并不包括自我持续的权力：国王不能指定他的继任者，某届议会的成员不能指定他们的继任者。

　　没过多久，英国社会在没有自我持续权力的主权机构治下显得

---

〔1〕 *Second Treatise*, sects. 89, 95–99.
〔2〕 *Second Treatise*, sects. 138, 142. 参看下文，第五章，第 256–261 页。
〔3〕 *Leviathan*, ch. 19, p. 149.

93　令人满意。这一事实表明，霍布斯的全部方略并不是维持一个稳定社会所必需。它还表明，就当时英国社会已是一个占有性市场社会而言，霍布斯的方略也并不是一个占有性市场社会所必需。不过，霍布斯的方略是根据其社会模型中人的必然行为所做的推导，而我们已经看到，这与占有性市场社会模型大体相同。那么，哪里出了错呢？

　　错误的根源在于一个业已被注意到的霍布斯模型的显著缺陷。他的模型没能对应占有性市场模型，因为他没有考虑到这里存在着政治上显著不平等的不同阶级。他认为，社会在每个人争夺管制他人权力的斗争的作用下必然会支离破碎，以至于所有人都平等地处于不安全状态中。他没能看到，正是让社会陷入每个人争夺管制他人权力的持续竞争的特征，同时也塑造了一个不平等的阶级分化社会。这个特征就是无处不在的市场关系。只有在所有人的权力都是可交易商品的地方，才可能存在每个人争夺管制他人权力的持续竞争；而在所有人的权力都是商品的地方，社会必然会分化为不平等的阶级。[1]

　　霍布斯未能看到这一点，所以社会在他眼中是彻底支离破碎的。正是因为他将社会看作如此彻底的支离破碎，他推导出了对一个自我持续的主权者或主权机构的需求。他主张，[2]如果不承认掌握主权权力的单个人或一群人拥有指定其继任者的权利，那么一旦需要选择任何继任者，真正的权力都会蜕变为社会中所有个别成员手中支离破碎的且互相对抗的权力，这否定了他们之前授权给主权权力的全部目的。

---

〔1〕　见上文，第 55−56 页。

〔2〕　*Leviathan*, ch. 19. p. 149.

由此可见，霍布斯没有看到，市场社会中的阶级凝聚力能够抵消碎片化力量。如果一个人（像霍布斯那样）认定不存在阶级凝聚力，那么除了由所有个体将一切都交给一个自我持续的主权机构之外，他就无法设定必要的政治权力。但如果存在一个有凝聚力的阶级，它的共同利益意识就可能强大到足以使其成员能够支持一个主权政府，并使他们能够通过保留指定或选举主权机构的权利，来保证这个主权政府最终会对他们负责。霍布斯还没有愚钝到忽视掉英格兰存在阶级分化这个事实，从他在《比希莫特》中的论述可以明显看出这点。[1] 他同样看到了市场关系的发展已经损害了旧价值观，拥有商业财富的新兴人群已经有了足够凝聚力来挑起内战。但是很显然，与那种使得旧体制的反对者得以去推翻这种旧体制的凝聚力相比，留给他更深印象的是：旧价值观沦丧所导致的分化，君主制被抛弃后议会这边不同团体就开始争夺权力。无论如何，他没有将阶级分化置入其模型。在他的模型里，个体间竞争性斗争的普遍性被认为已经消解了一切阶级不平等和一切阶级凝聚力。在这个关键点上，霍布斯的模型既不符合真实的英国社会，也不符合占有性市场社会模型。

霍布斯社会模型中的这一缺陷，误导他做出以下结论：自我持续的主权机构是必要的。这使他的结论不能适用于占有性市场社会，也不能被 17 世纪英格兰的市场社会拥护者所接受。他没有将阶级分化和阶级凝聚置入其模型中，因此他的结论没有给绑定于一个阶级的主权机构留下空间。不过，这仍然是一种最契合占有性市场社会模型的政府。那些占有大量财产的人需要主权国家认可其占有权。[2] 因此他

〔1〕 见上文，第 64–66 页。

〔2〕 见下文，第 95–96 页。

们只能授权给一个主权机构去做那些为维护占有权所必需的事情，而主权机构必须有权去决定哪些事情是必须要做的。但是，拥有财产的人为了选择主权机构成员，并不需要放弃自己的权利或权力。既然他们不需要这么做，那么作为理性之人，他们就不会这么做。他们不需要这么做，因为作为大量财产的占有者，他们有足够的凝聚力获得对主权机构成员的周期性选择权，而不会出现所有权威在每次不得不选择成员时被分散到无数相冲突的意志中的情况。在一个存在有凝聚力的有产阶级的阶级分化社会中，霍布斯据以确立"自我持续的主权机构的必要性"的论证将找不到自己的基础，而这个社会如此分化的事实恰恰会赋予有产阶级以足够凝聚力。

三、主权与市场社会的叠合

虽然霍布斯错误地认为，他的社会里的人需要或能够维持一个自我持续的主权机构，但是他的下述结论还是正确的：他们需要且能够维持一个不容抗拒的主权权力。他赖以说明需要且有可能使每个人承认对一个主权权力负有义务的那个论证对占有性市场社会而言仍然成立，即使将它的阶级分化考虑进去时亦然。因为，就算是一个凝聚起来的有产阶级也仍需要主权权力，需要一个主权者来将所有人都限制在和平竞争的范围内。一个社会越是与占有性市场社会相近似，越是受制于互相对抗与竞争的自我利益造成的离心力，一个集权化的单一主权权力就越有必要。在一个习惯社会里，有条件的财产权构成的网络无须单一的中央主权者也能维系。但在市场社会里，财产权变成一种无条件使用土地和其他财产、完全排除他人使用[1]以及转让或让渡

---

[1] *Rudiments*, ch. 14, sect. 7, p. 160; *Leviathan*, ch. 24, pp. 190–191.

它们[1]的权利后，要确立和维护个人财产权利，主权者就是必要的。霍布斯曾说，没有主权权力就不会有任何财产权，[2]而他对这种占有性市场社会所特有的财产权的认识是正确的。

此外，"臣民之间的（买卖、交换、借贷、租赁、雇佣等等）一切契约应按什么方式订立，以及根据什么文字和形式可以认为有效等事项"也需要主权者来决定。[3]霍布斯认为任何社会都有此需要。虽然并不是在每个社会里都如此，但在市场社会里确乎如此。而且，在市场社会取代习惯社会之时，还尤为迫切需要一个强大的主权权力，因为在那时，为了支持契约性权利就不得不清除习惯性权利。特别是当市场社会尚未牢固建立之时，也尤为需要一个主权权力来培育市场社会形成阶段所要求的动机或行为：必须制止奢侈浪费，必须鼓励节俭努力，对身体条件够格者"要强迫他们工作，为了防止他们拿找不到职业作为藉口起见，就应当制定鼓励诸如航海、农业、渔业等技术以及各种需要劳动力的制造业的法律。"[4]

因此很明显，占有性市场社会（尤其是一个新兴的占有性市场社会）需要一个主权权力。这在霍布斯看来也很明显。他的确主张，出于上述目的，任何社会都需要一个主权权力。他之所以得出这个结论，是因为他将那些占有性市场社会的本质关系置入了他的社会模型里。即使我们说他在概括的广度上犯下错误，但在洞察深度上，他还是遥遥领先于任何同时代的政治思想家。

但这还不足以证明需要一个主权权力，除非我们能够同时且从相同设定出发，证明一个主权权力的可能性。那种尤为需要主权权

97

---

[1]　Ibid., pp. 192-193; *Elements*, part ii, ch. 3, sect. 5, pp. 100-101.
[2]　*Leviathan*, ch. 24, pp. 189-190.
[3]　Ibid., p. 193.
[4]　Ibid., ch. 30, p. 267; cf. *Rudiments*, ch. 13, sect. 14, pp. 150-151.

力的社会能否维持主权权力？身处这种支离破碎且充满竞争的社会
中，个体有无可能倾力且坚定地支持某个政治权力，使其足以成为
一个主权权力？在这里，我们必须区分有产阶级的个体和无产阶级
的个体。

在这种社会里，占有大量财产或希望获得并持有大量财产的理
性人，都能承认对这样一位主权者负有义务。他习惯于订立长期契
约，且明白为什么要遵循"契约必须被履行"这项规则。他根据对
长期利益的理性计算来处理事务；他所做的就是他的理性计算告诉
他应该去做的。他正是能够看到一个主权权力所提供的契约秩序所
带来的净利益的那种人。当然，他并不是一台完美的计算器。如果
他和他的同伴全都是完美的计算器，总能看到遵从契约社会的规则
的净利益的话，就不需要任何主权者去调节他们之间的关系了（尽
管可能还需要一个主权者去调节他们和无产者之间的关系）。市场
人是一台台足以看到每个人坚守规则将带来的净利益的计算器，但
我们不能依赖他们每个人在不时看到破坏规则带来的短期利益的时
候，头脑中能牢记这种长期利益。但是，他们每个人都能够认识到，
一个执行规则（这些规则针对所有人）的主权者所能带给自己的净
利益。因为，遵守这样制度化的规则更为容易；如果他不必每次都
计算别人遵守规则而自己破坏规则的可能后果——或更糟的情况，
别人是否会分别破坏规则，以无法预测的方式去行事——那么每个
人都能更自由地做出有关净利益的日常决定。只有存在着一个去执
行规则的主权者，每个人需要纳入计算的变量才能被减少到可控范
围内。

基于这些理由，我们可以很笃定地认为，市场社会中有产阶级
的个体能够承认对一个主权者（它能够执行这种社会若要运作所必
需的规则）负有义务。在此，我们不得不再次承认，霍布斯确实有

98

着基本的洞察力。的确，它赋予任何社会中的人以这种能力的做法是一种过于宽泛的概括。但是，他抓住了问题的核心。他据以论证出人们承认主权者的需求和可能性的那种理性能力，正是在占有性市场社会里奋力进取的理性人所能具备的那种类型和那种程度的理性计算。

　　没有大量财产或不曾期望获得大量财产的人又如何呢？挣扎在生存线上的终身赚取工资者能够承认对一个主权者（其主要职能是制定和执行有关契约和财产的规则，而赚取工资者可能会觉得，正是这些规则将其推入和束缚在这样朝不保夕的危险境地里）负有义务吗？只要他认为占有性市场社会无可替代，那么答案就是"是的"。如果他认为它不可替代，那么他的理性选择就只能是承认对一个主权权力负有义务——它至少能保全他的生命。或许，正是基于此，霍布斯并不担心那个他早已预见的反对意见，即"普通人没有足够的能力理解"他们义务的成立基础[1]。他认为普通人完全有能力理解这一点，他们比"一个王国中的富人和有势力的臣民，或是被认为是有学问的人"更能理解它。他说道，普通人承认一个主权者并不与自己的利益冲突；一个主权权力不会像制约或削弱有势力的人或有学问的人那样制约或削弱这些普通人。相反，"至于普通人的脑子，除非是由于依靠有势力的人因而受到影响，或是由于那些博学之士用自己的看法玷污了他们的心灵，否则便像一张白纸、适于接受公共权威打算印在上面的任何东西"。既然能让他们默认超乎理性之上和违反理性的宗教教义，那么他们就能够接受这个"十分合乎理性"[2]的有关对主权者负有义务的学说。为此所需要去做的

99

---

〔1〕　*Leviathan*, ch. 30, p. 260.

〔2〕　Ibid.

全部工作，就是教导一般人去认识这一点；霍布斯曾认为，这通过"从日常劳动中拨出一定时间以便听取指定人员进行讲解"[1]就可以做到。

因此，霍布斯这样来看待普通人，说明他认识到他们作为一个单独阶级所具备的特征。他没有说，他们因为看到自己的必然处境而能够接受这种义务，而是假定，一旦使他们意识到他们的真实处境，他们就会知道这是不可避免的。霍布斯的这一假定是较为靠谱的。普通人，即那些没有财产的一般人，除了接受占有性市场社会之外别无选择。

我已经论证过，霍布斯带着如此先见之明所描写的社会，需要并且能够支持一个主权权力。我只在他的学说里找到两个错误。首先，他误将市场社会的特征赋予了所有社会，并因此他赋予自己的结论以大于其实际具备的有效性；不过，这一错误并不影响他对占有性市场社会所做结论的有效性。其次，他没能看到或没能足够重视占有性市场社会必然会产生的阶级分化，并因此错误地做出"主权权力必须并且能够寓于一个自我持续的人或会议"的结论。当我们将他的理论归为一种历史方法，当我们将其视为关于占有性市场社会的理论时，那么按我们的分析，只有这第二个错误可以用来批判这个理论。这第二个错误确实严重，它本身就足以使其整个理论不能适用于这种社会。

但是，除去这个错误，我们还是可以坚持，霍布斯的分析和结论大体上对于占有性市场社会来说是有效的。如果我们将他的理论理解成关于占有性市场社会的理论，那么他就证明了自己的下述观点是有道理的：个体需要并且能够承认对一个全能主权机构（尽管

---

[1] Ibid., p. 262.

不是自我持续的主权机构）负有确定的义务。我们从霍布斯那里解读出的内容应当就是这些。如果我们不去加上一些其他内容，那么人们通常用来反对其理论的主要理由就基本上站不住脚。

四、对一些反对理由的反思

　　如果我们将霍布斯的理论理解为这样一种有关人和社会的理论，那么其理论中最严重和最棘手的难题就是，被无限制的竞争性欲望所驱迫（如同霍布斯在理论中所描述的那种驱迫）的人似乎不会承认一种限制其运动的有约束力的义务。如果所有人都被这么驱迫着必须进行持续而激烈的争夺权力的斗争，他们如何才能承认压制这种斗争的义务呢？如果人们必然会被这么强迫着侵犯彼此，以至于需要一个主权者，那么他们又如何才会支持一个主权者呢？当泛泛提出这些问题时，我们无法给出非常令人满意的答案，但如果这些问题是在指占有性市场社会中的人，我们就能够回答了。这样的个体既需要一个主权者又能够支持一个主权者，因为在这样的社会里，他们能够不断地侵犯彼此却又不毁灭彼此。他们需要一个主权者将其侵犯行为限制在非毁灭性的范围内，并且他们能够承受这样一个主权者，因为他们能够在主权者的规则下继续其侵犯行为。他们支持一个主权者，以求能允许他们自己继续彼此侵犯。只有在占有性市场社会里，所有人才必定彼此侵犯，也只有在那里，所有人才能够在社会规则下这么彼此侵犯。因此，他们支持这些规则以及执行它们的必要权力的做法，又不会让自己显得愚蠢可笑。一旦将霍布斯的义务理论看作是关于占有性市场社会的理论，看作是支持占有性市场社会的理论，那么其理论中的一个核心难题便就此消失了。

　　如果我们以这种方式来看整个理论，那么另一个逻辑难题也会更容易处理。霍布斯宣称自己已经通过对人性的科学分析而证明了，人应当承认对主权者负有一种比他们现在所承认的义务更为确凿的义务。这就是说，如果人们要与自己的本性保持一致，就必须以一种他们当前并没有采取的行动方式来行事。这看起来无疑是一个矛盾。不过，这就是霍布斯应用伽利略的"分解—组合"法所得出的结论。正如沃特金斯已经明白指出的那样，这种方法在政治科学中的运用方式与其在力学或几何学中的运用方式有差异。

> 当一个人把［"分解—组合"法］用于分析物理效应或几何图形时，他现在所理解的这个重组后的整体，仍是他先前所熟悉的那个整体。但是，如果将这个方法应用于社会，重组后的整体可能与原来的整体完全不同。一个真实的社会可能与它自己不一致，与它自己冲突。但是，如果从一个政治权威体系基本元素的本质进行推导，从而理性地重构这个政治权威体系，重构后的体系显然会与这些元素保持一致。将"分解—组合"法应用于社会，就是去发现，与人的本性相一致的人是什么样子，以及与国家的本质相一致的国家应该是什么样子。[1]

在我看来，这个有关在政治学中运用"分解—组合"法的后果的敏锐解释，与其说是在解决问题，不如说是在说明问题。如果（通过科学分解所发现的）人的本性使得他们彼此冲突（或者，使社会与其本身冲突），那么人们这样行动就与他们的本性相一致。霍布斯对人性诸元素的组合不同于这些元素实际上的排列方式。我们怎么能够说，霍布斯对人性诸元素的这种组合要比人们当下复合人性

---

［1］ J. W. N. Watkins, "Philosophy and Politics in Hobbes", *Philosophical Quarterly*, vol. v, no. 19 (1955), 133.

的实际元素排列，更契合他们的本性呢？

其实，霍布斯的想法并没有什么神秘的。他认为，人们现在计算或权衡手段和目的的功效要低于他们本可以做到的程度；他们能够（在霍布斯的指导下）学着更有效地去计算和权衡。人们可以学着比现在更好地成长。[1]可教育性是人性的一个假定元素。但即使承认人的可教育性，除了霍布斯发表其学说这个偶然事件外，我们能期待什么因素使人们现在能去做他们之前不会去做的事呢？霍布斯依赖于人的一种总体倾向（为历史观察所支持），即如果人们发现某种对他们有利的新知识，他们就愿意利用它。

> 时间和劳动每一天都在产生新知识。良好的建筑艺术是从理性的原理中得来的，而这些原理则是勤勉的人们在人类开始笨拙地进行建筑以后很久，才从长期研究材料的性质以及形状与比例的各种效果的过程中观察到的。同样的情形，在人类开始建立不完善和容易回到混乱状况的国家以后很久，才可能通过勤勉的思考发现使国家的结构除开受外在暴力的作用以外永远存在的理性原理。这就是我在本书中所提出的那些理性原理。……[2]

如果"人总是利用在他们看来对自己有利的新知识"被认定为人性法则，那么他们至今没能承认对一个主权者负有确定义务，就必定被归结为下面两个原因之一：要么是他们没有发现它是有利的，要么是事实上它在先前不像在现在这么对他们有利。霍布斯满足于

----

〔1〕 *Leviathan*, ch. 20, p. 160.
〔2〕 Ibid., ch. 30, pp. 259-260.

其中的第一个原因。如果人们质疑说"如果那些原理真的那么有用，那它们早就会被发现了"，他会指出自然科学领域的情况：在他所处的那个世纪，自然科学领域常常发现新原理，而他认为这些原理本也可以早就被发现，但实际上却并未被发现。不过，这种类比并不确切。因为，按照霍布斯自己对人性元素的分析，政治科学的要紧程度是且一直是高于自然科学的。自然哲学创造舒适的生活，少了自然哲学，这些令人愉悦的好东西就受到克扣；但少了公民哲学，就会产生灾难：

> 道德和公民哲学的效用，不是以我们因知晓这些科学而拥有的好东西来评价，而是以我们因不知晓这些科学而要承受的灾难来评价。现在，一切可以通过人的努力而避免的那类灾难都源于战争，主要源于内战；因为是它产生了屠杀、孤独和对一切东西的需求。[1]

此外，内战就是因为人们没有充分掌握公民生活的规则，而关于这些规则的知识就是道德哲学。既然是这样，加之避免暴死是（且一直是）人的最大需求，那么自然哲学领域的新发现出现得较慢，并不能解释为什么道德和公民哲学领域的新发现出现得较慢。如果人们对道德和公民哲学的需求真的总是那么大，我们就本可以合理地期望他们更早做出霍布斯的发现。

"人们没有接受真正的公民哲学原理是因为这些原理否定他们的自身利益"，这并不是个理由充分的答复。霍布斯有时暗示过这一点，比如他在比较数学学问和宗教教条学问时说：

---

〔1〕 *English Works*, i. 8.

前者没有争议和纠纷，因为它只存在于对数字和运动的比较之中；在这门学问里，事物的真理和人们的利益彼此不相对抗。但后者中的一切都是能够去争议的，因为它比较的是人，并会妨碍到他们的权利和利益；在这门学问里，一个人反抗理性的情形与理性反抗一个人的情形一样常见。[1]

但是，如果在以前，真正的公民哲学原理否定人的利益，并且如果人的利益没有变化过，那么这些原理必定仍在同样程度上否定着他们的利益。一个人可能（霍布斯的某些批评者就是如此）自此做出结论说，霍布斯对人性的分析根本就是不正确的：人们之所以没有更早取得和利用霍布斯的发现，其原因是，与霍布斯所言相反，人性里并不包含利益权衡或动机权衡。如果霍布斯对人性的说法明显有误，那么"霍布斯说过，人的行为应该与其本性相一致；为什么他们没有以这种方式去行事？"这个问题就不成为问题了。而且，如果霍布斯对人性的说法明显有误，那么完全理性之人就无须遵照霍布斯所说的、他应该遵照的方式去行事；霍布斯的整个理论就坍塌了。

但我们没必要走这么远。人们之所以一直没有取得和利用霍布斯的这项发现，可能既不是因为他对人性的说法明显有误，也不是（如霍布斯所断言）因为人们欠缺努力或逻辑能力而没能更早做出这一有利发现；其原因可能是，霍布斯所发现的义务原理对之前社会里的人来说，并不像它对占有性市场社会里的人那样有利。换句话说，原因可能是：在占有性市场社会来临之前，霍布斯的义务原理确实阻碍人的利益（和能力），而在占有性市场社会里，它已经不阻

----

[1] *Elements*, Ep. Ded., p. xvii.

碍它们了。市场社会需要和平与秩序，其程度是其他社会所不及的。战争、掠夺和抢劫在很多非市场社会是平常而光荣的事情，但它们与市场社会相悖。在占有性市场社会里，一个国家共同体（霍布斯所处理的只是国内关系[1]）内的公民之间不允许出现这些行为，占有性市场社会也不需要通过这些行为来为积极进取的人留出追逐欲望的空间。而且，不仅是一个市场社会需要内部和平；同等重要的是，那些接受和推动市场社会的人（与其他社会里的人不同）有望能看到和平的好处，进而看到霍布斯的发现的好处。只需向他们说明其（新）处境的逻辑，就足以使新市场社会里的人能够（而此前他们不能）领会和利用霍布斯的学说。固然只有那些充满进取心的有产者有望能够领会它，但这就已经足够：并不需要自己看到这点，由当局来教给他们也行。

因此，市场人是特别合适的霍布斯学说的学习者。所以，如果我们只将霍布斯的理论当作是关于和支持占有性市场社会的理论，那么就能在某种程度上让他免遭"他对人的能力的说法相互矛盾"的责难。更准确地说，如果将其理论当作是关于和支持一个相对新兴的占有性市场社会的理论，他就能免遭此种责难。如果做如此理解，那他的理论就是这样一个尝试，即通过向现在的人展现他们的真实本性，来劝服他们以不同于他们一直遵循且至今仍遵循的方式去行事；之所以他们的行事方式至今未变，仅仅是因为他们没有意识到，占有性市场社会对身处其中的人提出了怎样的要求，给予了怎样的许可。霍布斯的谈话对象是那些还没有全然以市场人的身份去思考和行事的人；他们并不是在全面评估什么对他们自己最有利、

---

〔1〕　霍布斯未曾试图让一个国家免遭与外部暴力隔绝。他认为，与内战相比，国家间的敌对状态尚不是一个很大的祸患。因为，依靠国家间的敌对状态，主权者"维持了臣民的产业，所以便没有产生伴随个人自由行动而出现的那种悲惨状况"（*Leviathan*, ch. 13, p. 98）。

什么最符合他们作为好竞争之人的真正本性的基础上，来推断自己应该承担哪种政治义务。霍布斯要求这些人将他们的思想与他们作为市场人的真实需求和能力匹配起来。他如此急切地想做到这点，以至于将他们的真实需求和能力表达为所有时空的人都具有的需求和能力，而非一种新的需求和能力（它们确实是新的）。他这么做，就使得他自己做出了"人的本性要求他们去做他们没有做过的某事"这样逻辑不一致的主张。但是，他的过错不像指摘他的人加到他身上的那样严重。如果他不主张自己分析的有效性没有那么普遍，那么他本可以完全自辩清白。

最后我们可能会注意到，当把他的理论当作是针对和支持占有性市场社会的理论时，我们就会发现，原来在道德上针对他学说的主要反对理由，与其说反对的是其学说，倒不如说反对的是这个社会的道德观。如果确如我所论证过的那样，霍布斯政治义务的真正基础是占有性市场社会中人们的理性认识，即他们都必然服从市场决定，那么霍布斯政治义务的某些非人性意味立刻就得到了解释和正当化。市场社会的强制力确实在某种程度上压低了自由理性个体的身份——他们通常被置于伦理学理论的核心地位。人文主义者并不能全盘接受市场道德观。人文主义者没有将占有性市场社会的价值观完全接受为最高的道德或一种充分的道德，一个以认同和接受市场强制力与市场道德观为基础的义务理论，看上去必定有悖于他们的看法。

虽然如此，霍布斯以市场的强制力和道德观为基础的做法，洞察了现代占有性社会中，义务问题的核心所在。霍布斯的个人主义悖论（它以平等的理性个体开始，又证明出他们必须完全服从于一个外在于他们的力量）不是他理论建构的悖论，而是市场社会的悖论。市场使人自由；为了能有效运作，它要求所有人都是自由和理性的；不过，每个人独立而理性的决定，在每一刻都创造出一个力量布局，它强迫每个人扑面面对它。所有人的选择决定着市场，市场也决定着每个人的选择。霍布斯既捕捉到了占有性市场社会的自由，又捕捉到了它的强迫。

但是，英国的有产阶级不需要霍布斯提出的全部方略，而且他们有理由不满于霍布斯对他们的描画：除了时髦轻佻之辈，没有读者能欣赏霍布斯对自己和自己同伴的如此揭露，尤其是他还将这种揭露呈现为一种科学。在那个世纪结束前，有产者们已经接受了洛克更暧昧也更合人意的学说。

第三章

平等派：选举权与自由

第一节　选举权问题

自从菲尔斯（C. H. Firth）在他第一次出版普特尼辩论（the Putney debates）文本时给出了一个错误注脚[1]开始，学者们已经普遍不做限定地或干脆毫无保留地断言，平等派是成年男性选举权（the manhood suffrage）的鼓吹者。平等派有很多表述看上去说的是这个意思，学者们当然可能会引用到它们；[2]而且，著名的普特尼选举权辩论的开始方式，就让人容易将它误读为是一场关于成年男性选举权的辩论——加德纳（S. R. Gardiner）就是这么解读的。[3]然而

---

[1]　C. H. Firth (ed.), *The Clarke Papers*, vol. i (Camden Society Publications, N.S. 49, 1891), p. 299, 注："正如辩论所显示的，公约的支持者们提倡成年男性选举权。"参看 p. xlix："[第一公约的]第一条主张成年男性选举权。"

[2]　S. R. Gardiner, *History of the Great Civil War 1642—1649*, vol. iii, 1891, p. 225. 加德纳还把《军队的真实状况》(*The Case of the Army truly stated*) 说成是在建议成年男性选举权（从逆者 /delinquent 除外），op. cit., p. 215. 关于这一点，见下文，第 130 页。

[3]　对那些被普遍引用的标杆性表述，下文将加以检验，见第 122-126、129-136 页。

事实上，从平等派第一次提及选举权方案的具体范围开始，直到平等派运动的最终宣言为止，他们的选举权方案始终排除了人数众多的两类人，即雇工或曰赚取工资者（servants or wage-earners）[1] 和那些接受施舍的人或曰乞丐。对平等派关于选举权的真实立场的普遍误解，已经在某种程度上模糊了他们的自由观念，并使得他们政治思想的某些基础没能得到人们的注意。因此，我们的第一个问题就是厘清平等派关于选举权的完整立场；在解决第一个问题后，我们的第二个问题是思考，我们可以对那些有关平等派政治理论的主流解释做出怎样的修正？如果给予第一个问题的篇幅看上去有点大得不成比例，那也无非是因为我们需要澄清一种极不寻常的混淆。

108

相关事实常常被不完整或不正确地陈述，因此我们首先应该罗列一下平等派关于选举权排除的明确表述。在普特尼，在关于"第一人民公约"（the First *Agreement of the People*）选举权条款的著名辩论（1647 年 10 月 29 日）中，平等派的一位发言者佩蒂（Maximilian Petty）在回复克伦威尔的问题时，给出了"为什么我们想要排除学徒或雇工或那些领取施舍的人"；[2] 平等派想要排除这些人，双方对此都习以为常。我们可能会留意到平等派随后在普特尼辩论中对他们立场的两处表述。1647 年 11 月 11 日的《数位军队鼓动者致他们各自军团的一封信》（*A Letter sent from several Agitators of the Army to their respective Regiments*）记述说，在普特尼，经历了对选举权方案的长时间辩论后，"经赞成投票得出结论：所有士兵和不是雇工或乞丐的其他人，就应该享有选举在议会

---

〔1〕 在17世纪的用法里，servant一词意指赚取工资者，即任何为雇主工作以赚取工资的人。见附录，第282−283 页。

〔2〕 A. S. P. Woodhouse, *Puritanism and Liberty* (1938), p. 83. 这是在辩论中首次具体提及平等派所意欲确立的选举权范围。关于它和辩论中其他提及选举权之处的关系，下文第122−129 页将做检验。

中代表他们的人的发声权利，即使他们没有来自自由保有土地的四十先令年入。只有三个人反对你们的这一项天生自由"[1]。这种排除了雇工和乞丐的选举权被称为"天生自由"的胜利。约翰·哈里斯（John Harris）在《伟大的设计》（*The Grand Designe*，1647 年 12 月 8 日）中明确指出，在"公约"的选举权条款里，平等派是在要求"非雇工或乞丐的所有成年男性"[2]的选举权。

在接下来的两年中，平等派的宣言说得甚至更为明确。1648 年 1 月的"请愿书"要求赋予"没有或将不会因某种犯罪原因而依法被剥夺选举权的，年龄不低于 21 岁的，非雇工或乞丐的"[3]所有英国男性以选举权。1648 年 12 月 15 日的"第二公约"进一步稍许缩窄了选举权范围：接受施舍的人和雇工或赚取工资者再次被排除在外，但同样被排除在外的还有"通常"不"被课征济贫税"[4]的所有男性。1649 年 5 月 1 日的"第三公约"回到 1648 年 1 月的"请愿书"的立场，仅排除了雇工和那些接受施舍的人。[5]

由此可见，在针对"第一公约"的普特尼辩论以及 1648 年 1 月的"请愿书"和"第二公约"及"第三公约"中（它们貌似是整个这个时期说到过提议选举权范围的全部平等派权威文件[6]），平等派

---

〔1〕 Woodhouse, op. cit., p. 452. 无论这次投票确实发生过，也无论它是否仅仅是一个宣传手法，在这里都无关紧要。D. M. 沃尔夫已经（D. M. Wolfe, *Leveller Manifestoes of the Puritan Revolution*, 1944, p. 61, n. 10）对是否真的投过票（他令人迷惑地将其描述成是关于成年男性选举权的投票）提出质疑。他的质疑理由是，克拉克没有在当天的普特尼会议记录里报道这次投票。但是，此处存在着日期的混淆。"信"中所宣称的投票可能不是发生在（如沃尔夫所假设的）10 月 30 日，而是在 11 月 4 日；有些天克拉克没有做记录，这一天就是其中之一。所以，没有必要认为，有可能克拉克故意从那天的会议记录里省略了那次投票。

〔2〕 B.M., E. 419 (15), folio 7 verso.

〔3〕 Wolfe, *Leveller Manifestoes*, p. 269.

〔4〕 Woodhouse, op. cit., p. 357; Wolfe, op. cit., p. 297.

〔5〕 Wolfe, op. cit., p. 403. "第二公约"和"第三公约"都规定，在若干年内剥夺那些曾在内战中支持国王的人的选举权。

〔6〕 见第 118 页的第一个注释。

排除雇工和领取施舍者的立场是十分明确的。

菲尔斯以来的多数权威论述，要么忽略了这种选举权排除，要么虽然注意到了一些排除的例子，却继续将平等派说成是成年男性选举权的鼓吹者，而没有察觉到这里存在前后不一致的问题。[1]或许正是因为这些学者对平等派的习语和预设十分熟悉，才导致了他们看不到这个问题。他们可能断定，平等派实际上将成年男性选举权认定为排除了雇工和乞丐的选举权，但使得平等派能够这么做的那些设定太过明显而无须置评。但即使这就是他们的真实想法，他们毕竟没有这么明说过。无论如何，结果都令人遗憾。

在没有注意到平等派的选举权排除的著述里，研究者可能很容易就推断，平等派确实要求不受限制的成年男性选举权——当然这并非事实。在注意到了一些平等派排除雇工和领取施舍者的例子但不觉得这有什么问题的著述里，那些不愿以无甚价值为由而不去考虑这个问题的研究者容易断定，被排除的那几类人其实在数量上是微不足道的——而这也并非事实。如果这些研究者确实认为，这里的隐含之意是，平等派确实在将成年男性选举权等同于排除了雇工和领取施舍者的选举权的同时但并不认为这里存在自相矛盾之处，他还是没有洞察到支持平等派采取这一立场的理论基础。

有极少数学者已在上引著作之外评论说，严格而言，平等派的选举权立场存在自相矛盾之处，并给出了解释。由于他们的解释不能全然让人满意，[2]所以他们对现代研究者也没有多大帮助。此外，还有其他学者评论了 1648 年（体现在"第二公约"里的）平等派立场的暂时转变，但错误地将这一转变认定为从一种成年男性选举权

110

---

〔1〕 见注释 F，第 294–295 页。
〔2〕 见注释 G，第 295 页。

的主张（事实并非如此）到一种济贫税纳税人选举权的主张（事实确实如此）的转变，[1] 所以他们的分析仍然无助于改进研究状况。

一位查阅了权威文献的研究者可能会认为，对平等派的选举权立场做出某种澄清是有用的。他这么想可能无可厚非。一旦将所有记载铺陈开来，它们的一致性问题看起来就颇为棘手。但梳理这些记载的过程本身将揭示某些设定和观念，它们表明平等派的选举权思想具有潜在的一致性。这些观念和设定（它们必然涉及自由的本质）接着提出了一种对平等派的个人主义新解释，又进而提出了一种对平等派为英国政治思想的自由民主（而非激进民主）传统所做贡献的新解释。总之，我将论证，解决选举权的表面不一致问题，会促进对平等派整体政治思想的更深入理解，并由此为我们探究自由民主传统的渊源带来某种新的启示。

下文将（在第三节）充分检验这些记载的细节，以确定平等派 111 在选举权立场上表面不一致的程度，并处理"他们的立场从主张成年男性选举权转变为主张排除了雇工和领取施舍者的选举权"的可能性。我将论证，平等派一直追求的选举权，并不是现代通常意义上的成年男性选举权，而是一种排除了雇工和领取施舍者的选举权；因为他们对自由的本质做出了特定预设，所以他们不觉得这种排除与他们的"每个人都享有投票的自然权利"主张存在任何矛盾。

在检验平等派对选举权和自由的表述之前，我将（在第二节）试图说明平等派、军队领袖和议会独立派所争论的各种选举权方案之间的差异。因为，除非我们明确知道当时显然被争议过的四种选举权（自由保有人财产选举权，济贫税纳税人选举权，非雇工选举权和成年男性选举权）包含和排除了哪类人，并对其人数规模有一

---

[1]　见注释 H，第 295—296 页。

定认识，否则我们无法理解自由保有人选举权立场与非雇工选举权立场之间的争议有多激烈，也无法理解双方分别向济贫税纳税人选举权靠拢时的妥协程度。

对选举权人类别的定量分析仅仅从属于我们的主体论证工作，但因为它们可能对理解 17 世纪的思想有一定价值，又因为可能有人认为它们需要某种正当性说明，所以我将它们放在附录里加以展开。

最后，在第四节里，我将较为概括地讨论平等派自由设定的隐含之意。

第二节　选举权的类型

平等派与他们在议会中的对手和军队中的对手，实际上或看起来曾经讨论过四种不同的选举权。对这四种选举权可以做如下区分：

112

（A）仅限于价值为年入 40 先令的自由保有土地的所有人和贸易公司自由人的选举权。克伦威尔和艾尔顿一直倡导这种选举权，[1]而平等派一直抨击它。我称其为自由保有人选举权（*the freeholder franchise*）。它将公簿保有和租约保有的农民（the copyhold and leasehold farmers）排除在外。它排除了所有非自由保有的工匠、零售商以及非贸易公司自由人的经销商。它也排除了所有雇工和那些接受施舍的人。

这是自亨利六世治下第八年成文法第七章（the statute of 8 Henry VI, c. 7）以来一直施行的选举权。主张这种选举权将公簿保有人和

---

〔1〕　例外的是，在普特尼辩论中的某个场合下，克伦威尔准备承认某些依继承的公簿持有人享有选举权（Woodhouse, op. cit., p. 73）;以及在 1647 年 10 月 30 日的委员会上有保留地认可（见下文，注释 K，第 297 页）和暂时认可"第二公约"（见下文，第 115–117 页）。

租约保有人排除在外，容易招致两种反对意见，在这里必须加以注意。首先，就公簿保有人而言，尽管依领主意志而持有土地的公簿保有人肯定从没被看作是自由保有人，但另一种公簿保有人——即那些不是依领主意志而是依庄园习惯持有土地，并且其保有地被描述成"依习惯的自由保有"（customary freehold）或"自由的公簿保有"（free copyhold）或"自由保有地的公簿保有"（copyhold of frank tenure）的人——在 17 世纪的法律和选举实践里，有可能被看作自由保有人。对这个问题，柯克存有疑问。[1] 这个问题在 1754 年剑桥郡选举中被提出后，布莱克斯通主张，他们不是自由保有人，也从没打算拥有投票权，不过他们实际上是否曾经行使过选举权尚不得而知。[2] 然而，克伦威尔似乎可能曾断定，在现有法律下公簿保有人都没有投票权；因为他把可能承认某些"依继承的公簿保有人"享有选举权说成是对现有选举权的改变。[3] 既然只是因为这类公簿保有人的保有产在安全性上能够与自由保有产相提并论，他才考虑赋予他们选举权，那么他必定是在考虑依习惯的公簿保有人，而非依意志的公簿保有人。进而可推知的是，他认为现有选举权排除了依习惯的公簿保有人。我的结论就是，在普特尼，各方都认为，大家争论过的自由保有人选举权排除了一切公簿保有人。

其次，至于对租约保有农的排除，我们必须注意到，在自由保有人和租约保有人之间，不存在法律上的简单区分；这两者都是保有人。他们的区别在于保有的确定性。粗略而言，终身保有人（tenants for life）或数世保有人（tenants for lives）是自由保有人；定期保有人（tenants for years）和终身或定期保有人（tenants for

113

---

[1] Coke, *The Compleate Copyholder*, 1644, sects. 15－17.

[2] Blackstone, *Considerations on Copyholders*, 1758.

[3] Woodhouse, p. 73.

life or years）不是自由保有人。更确切地说，租约期限固定（例如五年，九十九年，甚至一千年）的保有人，以及租约的最大期限固定，但最小期限不确定（例如"九十九年或三代终身的租约"，取较小的那个期限）的保有人，在法律上不是自由保有人，无论其租约期限有多长。那些以不确定的期限保有土地的保有人，以及那些自由（意即，不是卑下的或奴役的）保有土地的保有人，是自由保有人，而不论该保有产是由一个人及其继承人永久保有，还是以他自己的终身为期限或以别人的终身为期限由他保有。[1] 自布拉克顿以来，法律就是如此。我预设这种区分在日常习惯里也是如此。普特尼辩论的文本没怎么提到租约保有人，这不过是意味着定期保有人被排除在外。[2] 在缺乏关于辩论文本的更多明确证据的情况下，我们可以预设，辩论双方都遵守着在自由保有和非自由保有的保有人之间业已确立的法律区别。如果将我们的"租约保有农"类别理解为由定期租约保有人和定期或终身租约保有人所构成，我们就能预设，在普特尼的争论中，租约保有农被排除在自由保有人选举权之外。

114　　　在 17 世纪 40 年代，自由保有人选举权将会涵盖大约 212000 人。[3]

　　（B）通常被课税用以济贫并排除了雇工和施舍领取者的所有男性户主所享有的选举权。这种选举权与自由保有人选举权的基础不同，但可以被看作实质上包括了自由保有人和公司自由人，因为我们可以预设，他们中没什么人避得开被课征济贫税（the poor-

---

〔1〕 G. Jacob, *A New Law-Dictionary*, 1750, s.v. 'Freehold'; Wm. Cruise, *A Digest of the Laws of England Respecting Real Propery*, 4th ed. 1835, vol. i, pp. 47–48 (Title I, nos. 10–12).

〔2〕 克伦威尔说，不能认为"一个为一年、两年或二十年租期而交纳租金的居民"拥有一项固定的或永久的权益（Woodhouse, p. 62）。佩蒂说了一句不完整的话："一个人可能保有租金为一年一百镑的租约地，一个人可能保有期限为三代的租约地。"（ibid., p. 61）这没有表明他的立场；如果这句话按照伍德豪斯所建议的那样补全，而不做任何限定，那么它似乎是对事实的错误陈述，因为租约地是三代保有的话，在法律上保有人享有的就是自由保有地产。

〔3〕 见附录，特别是第 288、291 页。

rates）。出于同样的理由，它还会包括大量公簿保有农和租约保有农。最后，它还会包括一些（也许是多数）既非公司自由人也非自由保有人的商人、店主、零售商和工匠；在这个群体里，只有那些穷到不会被课征济贫税的人才会被排除在选举权外。这就是"第二公约"所提出的选举权，它被保留在了1649年1月20日的"军官协议"里。[1] 我称其为济贫税纳税人选举权（*ratepayer franchise*）。[2] 它将涵盖大约375000人。[3]

（C）所有男性但排除了雇工和领取施舍者的所享有的选举权。这是平等派在普特尼辩论中所要求的选举权，也是他们在其后提出的所有选举权方案（除了"第二公约"）中所要求的选举权，只有少许变化[4]。我称其为非雇工选举权（*non-servant franchise*）。它将涵盖大约417000人。[5]

我们会注意到，相对而言，无论是在定性还是在定量上，济贫税纳税人选举权和非雇工选举权之间都没什么差别。两者都排除了赚取工资者和领取施舍者；两者都包括了自由保有人、公司自由人、公簿保有人和其他保有人——至少是所有那些还没有穷到免征济贫税的人。只有两类人被包括在非雇工选举权之内而被排除在济贫税纳税人选举权之外：第一类人是既非自由保有人又非贸易公司自由人，并且不是纳税户主的商人、店主、零售商和工匠。我估计，如果我们假定那些独立生产经营者里只有一半是非济贫税纳税人，那

115

---

〔1〕　Wolfe, op. cit., p. 342.

〔2〕　rates，地方税，英国不动产税的一种，由地方权威征收，用于地方支出。一般与国家税 taxes 相对。在伊丽莎白一世《济贫法》颁布后，济贫税是地方税的重要表现形式。——译者注

〔3〕　见附录。

〔4〕　例如，在普特尼辩论里，学徒被特意包括进了雇工；而在1648年1月的请愿书里，罪犯被排除在外；"第二公约"和"第三公约"把在内战中协助国王的人排除出选举权人范围若干年。

〔5〕　见附录。

么第一类人大概有 19000 人。不过，即使实际比例远高于一半，济贫税纳税人选举权和非雇工选举权之间的差别，也不会像自由保有人选举权和济贫税纳税人选举权之间的差别那么大。[1]第二类被非雇工选举权所涵括但被济贫税纳税人选举权所排除的人，是那些平民身份是赚取工资者或领取施舍者，而加入议会军的士兵。平等派假设这类人凭借在内战里扮演着积极角色而挣得了选举权。[2]据估计这些人约有 22000 个。[3]这样，在济贫税纳税人选举权和非雇工选举权之间的全部差额就只有约 41000 人。

（D）所有男性都享有的选举权或除罪犯和从逆者（delinquent）之外的所有男性所享有的选举权。它可以被恰当地称为成年男性选举权（manhood franchise），并且看上去是普特尼辩论之前和辩论期间各种平等派表述里所要求的选举权。成年男性选举权涵盖了大约 1170000 人，[4]其中没有扣除罪犯和从逆者。

至此，平等派的选举权立场就可以归纳为这四种选举权方案。他们一直反对自由保有人选举权；他们在普特尼辩论前的某些著述和在普特尼辩论期间的一些表述，似乎是在要求成年男性选举权；在普特尼辩论中以及普特尼辩论后提出的所有方案中，他们要求的都是非雇工选举权——"第二公约"除外，这份公约提出了范围稍窄的济贫税纳税人选举权。

116　　我们可以马上处理"第二公约"的复杂之处。这份文件是由一个代表了平等派、军队领袖、独立派和一个议会团体的委员会达成

---

〔1〕 见附录，第 289-290 页。该处给出这类人人数为 21400 人，这个数字是把 1688 年的人口换算为 1648 年人口之前的数字；如果换成 1648 年人口，那么这类人人数是 19300 人（见附录，第 291 页）。

〔2〕 见注释 K，第 297 页。

〔3〕 见附录，第 291-292 页。

〔4〕 见附录。

的折中产物。不过，它一般被看作是平等派文件，因为在那个时刻，平等派正处在真正掌握着军队领袖和议会间权力平衡的强势地位，因此能够使他们的大部分要求获得通过。正如我们刚才所见，"第二公约"提出的济贫税纳税人选举权只比平等派在此前一年多以来一直倡导的非雇工选举权范围稍窄一点。与非雇工选举权相比，"第二公约"规定的选举权人至多排除了两个群体：免于课税的小独立生产经营者以及之前是赚取工资者而现在加入军队的人。这些人加在一起约有 41000 人，不到非雇工选举权所涵盖的总人数的十分之一。我说的是，至多有这么多人会被排除出去。但是，平等派所理解的应予排除的数字很可能是 19000 个不是济贫税纳税人的独立生产经营者。这是因为，平等派既然提出或接受了"第二公约"的选举权条款，那么他们就很可能认为，军队领袖不言明地将那些曾在内战中为议会事业而奋斗的人囊括在内了——因为在普特尼，1647 年 10月 30 日的军队参政委员会（the Army Council Committee）同意，那些为议会而战的人应当拥有选举权，即使他们"在其他方面不符合（尚有待确定的）资格"。[1] 如果这是对"第二公约"的正确理解，那么这份文件所提议的选举权在数量上就几乎不比平等派先前主张的非雇工选举权少，也就不能说它在原则上偏离了非雇工选举权。就算这不是对"第二公约"的正确理解，至少从数量上看，按照它所建议的选举权，平等派一方做出的让步也远小于军队领袖一方做出的让步。对后者来说，它涉及一项非常重大的妥协。它意味着让所有非自由保有农民和大多数非公司零售商和经销商加入进来，使选举权人数从 212000 人增加到 375000 人。不过，对军队领袖来说，这一妥协只是权宜之计，他们可能从没打算遵守；无论如何，他们

〔1〕见注释 K，第 297 页。

很快就将它提交给了已被他们清洗过的议会，从而搁置了整份协议。在现代对平等派的讨论中，有人将"第二公约"中的选举权条款当成平等派做出的权宜性妥协，使它成了一个有些被混淆的主题。即使它确实是平等派所做的妥协，但刚才所做的分析也已表明，它只是程度轻微的妥协。因此，我在余下的分析里将不再考虑"第二公约"提出的济贫税纳税人选举权和其他所有从普特尼辩论到"第三公约"的文件所主张的非雇工选举权之间的差异。

不过，虽然济贫税纳税人选举权和非雇工选举权之间的区别是轻微的，但非雇工选举权和自由保有人选举权之间的区别确实是非常重大的。因此我们不必怀疑，自普特尼辩论以来，平等派主张的非雇工选举权与军队领袖和独立派主张的自由保有人选举权之间的争议是较为激烈的。如果我们的估算尚且可信，那么平等派所要求的选举权在规模上几乎是自由保有人选举权的两倍。

因此，当我们将平等派的要求看作是从来没有超出非雇工选举权时，在平等派和其对手之间的选举权争议的紧张程度就很容易得到解释。但我们仍需要检验他们表面上的成年男性选举权主张和他们的非雇工选举权要求之间的矛盾。

第三节　记　载

一、大事记

既然问题在于出现了一种显然不一致的表述，那么我们首先得检验，平等派的立场是否曾经从倡导成年男性选举权转变为倡导非雇工选举权。如果他们的立场确曾转变过，那就能充分解释这种不一致。必须要注意，这里的问题是关于从彻底的成年男性选举权到非雇工选举权的转变，而这与刚刚讨论过的从非雇工选举权到济贫税纳税人选举权的暂时和相对而言意义不大的转变，是截然有别的两回事。

如果我们只去关注平等派关于选举权所做陈述的大事记，我们可能会认为，平等派的立场发生了从成年男性选举权到非雇工选举权的转变。因为，平等派关于每个居民（或关于每个生于英格兰的人）都享有投票权的所有[1]未加限定的（或看上去未加限定的）主张，都是在普特尼辩论前和辩论期间提出来的；在普特尼辩论前，所有提及选举权之处（除了极少数外）都没有明确排除过雇工和领取施舍者。与此相反，所有明确排除雇工和领取施舍者的表述都出现在普特尼辩论期间或之后，而且在普特尼辩论后，所有对选举权的具体要求都包含了这种排除。[2]因此，单从大事记来看，似乎平等派在普特尼辩论的过程中改变了他们的选举权立场，似乎他们在遭到克伦威尔和艾尔顿的强力反对后（后者想要的是传统的自由保有人财产资格限制），从他们早先的成年男性选举权立场退却了。也许，平等派（虽然没有被反对方的主张说服）为了保留某些东西而

119

---

　　〔1〕 在这一段里，"所有"指的是能够找到的可以被称作权威的平等派文件的所有文件；即那些收录在伍德豪斯、沃尔夫的著作里的文件，那些收录在 Haller and Davies, *The Leveller Tracts 1647—1653* (1944) 里和收录在 Haller, *Tracts on Liberty in the Puritan Revolution 1638—1647* (1934) 里的文件，此外还有在注释 F、G 和 H 中所提到的任何权威文献引注或引用过的与选举权有关的文件。

　　〔2〕 在平等派运动日暮途穷之际，曾出现过一项主张极端普遍选举的方案，它确实涵盖了雇工。1653 年 9 月（或 8 月）14 日的"针对奥利弗·克伦威尔阁下，因其犯下数桩叛国罪而呈交的一项重叛逆罪指控"（B.M., 669. f. 17 [52]，在 *Somers Tracts*, VI, 302 有节录）建议举行自发性的选举："我们渴望，在 1653 年 10 月 16 日……所有的英格兰人民，凡是成年男性，不论是雇主、学徒，还是雇工，将会结队去往英格兰和威尔士的每个郡治或其他便当的场所，出席时尽其便利地携带战争武器，在当时当地举行选举，分别选举出一郡、一城市和一自治市镇以往习惯于选举出来在议会里代表他们的、够资格的和够数的人。"这份孤注一掷的传单是我能够找到的唯一一种提议承认雇工选举权的平等派文章，它那偏激的说法迥异于正式的平等派宣言中经权衡的选举权方案。

放弃了他们以前的立场。但是，证据并不支持这种观点。

我们将从普特尼辩论开始来检验相关记载，因为提议选举权的范围正是在普特尼辩论中第一次被明确表达出来的。也正是在普特尼辩论期间的文件和普特尼辩论后某些涉及这些辩论的文件里，我们发现，非雇工选举权和貌似成年男性选举权的选举权有时被同时提倡。既然前普特尼时期的文件在提到选举权时都不太具体，我们的研究工作要进行下去，就只能对关于那次辩论的（以及后来的文件）证据进行建构，之后再按照这一建构来考察平等派在普特尼辩论之前的表述。

不过，我们现在就可以说，由于在那个时期，平等派对其他事务关注过多，而无暇多关注选举权，更遑论形成自己的选举权立场了，所以以下事实并不十分重要：前普特尼时期的任何文件都没有陈述过一种具体的选举权排除。在普特尼辩论之前，极少有文件对选举权范围有任何形式的提及；直到 1647 年 10 月 20 日 /28 日的"第一公约"[1] 为止（包括它在内），平等派宣言极少讨论选举权范围，也从没清晰界定过它。只是到了普特尼辩论期间，选举权才变成一个显著议题。这很容易理解，因为只是在普特尼，平等派才取得了相对于军队领袖和各种议会团体而言足够强势的地位，而军队领袖和议会团体都早已思考过选举权范围问题，并且使它成了一项议题。在此之前，平等派还在倾力处理更为重要的事务：他们投身抗争以反对议会及其委员会的专断程序，因为它们侵犯了由《权利请愿书》和普通法所确立的公民自由；他们投身抗争以反对由长老派把持的议会，争取宗教宽容；他们坚持主张，议会必须经不需令状召集的

120

---

〔1〕"第一公约"写在 10 月 28 日之前，当时它第一次被全军会议（the General Council of the Army）提到；它可能写于 10 月 20 日之后。见 Wolfe, p. 224。

年度选举产生并重新分配席位，以此向人民负责；要求有宪法保障来防范平民院暴政，要求废除国王和贵族的否决权；痛斥持续的、压迫性的什一税、专卖权、不平等课税、债务监禁和高昂的法律费用及过度的法律迟延。

从平等派运动开始后的 1647 年多数时间里，这些都是需要优先处理的事务，甚至在选举权争议也成了优先处理的事务之后，这些事务中的大部分仍具有重要性。平等派首要的和持续关注的事务，就是要使这两个原则赢得认可：议会权力来自人民的信托；即使是来自人民信托的权力，也不能用于剥夺个人在公民、经济和宗教方面的特定自由。只有到了普特尼辩论期间，确定"人民"的定义才变得同样重要。因此，我们不能说，平等派在前普特尼时期（笼统而不精准）没有提出任何具体的有关投票权的排除，暗示了平等派在那时所想要的选举权范围是什么。

二、普特尼及之后

要评价普特尼辩论，我们首先有必要试着弄清楚选举权争议是什么。它经常被误读为一种财产选举权和成年男性选举权之间的明确争议。克伦威尔和艾尔顿显然是在倡导一种财产选举权，即一种限定于自由保有土地的所有人和公司自由人的选举权（我们称之为自由保有人选举权）。平等派反对并且是强烈反对任何财产资格限制；但从这一点不能推论出平等派是在要求一种包括雇工和领取施舍者在内的一切非财产所有人都享有的选举权。能够推论出来的是，平等派要求，应该将选举权扩展到会被艾尔顿和克伦威尔排除在外的人数众多的一类人。

我们已经看到了，确实存在着这样一类人——公簿保有人和佃农，以及那些既没有自由保有土地又不是贸易公司成员的独立的手

121

艺人、经销商和零售商贩。这些企业家中的很多人开展的是小规模经营。[1]没人会怀疑，平等派提出他们的方案正是为了除去他们的负担，或更确切地说，正是为了除去他们与自由保有土地自耕农所共同承受的负担。货品税和关税、什一税、征兵、官员的傲慢、法律迟延和特权，以及其他所有平等派宣言所抨击的负担，都重重地压在了这些人身上。显而易见，一旦涉及选举权问题，平等派就会是他们的代言人。[2]

如果没有预先判定平等派对雇工和领取施舍者的立场，我们就能注意到，在平等派眼里，小独立企业家是与雇工和领取施舍者完全不同的一类人；主张前者的权利并不必然意味着主张后者的权利。克伦威尔和艾尔顿的确没怎么关注这个差别；在辩论的大部分进程里，他们不耐烦地将两类人拢在一起来对待，因为在他们眼里，首要区别是自由保有人（包括公司自由人）和一切非自由保有人之间的区别。学者们在解释辩论双方的立场时出现的大多数混淆，都要归咎于他们忽视了这个视角差异。[3]

122　　　在读到平等派的"（第一）公约"第一条后，艾尔顿马上挑起了对选举权的辩论。[4]这一条并不精确：它宣称，英格兰人为选举他们在议会里的代表，"应该根据居民人数，[在各郡、城市和市镇之间]更加无差别地分配比例"。[5]艾尔顿以下述方式挑起辩论：他要求平等派回答，这句话的意思是只将投票权赋予以前就拥有投票权（即

---

〔1〕　如巴克斯特的"贫穷的农夫"（Unwin, *Studies in Economic History*, p. 347）。

〔2〕　平等派与这类人的紧密联系是被普遍公认的，但我们可能要特别注意到，他们在普特尼辩论中是如何频繁地为那些先前因为在军队里服役而失去自由保有土地的人发声的；例如 Rainborough, pp. 56, 67, 71, and Sexby, pp. 69, 74, in Woodhouse, op. cit.

〔3〕　见下文，第126—128页。

〔4〕　1647年10月29日。文本载于 Woodhouse, op. cit., pp. 52ff。

〔5〕　Woodhouse, pp. 443—444; Wolfe, p. 226.

有财产资格）的人，还是每个居民都将有平等的选举权；如果是后一种意思，他会说明理由加以反对。艾尔顿抛出的问题就是财产选举权与（貌似）普遍选举权之争。

但这并不正好就是平等派所接手的问题。佩蒂马上给出了平等派的答复："我们认为，一切没有丧失其天生权利的居民都有平等的选举权。"[1] 由此可见，在辩论期间，平等派对选举权的表述甫一开始就排除了一类人。问题在于，那些已经"丧失了其天生权利"的人指的是哪些人？如果指的是罪犯和从逆者，[2] 我们按照词语的常见用法就应该能理直气壮地将这种选举权称为一种成年男性选举权。但是，从整体上对这场辩论所做的唯一前后一致的阐释表明，平等派（及其对手）都认定，雇工与领取施舍者跟罪犯与从逆者一样已经失去了他们的天生权利。

因为，当接下来的辩论触及细节问题时——直到经过一段旷日持久的有关自由保有人选举权对阵某种更广泛选举权的根本（但却普遍）问题的争议之后，辩论才触及具体问题——平等派看起来一直假定"雇工"被排除在外，而平等派的对手也明白这点。这一段落值得关注：

123

> 克伦威尔：如果我们打算去改变这些状况，我认为我们不必非要为每个特定的提议去争执。雇工，既然雇工不包括在内；那么，将接受施舍的人排除在外，你们赞同吗？
>
> 中校（托马斯·）里德：我想，所有人都认可的就是，选择

[1] Woodhouse,. p. 53.

[2] Delinquent 一词曾被普遍用来指那些曾在内战里支持国王的人；这一词语偶尔在更广义上来使用，恰如当反平等派的《对一些案件的声明》（*Declaration of Some Proceedings*）用它来指称充满蛊惑性的煽动者之时；在这个用例里，就是指平等派（Haller and Davies, *The Leveller Tracts 1647—1653*, 1944, p. 121）。

代表是一种特权；那么，我找不出理由认为应该剥夺任何一个本国人的这种特权，除非他是因为自愿受奴役而被剥夺。

佩蒂：我认为，我们要排除学徒或雇工或那些领取施舍的人，其原因在于，他们依附于其他人的意志，并且会害怕得罪（他们）。对雇工和学徒来说，他们被计入他们的雇主（they are included in their masters）；对那些逐门逐户接受施舍的人来说，同样如此。……[1]

应注意的是，克伦威尔此处的出发点是一个他认为各方都赞同的认识，即雇工没有被包括在平等派所提议的选举权范围内；以此为基础，他进而询问平等派对领取施舍者的立场。里德不是平等派，[2] 尽管他此处的立场比克伦威尔激进一些，但也认定自愿受奴役是剥夺选举权的理由。佩蒂是平等派，他根本没有驳斥对雇工的排除及排除的理由，还给出了平等派排除雇工乃至排除领取施舍者的理由——这两类人都被排除在外，因为他们依附于别人的意志，被"计入他们的雇主"。

我们能恰当地推断说，雇工和领取施舍者——此时因"他们不是自由的"而被明确排除在选举权范围外——就是这同一位平等派发言人佩蒂起初所说的被排除的那类人（意即，那些"失去了其天生权利"的人）吗？要支撑这一判断，我们就必须证明，平等派确实认为与生俱来的选举权利可能丧失或被剥夺，并且可能是因为变成雇工或依赖于施舍而被剥夺。这方面的证据是明确的。

首先，除了刚刚引述过的佩蒂的发言外，还有一个明显的证据

---

[1] Woodhouse, pp. 82–83.
[2] Firth and Davies, *Regimental History of Cromwell's Army*, 1940, pp. 563–565.

能证明，在平等派脑中，生而自由的人所拥有的天生权利或天生自 124
由能够被剥夺。"从逆"（Delinquency）就经常被宣布为一种导致人
们天生权利被剥夺的罪行。[1] 其次，更具体地说，平等派预设了在选
举中发声的天生权利因身为雇工和乞丐而被剥夺，这在 1648 年 1 月
请愿书的"选举权条款"（第 11 节）里被清楚地暗示出来：

> 鉴于"一切生而自由的人都能自由选举他们在议会里的
> 代表和他们的郡长（Sheriff）以及治安法官（Justices of the
> Peace）等等"是这个国度的古老自由，又鉴于他们的这种天生
> 自由被"亨利六世治下第八年成文法第七章"（a Statute of the
> 8.H.6.7）所剥夺；那么，所有英国人的天生权利应当即刻归还
> 给所有人，除了那些因某种刑事原因而被或将被依法剥夺选举
> 权的人、21 岁以下的人、雇工及乞丐……[2]

在此处，平等派将"一切生而自由的人"的权利等同于"所有
英国人的天生权利"，并且他们不觉得拒绝将这种权利赋予雇工和乞
丐，比拒绝赋予未成年人和罪犯更为不妥。我们可以推定，这种天
生权利并非只能因有些人的反社会行为而被剥夺，而同样可以因其
年龄或身为雇工或乞丐的身份被认为与理性意志的自由展现不相符
而被剥夺，甚至是根本就没被登记入册。无论如何，这能够再清楚
不过地表明，平等派确实曾认定，那些变成雇工或乞丐的人因此被
剥夺了他们在选举中发声的天生权利。

所以我们可以恰当地推断说，平等派在辩论中最早有关选举权

---

〔1〕 e.g. *Case of the Army truly stated* (15 Oct. 1647), in Wolfe, op. cit., p. 212.
〔2〕 Ibid., p. 269.

的表述，即排除那些"失去其天生权利"的人，就是意在将雇工和乞丐排除在选举权之外。当克伦威尔在上引段落中将争论引导到细节问题上时，他可能就是这样来理解平等派的意思的。[1]而这肯定是身为平等派的约翰·哈里斯所认为的"第一公约"选举权条款的意思所在。在 1647 年 12 月的小册子《伟大的设计》中，他引用了该协议的第一条，并解释说，它要求的是：

> 从今以后，可能被选为各郡代表的人，应该按照各郡居民人数比例而分配；不能只由自由保有人（freeholdolder，原文如此）[2]来选举，而应由不是雇工或乞丐的所有人，经他们的自愿同意来选举；所有人都要服从于代表机关或议会的命令，所以他们应当享有选举他们的代表或议会成员的发言权，如此才绝对公平。[3]

无论我们怎样去理解平等派在十月份的这一处意思表达，它都是以下这个观点的另一个应予以重视的提示：在平等派脑中，在讨论选举权的语境中，"所有人"和"不是雇工或乞丐的所有人"之间并没有差别。

我们还可以再添加一个佐证——"第三公约"的选举权条款给出了"自然权利"这个理由，以要求排除了雇工和乞丐的选举权："在选择〔代表〕时（按照自然权利）所有年满 21 岁及以上的男性

---

〔1〕 Woodhouse, p. 82.

〔2〕 括号里的说明是麦克弗森所添加。原文中的 freeholdolder 一词似应系 freeholder 误衍。——译者注

〔3〕 *The Grand Designe* by Sirrahniho (John Harris), 1647, fol. 7, r. and v. 托马森标注的日期是 12 月 8 日（B.M., E. 419 [15]）；沃尔夫引注了这一部分（*Leveller Manifestoes*, p. 65），但并未引用，也没有注意到其意义。

（不是身为雇工，没有接受施舍，也不曾在战争中为前国王提供役务或为其自愿捐输）将享有其发声的权利。"[1]

如果我们赞同，平等派自选举权辩论开始就认定，排除雇工和乞丐为各方所理解，那么对于要怎么去理解下面这个事实：自辩论开始直到明确提及这种排除之时，有十几个段落[2]，在这些段落里，要么是平等派发言人看上去是在要求无条件的成年男性选举权，要么是其对手似乎认为平等派持有此立场，而没有遭到平等派的否认。

如果我们记得起那些引导辩论的词语，那么这个问题就不难解决了。平等派所使用的完全没有限定的短语"每个居民"、"在英格兰的每个人"[3]，都可以很合理地被理解为排除了雇工，就像这些短语无疑会被理解为排除了妇女一样。[4]平等派所使用的另一类宽泛的词汇，包括了从雷恩巴勒使用的"英格兰最贫穷的人"和"每一个出生于英格兰的人"，以及雷恩巴勒和奥德利使用的"生而自由的人"，到雷恩巴勒和克拉克使用的"每个人"。[5]这些词语在他们的语境中可能同样被预设为，各方将它们理解为"所有生而自由、没有丧失其天生权利的人"。的确，只有在这个意义上，这些词语才与以下事实相一致：上述那些段落之前的和之后的段落，都明确排除了那些失去了其天生权利的人或依附于别人意志的人。因此，平等派在辩论里的所有主张（无论它们是多么明显地未被限定）都可能被预设为，各方将它们理解为排除了雇工。

又该如何理解对立方的那些表述呢？它们带来的问题甚容易解决。艾尔顿一直坚持认为，问题症结在于，选举权是应该只给予自

［1］ Wolfe, op. cit., pp. 402–403.
［2］ 例如，Woodhouse 文本中位于第 52 和 83 页之间的那些段落。
［3］ Petty, on p. 61; Wildman, on p. 66.
［4］ 见注释 I，第 296 页。
［5］ Woodhouse, pp. 53, 56 (cf. 55), 67, 81, 53, 80.

由保有人（那些拥有一份固定和永久权益的人），还是应该给予"所有的人"、"有着呼吸和生命的任何人"、"所有居民"。[1]声称平等派的选举权方案"必定导致无政府状态"的克伦威尔，提到的是"除了保持呼吸外不享有其他权益的人"[2]。在这些段落里，平等派的对手们似乎认为平等派要求成年男性选举权。同样有可能的是，艾尔顿和克伦威尔使用这些短语是为了通过夸张来强化这个问题。因为我们发现，即使在克伦威尔已经明确承认平等派的方案排除了雇工和领取施舍者之后，他还是说，这种选举权容易导致无政府状态，因为它会将投票权赋予"在王国内的所有人"[3]。克伦威尔这么说，可能是他故意做了歪曲表达，但更可能是像先前一样，是他急于表达自己的"凡是比自由保有人选举权更宽泛的选举权都会是毁灭性的"的观点而口不择言的结果。

我们无法分辨，在普特尼辩论的早期阶段，克伦威尔和艾尔顿所使用的这些短语是否有夸张的成分，我们也无法分辨，后续的平等派发言者是否是这么理解它们的。后者（如果他们确实看到有人认为他们要求成年男性选举权）没有费心去反驳。不过，他们也没有理由要去反驳。他们更关心的是如何反驳另一个危险得多的指控，这个指控是克伦威尔和艾尔顿在这些段落里所表达出来的关键一点，即，任何超出自由保有人和公司自由人选举权范围的选举权，都必定会毁掉一切财产权利。

平等派的回应试图以各种方式来反驳这一指控（但没有成功）。如果他们在这里指出（就如同他们不久后确曾指出的那样），他们

---

〔1〕 Ibid., pp. 57, 70, 63 (cf. 72), 77.

〔2〕 Ibid., p. 59.

〔3〕 Ibid., p. 454. 这是在普特尼辩论中，后续被记录下来的、克伦威尔提及平等派选举权的唯一一处。

并不是提议给予雇工和乞丐投票权，也不会对他们的境况有丝毫帮助；他们要回应的是艾尔顿的以下主张：[1] 自然权利原则（平等派可能用它来证成比自由保有人选举权范围更广的选举权）将会必然毁灭一切财产权。平等派的回应有二：其一，财产权是由神法确立的（雷恩巴勒），或者是由自然法确立的（克拉克）；其二，从反面说，给予"每个英国人"投票权就是"保全一切财产权的唯一手段"，因为"每个人生而自由"，所以所有人都必定已经"同意加入某种形式的政府，以使他们得以保全财产"（佩蒂）。[2] 我们必须推定，就像佩蒂在之前的辩论里已经做过的和在以后的辩论里将会做的那样，他在此处已经排除了那些已"失去了其天生权利"[3] 的人，或那些变得"依附于别人意志"[4] 的人；他们不再自由，并且对保全财产不会必然有兴趣；但对佩蒂来说，没有理由将这一点明确讲出来。

128

只有在一处，有一位对手特别提到了他假定的平等派将雇工纳入选举权的意图，随后他就被驳斥了。李奇上校（Colonel Rich）描述了"如果雇主和雇工成为平等的选民"[5] 将会出现的可怕后果：就像在罗马一样，"穷人"将会拥立一个独裁者。雷恩巴勒驳斥了这个"上流社会的讨厌家伙"，说他宁愿保留现有的财产资格限制，也不愿冒险使"穷人"（the poor）的投票数多于"人民"（the people），并力图让争论回归到"为什么应当在一些生而自由的英国人和其他人之间做出区分"的问题上来。[6] 这个回应是在明确反驳李奇将纳

---

〔1〕 Ibid., pp. 53–55, 57–58, 62–63.

〔2〕 Ibid., Rainborough at p. 59, Clarke at pp. 75, 80, Petty at pp. 61–62.

〔3〕 Ibid., p. 53.

〔4〕 Ibid., p. 83.

〔5〕 Woodhouse, p. 63.

〔6〕 Ibid., p. 64.

入雇工的要求强加给平等派的做法[1]，并坚持要求应当让争论回归到生而自由的人（在此处语境中可以认为是非雇工）的选举权与财产选举权之争的问题上来。

到目前为止，我们所检验的证据都表明，在整个辩论过程中，在做出排除雇工和领取施舍者的明确表述之前，无论是平等派未加限定的表述，还是他们的对手笼统地强加给他们的未加限定的选举权主张，都没有打算将雇工和领取施舍者纳入其中，也没有被各方理解为包括了这两类人。平等派看起来反而一直假定，只有"自由的"人（其生计不直接依附于别人意志的人）才能够享有选举权。通过这个假定，他们一箭双雕地回应了克伦威尔和艾尔顿。平等派没有质疑艾尔顿所提出的以下原理："如果确有什么东西是自由的基础，那它必定是：能够去选择立法者的人应该是免于依附他人的人。"[2]他们之间的分歧是：对于这种不依附状态的底限是什么，他们有着不同的看法。克伦威尔和艾尔顿非常清楚这一点。自由保有人和贸易公司自由人拥有"他得以赖以生活、并且是作为无所依附的自由人而生活的"[3]永久权益；因此他们中间的每个人都能够享有

129　选举权。但是，缴纳地租的土地保有人，无论其租期是一年、两年还是二十年，都没有他作为自由人所赖的那种权益。[4]公簿保有的土地保有人也没有那种权益，尽管克伦威尔在辩论中曾认可称："依继承的公簿保有人里，可能有非常可观的一部分人应当拥有发声的权利。"[5]克伦威尔和艾尔顿止步于此：艾尔顿在他最为温和之时仍坚持主张保留"这种宪制的最公平部分"——只将发声的权利赋予那

---

〔1〕 文本并不全然清晰；但难于找到其他可以提出来的解释。

〔2〕 Ibid., p. 82.

〔3〕 Ibid., p. 58; cf. p. 62.

〔4〕 Ibid., pp. 62–63.

〔5〕 Ibid., p. 71.

些"可能成为自由人的人，没有屈服于他人意志的人"。[1]

总之，克伦威尔和艾尔顿认为，只有自由保有人和公司自由人（或许还有那些其财产在形式上几乎无法与上述两种人的财产相区分的人，如某些依继承的公簿保有人）才拥有他们得以作为自由人，无所依附地生活的财产基础。平等派认为，除了雇工和领取施舍者之外的所有人都是自由的人。对平等派和军队领袖双方而言，选举权合情合理地依赖于自由，而自由意味着个体的经济独立。但有着不同的阶级根基的这两大阵营，对经济独立的财产权基础有着不同见解。

因此我们可以说，与后普特尼时期的文件所展现出来的一样，在整个普特尼辩论期间，平等派要求的一直是，由一切没有丧失其天生权利的生而自由的人（即，除了变成雇工或领取施舍者之外的所有人）所享有的选举权。在他们的有限制选举权要求和他们的平等自然权利主张之间，不存在前后不一致之处：当一个人处于一种依附他人意志的关系之中时，他的平等自然权利就被剥夺了。

三、在普特尼之前

当我们转向平等派在普特尼之前极少几处提及选举权的地方时，我们看不到它们与我们对平等派在普特尼所持立场的解释有什么冲突。正如我已指出的，大体而言，相比平等派在普特尼期间和其后对选举权的表述，他们在前普特尼时期提到选举权的地方并不那么精确；而多数学者都已认识到，我们只有靠推断才能弄清它们的意思。我将论证，通过检验被某些学者看作是平等派主张成年男性选举权的前普特尼时期的所有文字材料，将证明他们极有可能只是在

130

---

[1] Ibid., p. 78.

主张非雇工选举权。

我们首先会注意到 1647 年 10 月 15 日的《军队的真正状况》（*The Case of the Army truly stated*）[1]，在其纲领里确实明确包含了选举权条款。这一条款经常被看作是对成年男性选举权的要求。但是，它要求的是"所有生而自由且年满 21 岁及以上的人，都应当成为选民，除了那些已经或将要被剥夺其自身自由若干年的人，或是因为从逆，已经或将要被剥夺其终身自由的人"[2]。鉴于刚才我们已经看到，平等派认定，像雇工和领取施舍者这样的人已经剥夺了自己的天生自由，因此雇工和领取施舍者可能就是他们在提到"那些已经或将要被剥夺其自身自由……若干年的人"时，脑海中所浮现出来的人。学徒确实比任何其他群体更贴近这个定义。但是，因为他们大多未满 21 岁，因此被年龄条款所排除，"若干年的自由"条款就不太可能是针对他们而设置的。《军队的真实状况》对待从逆者的严厉口吻符合这种解读的暗含之意，也就是说，此时平等派将从逆看作是一种永久的资格剥夺。平等派在《军队的真实状况》中说的是雇工和领取施舍者，这个推断被以下事实所强化：它是在普特尼被争论过的文件之一，而如之前所言，平等派在那里基于同样理由认定，这些群体被排除在选举权范围外。[3] 这一推断并非完全可靠，但它具有充分的可能性，足以让我们对那些更常见的对《军队的真实状况》的解释报以相当大的怀疑。

131

〔1〕 收录于 Haller and Davies, pp. 64-87; Wolfe, pp. 196-212; 亦有部分收录于 Woodhouse, pp. 429-436.

〔2〕 Haller and Davies, p. 78; Wolfe, p. 212.伍德豪斯的版本使用了现代拼写和标点方式，读作"因为从逆，无论是若干年还是一生（either for some years or wholly, by delinquency）"（p.433）。

〔3〕 同样可以说，平等派把"第一公约"看作是《军队的真实状况》所述原则的重述。公约后记中将公约称为"从《军队的真实状况》所提议的许多内容中提炼出来的关于共同自由的某些原则，把它们抽取出来并注入一份公约的形式之内"（Wolfe, p. 233）。

正如我们已经注意到的，前普特尼时期的平等派著述中只有极少数关注过选举权问题。李尔本（John Lilburne）献给"所有生而自由的英格兰人民"的作品《为英格兰人的天生权利而辩》（*Englands Birth-Right Justified*，1645 年 10 月）对选举频率的关注要多于对选举权范围的关注，但有个段落有时被引作对成年男性选举权的要求："英格兰的自由人们，在这些充满破坏的年头苦苦度日的英格兰的自由人们，既为了保全议会，又为了保全他们自己的生来自由和天生权利，难道不应当不仅在他们所选举的人出缺时每年一次选举新成员，而且在他们所选举的人做出某种行为或履行某种职务后，每年一次审判和调查他们吗？"[1]李尔本是在代表"英格兰的自由人"提出要求，我们很难认为这包括了雇工或其他被剥夺了其"生来自由和天生权利"的人。

《英格兰万千公民与其他生而自由的人民的抗议书》（*Remonstrance of Many Thousand Citizens, and other Free-born People of England*，1646 年 7 月 7 日）尽管曾被认为暗示了一种所有英国人都享有在选举其代表时发声的权利的信念，[2]但实际上，即使它有所暗示，它所暗示的也是相反的信念。它要求平民院为选举议会成员而下令举行集会，集会"应该明白规定，在全国范围内，于每年十一月的某一确定日期，在民众所习惯的场所举行，在那里，由民众按照法律公开选举出他们认为适合的人；所有享有权利的人都要参加，不参加就重罚，但不使用召集令"。[3]这个方案是强制由"所有享有权利的人"投票，而不是给予所有人投票的权利。

132

---

〔1〕　p. 33, in Haller, *Tracts on Liberty in the Puritan Revolution*, vol. iii, p. 291. Cited by Gibb, *John Lilburne, the Leveller*, p. 139, and Frank, *The Levellers*, p. 63, n. 46.

〔2〕　Frank, *The Levellers*, p. 82.

〔3〕　Wolfe, p. 129; Haller, *Tracts*, iii. 370.

李尔本的《揭发束缚伦敦人的自由的枷锁》(*Londons Liberty in Chains discovered*，1646 年 10 月）表现出了对选举权的某种直接关注。李尔本首先分析了伦敦市政庶。他主张，所有自由城市的政府都应当按照自然权利或原初宪章由 "每个城市的自由人民" 或由每个 "自由的市民和贵族"[1] 选举产生。至此为止，李尔本提出的主张仅仅是为了恢复公司自由人的选举权，它在此前某些 "市长大人"（lord mayor）的选举中实际上已经被废除了。当然，这一主张与成年男性选举权相去甚远。李尔本稍后在其小册子里回到了实质性剥夺伦敦市较穷自由人的选举权的问题上。他主张，这些人不应该缴纳任何税（而应当让市政官 /alderman 和行会会员 /livery man 来承担加诸城市的所有收费），"直到你们真正拥有了财产，并且在关于财产的法律、自由权（liberties）和自由（freedoms）方面享有平等份额；因为，依照自然法、理性法、上帝法和本国法，当然还有你们自古以来原本就拥有的宪章，在每一点上，你们中间最卑微的人在每个具体方面都应当与那些最显贵的人一样"。[2] 这里所主张的仍只是城市自由人的选举权，而无论这些自由人是最卑微的还是最显贵的。

李尔本接下来抨击了各郡及各自治市镇现有的议会选举权。他控诉了:（一）衰败的市镇。（二）剥夺 "名义上是英格兰自由人的数以千计的人" 的选举权，"而他们中有好几种人都在金钱和动产方面拥有大产业；他们也也（原文如此）被前述的不公正的成文法 [亨利六世第八章第七章 /8 Henry VI, c. 7] 剥夺了选举权并被轻蔑对待；因为他们在土地上没有 40 先令的年入"。（三）各郡席位不成

---

[1]　*Londons Liberty*, pp. 2, 11. Cf. Gibb, *John Lilburne*, pp. 158-159.

[2]　*Londons Liberty*, pp. 52-53, quoted in Frank, *The Levellers*, pp. 93-94.

比例。他所建议的补救措施是：席位数应当固定在 500 席或 600 席；　　133
席位应当按照每一郡所征收的"用以摊付王国的公共开支"的税负
比例在各郡之间分配；

> 然后每个郡按照郡内人民的共同同意，平等地和成比例
> 地将各郡自身分为若干区、百户区或持兵器区（Divisions,
> Hundreds, or Wapentakes），每一区在其内部选出一个或多个议
> 会议员，其人数与分配给它们的份额相对应；这将结束和终止
> 前述亨利六世第八年成文法第七章所提到的、实际很少发生的
> 所有不便之处，并为英格兰的每个自由人恢复其天生的和合法
> 的权利与自由……[1]

这很难被看作是对成年男性选举权的主张。它是在提议去除 40
先令自由保有财产的限制，从而将选举权赋予"名义上是英格兰自
由人的数以千计的人"。我们没有理由认为，这包括了那些因为身
为雇工而已经失去其自由的人；我们完全可以将它理解为是在替佃
农和非公司商人及工匠提出诉求。他提议根据纳税额度而非人口
来按比例重新分配各郡席位，从这里我们推不出他所欲求的选举权
广度。[2]

两个月后，李尔本创作了《伦敦宪章，又名〈揭发束缚伦敦
人的自由的枷锁〉的第二部分》（The Charters of London; or, The
Second Part of Londons Liberty in Chaines discovered，1646 年 12
月 18 日）。这部作品是致送伦敦市民的，它致力于证明"市长大

---

〔1〕 *Londons Liberty*, p. 54. 对该段落的引用，亦可见 Frank, *The Levellers* (Cambridge, Mass., 1955), p. 94；不过，它是把这一段作为对所有人的自由和平等的选举权的要求而引用的。
〔2〕 见注释 J，第 296–297 页。

人不是合法的市长大人"。他"为证明此提议而给出的第三个理由是：因为立法机关唯一专有的立法权，在原初意义上为人民所固有，在派生意义上来自于人民自己共同同意选举出的委员会，此外无人有此权力。在那里，世上最贫穷的人拥有与最为豪富的人一样真实的投票权……"[1]。要判断此处李尔本所证成的选举权范围有多宽，我们需要摈弃所有单单根据语境做出的推论。的确，这个主张是向伦敦市民发出的，其目的是证明只有市民选举出来的市政议员（councillor）才享有立法权威；尽管，李尔本却是以非常笼统的方式陈述了人民不分贫富都享有选举权的这条原则。

134

因此，这一段落被有些人看作是主张一种成年男性选举权原则并不足为奇。不过，鉴于我们已看到的平等派在普特尼辩论中的立场，我们还不能轻易就这么认可这个看法。在普特尼辩论中，对原则如此这般宽泛的表述（例如雷恩巴勒提出的"最为贫穷的他"和"英格兰最为贫穷的人"），其本身都有隐含条件，即不自由的雇工和乞丐被排除在选举权之外。可能成立的推论就是，恰如在普特尼辩论里，此处的"活着的最贫穷的人"意指最贫穷的自由人。

我们必须强调，贫穷不等于不自由。平等派实际上反对因为贫穷而剥夺选举权。事实上，英格兰当时存在大量贫困的农夫（按照巴克斯特的著名表述[2]，其中一些农夫比他们的雇工还要穷）以及大量贫穷的独立工匠和商人。平等派要求赋予所有这些人以选举权。这些人尽管不是自由保有人或公司自由人，但在平等派眼中他们是自由的：他们不依附雇主或济贫款物施舍者的意志。平等派不是在贫穷和富裕之间做出区分，而是在依附性和独立性之间做出区分，

---

〔1〕 *Charters of London*, pp. 3–4. Wolfe, p. 14将其作为对成年男性选举权的辩护而部分引用。

〔2〕 Richard Baxter, *The Poor Husbandman's Advocate to Rich Racking Landlords*, ed. F. J. Powicke, 1926.

这两种区分并不重合。

　　在《没有保证的草率誓言》（*Rash Oaths Unwarrantable*，1647年5月31日）中，李尔本重提他对议会选举权的主张。他几乎一字不差地重复了《伦敦人的自由》中的选举权主张（他提请读者注意它），将核心部分（上文已做了引述）改述如下：

> 　　之后，每一郡依照该郡人民的共同同意，平等地和成比例地将其自身分为区、百户区或持武器区，如此则所有人民得以在他们的若干区内集会（不致引发混乱或动荡），每一个生命、财产等将被法律剥夺的英格兰自由人，无论贫富，都在选择制定法律之人时享有投票权，这是一则自然原理：一个人，除非他自己同意，否则对他的约束不会是正当的。……[1]

　　我们无法说，与《伦敦人的自由》里的对应段落相比，这里更为认可成年男性选举权原则。此处特别提出，只有"英格兰的自由人"才有资格投票；无论贫富，不过只能是自由人。至于"一个人，除非他自己同意，否则对他的约束不会是正当的"的"自然的格言"，在平等派思想中，它并不适用于那些自愿进入奴役状态的人，因为这些人这么做就是已经同意"被计入他们的主人"了。[2]

　　最后，在《约拿在鲸鱼腹中的求告》（*Ionah's Cry out of the Whales belly*，1647年7月16日）中，李尔本提出了一个可能会被看作是主张成年男性选举权原则的论点。他越过了军队领袖直接向士兵发出呼吁。他主张，已经公开对抗议会的军队不再是一个健全的机构，而是"瓦解到了原初自然法中"，因此，士兵现在就有理由如此行

---

〔1〕　*Rash Oaths*, p. 50; Frank, *The Levellers*, p. 123 有部分引用。
〔2〕　同时见注释 L，第 297–298 页。

动，即

> 根据由自然、理性和正义衍生出的安全原则，经过他们之间基于共同同意而相互缔结的协议；其中每个个体的、没有官衔的士兵，无论是骑兵还是步兵，都应当自由享有他们的投票权，以选举出为他们办事的人，否则在上帝和一切理性之人看来，士兵们就没有义务服从、屈服或忍受他们的所作所为。[1]

136　　当然，主张每个士兵的投票权并不是主张成年男性选举权，因为在平等派眼里，为英格兰的自由而战的士兵本身就是自由人。[2]此处所主张的原则并不惠及那些处在依附他人地位的平民。

四、小结

上文对文献记载的检验，涵盖了从李尔本最早发表的小册子，直到平等派的最后宣言期间，平等派提及选举权之处和对选举权的表述；可以说，这次检验已经证实了下述看法。它证实了以下事实：（一）从平等派在普特尼辩论中第一次明确提及选举权范围到他们的最后宣言，他们都明确将雇工和领取施舍者排除出了选举权范围；（二）在同一时期，他们对这种选举权的要求，以每个英格兰人的天生权利或平等的自然权利为基础；（三）至少从普特尼辩论结束以来，他们就认定，在选举中发声的天生权利没有被赋予雇工和领取施舍者，或者说，他们的这种天生权利被剥夺了。

经推论还能说明：（四）正因为平等派做出了这一预设，所以他

---

〔1〕 *Ionah's Cry*, p. 13. Wolfe,. p. 33转述了这一段，不过是以使其适用于每个人而非每个士兵的方式来转述的。

〔2〕 见注释K，第297页。

们并不觉得，在他们明确将雇工和领取施舍者排除出选举权与他们主张平等的自然权利之间，存在着不一致之处。经推论还能进一步说明:（五）平等派很可能在普特尼辩论期间和辩论之前就一直假定，有些人因身为雇工和领取施舍者而被剥夺天生权利;（六）他们很可能有意以这个假定来限定他们在普特尼期间和之前的那些表面上对无限制成年男性选举权的要求;（七）因为有了这个预设，在他们自己脑中，他们的立场在普特尼期间和之前很可能是前后一致的，就像他们在普特尼之后的立场无疑是前后一致的。

第四节　理论意蕴

137

一、对人身的财产权

我们仍需要检验平等派个人主义的基本性质。到目前为止，我们只是在选举权的语境中看到了他们关于平等自然权利的设定以及他们关于自由的思想；而这些设定和思想，最终都以有关人性和社会本质的观念为基础。对这种观念，我们必须加以阐释。我们最好从他们的财产权观念入手进行分析。

我们可以先对一个之前仅附带注意到的问题给予进一步关注，以此作为开始；这个问题就是，尽管平等派一贯反对选举权的财产限制，但同时他们积极宣扬一种个人财产权。当然，他们反对选举权的财产限制，是因为他们主张每个生而自由的人都拥有平等的把握自己生活的自然权利。对他们而言，下述事实是相当明显的：我们无法相信一个建立在固定财产选举权上的议会能够对那些没有固定财产的人一视同仁。

不过，平等派并不是财产权的反对者。文献记载证实，他们在

1648 年认定"他们一直是这个国家业已存在的自由和财产权（这与共有和平均主张完全相抵触）的最真诚和最坚定的主张者"[1]。早在1645 年，李尔本对财产权利的关注就已经很明显了："是啊，废除那些已经公布且没被撤销的法律，那么我和你（Meum & Tuum）、自由和财产权又在哪里呢？"他还有更具体的列举，比如，他在 1646年将"在信仰和尊崇上帝方面的良知自由；人身自由和财产自由（准确地说，它们恰当地存在于对其财物的所有权以及和对其财产的处分权力）"[2] 列举为基本权利。奥夫顿同样将财产权利理解为一种"人们按照其意愿处置其财物……的所有权"[3]。从 1648 年起，平等派的宣言都明确宣称，议会应当约束自己或受宪法约束，不去"均分人们的产业、摧毁财产权或让一切东西都成为共有"[4]。

恰如我们已经看到的，正是在普特尼，在与军队领袖的碰撞中，平等派的财产权观念变得鲜明起来。艾尔顿和克伦威尔指出，如果一项平等的自然生存权不仅仅是呼吸和行动的权利，那么从逻辑上讲它就蕴涵了对任何物品和土地的权利，这不仅是获得赖以生存的必需品的平等权利，而且是任何人取得他所想要的任何物的权利；因此他们说，平等派所主张的平等的自然权利将会摧毁一切财产权。[5]

正是回应这个被反复提出的论点中，平等派提出了对财产的自然权利。他们坚持认为，他们的平等的生存权利这项原则不会摧毁财产权，因为财产权本身是一种由神法（"你不可偷盗"）和自然法

---

[1] Lilburne, *A Whip for the Present House of Lords*, quoted in Petergorsky, p. 110.

[2] *Englands Birth-right Justified* (Oct. 1645), in Haller, *Tracts*, iii. 261; *Vox Plebis* (19 Nov. 1646), Quoted in Wolfe, p. 17.

[3] *Appeale*, in Wolfe, p. 176.

[4] *Second Agreement*, in Wolfe, p. 301; cf. *Petition* of 11 Sept. 1648, in Wolfe, p. 288.

[5] Woodhouse, pp. 53-55, 58, 60, 63.

（它为每个人确立了一项原则，"对他所拥有的或可能拥有的、不属于别人的东西享有财产权，［这种］财产权是区分我的和你的的依据"）确立的个人权利。[1] 个体对物品的财产权是一项神圣的自然权利；它使得任何人对任何物的无差别权利无法成立——这种权利本来可以从平等的生存权利中推导出来。（双方都假定，每个人都有聊以生存的自然权利，[2] 但这项权利并不会摧毁财产权，因为财产权［与慈善制度或国家济贫制度一样］已经成为社会结构的一部分。）

在佩蒂的进一步辩解中，我们能够更全面地看出平等派在物品财产权问题上的立场；佩蒂指出，赋予每个人投票权是"保全一切财产的唯一手段"[3]。其论证过程是，因为每个人都是生而自由的，所以人们同意达成某种形式的政府的原因就是，他们可以保全其财产。一个人的天生自由包括了物品财产权，这被看作是理所当然的。平等派坚持认为，财产权先于政府而存在——"确实，财产权是宪法的基础"[4]——这迫使艾尔顿和克伦威尔否认财产权是一种自然权利。我们得以看到关于艾尔顿的有趣一幕：在辩论中，他已经精确地将自己的立场表述为"因为我着眼于财产权，所以我才会提出所有那些重要的事情"[5]，但却又否认财产权是一种自然权利；"神法没有赋予我财产权，自然法同样没有，财产权关乎人类的宪法……宪

139

---

〔1〕　Ibid., pp. 59, 75, Cf. p. 80.

〔2〕　艾尔顿（ibid., p. 60）极力宣称，平等派提出的生存权利平等的原则将意味着任何人都可能依据自然法而对任何物品提出主张，"即使它本质上不是他维持生存所必需的东西"。艾尔顿（ibid., p. 73）直接提出："依据自然权利，我应该得以维持生存不致死亡。"比较洛克的立场，见下文，第212页，第一个注释。

〔3〕　Ibid., pp. 61-62.

〔4〕　克拉克在普特尼辩论中如是说；ibid., p. 75.

〔5〕　Ibid., p. 57.

法创立财产权"[1]。

平等派在辩论中坚持认为，个体的物品财产权是一项自然权利，先于政府而存在，这不是为应对艾尔顿有破坏力的攻击而做出的临场辩解。在选举权辩论之前的一些和选举权辩论没什么关联的场合，他们已经将财产权视为一种自然权利。实际上，他们正是在一种自然财产权观念（它的范围比人们之前所认为的要更为宽泛）的基础上，确立了作为自然权利的财产权（进而确立了范围广泛的真实财产权利），确立了基于同意的政府，还确立了公民自由及宗教自由的理由。其基本设定是，每个人生来就是他自身的所有权人。

奥夫顿的某些短论对此有最为引人注目的表述。在他的《射向所有暴君的利箭》（*An Arrow against all Tyrants*，1646 年 10 月 12 日）——此文更全面地提出了李尔本[2]在数月前曾采取的立场，他后来在《呼吁》（*Appeale*，1647 年 7 月）中再度提出这个立场——之中，奥夫顿阐述了一个影响深远的自然权利学说。公民权利和政治权利导源于自然权利；自然权利导源于一个人对自己人身的自然财产权；一个人对自己人身的财产权导源于人们为上帝所创造的天生本性。

《利箭》的起首两段值得全文照录：

> 每个处在自然中的个体生来就被赋予个人财产权，它不受任何人的侵犯或霸占；因为他拥有对自己的所有权（propriety），所以他才成其为他自己，否则他就不能成其为他自己。基于这个原因，没有哪个人能够认为，他可以剥夺任何人的财产权，

---

[1] Ibid., p. 69.

[2] Lilburne, *Free-man's Freedom Vindicated*, June 1646, the Postscript, in Woodhouse, pp. 317–318.

而不会赤裸裸地冒犯和侮蔑自然原则和关于人与人之间公平正义规则的原则；若非如此，"我的"和"你的"之间的区分就不复成立。没有人拥有管制我的权利和自由的权力，我也没有管制别人的权利和自由的权力。我只是一个个体，只拥有我自身和对自己的所有权，只能恪守本分，不能稍有逾越；一旦有所逾越，我就成了一个侵蚀进犯别人权利（我没有这么做的权利）的人。因为，经过自然出生，所有人都平等地和同样地生来就想要所有权、自由权利（Liberty）和自由（Freedom），又因为我们是上帝借由自然之手孕育到这个世界上，每个人都带有自然的、天生的自由和所有权（就如同它被镌刻在每个人内心的石版之上，永不磨灭）：我们就要这么生活，每个人都平等地和同样地享有他的天生权利和特权。因为不论如何，上帝在他出生时就已经将他创造成了自由人。

而每个人生来都渴求的这项权利，其目标和所要求的是，没有人生来就要被其邻人以诡计骗取自由，或被其邻人以强力逼迫为奴，因为，保全自己免遭一切有害的和可憎的东西的侵害，是自然本能，这在本质上完全被看作是最为合理的、公平的和公正的，是人被上帝创造出来后就有的、平等地持续并且不会被根除的本性：一切人类权力皆来源于此。权力不是（像国王们经常为其特权所声辩的那样）直接来源于上帝，而是经由自然之手，就像从被代表者到代表者一样；因为在起初，上帝把它们植入人的身上，这些权力就立即从人自身产生出来了；权力就是这么多而已。而这些权力所传达的意思，不外乎是人们努力活得更好、更安全：这就是人的特权，他们所能给予的或接受的全部特权。它们也就是有利于取得更好的生活、更多的安全和自由的那些权利，仅此而已，以免给自己招惹更多的罪

141 恶；攫取更多的人，就成了侵害他的同类的窃贼和劫匪。每个
人生来都是他自己天生领地内的国王、牧师和先知，没有第二
个人可以参与进去，除非得到他的委派、任命和自由同意——
这正是他的自然权利和自由。[1]

在《呼吁》中，奥夫顿重复了以上第一段，承接这一段的是对
李尔本以下观点的重述：没有人能够交出多于他自己拥有的权力；
没有人天生"可以虐待、殴打、欺凌或折磨他自己"。[2]对自然权利
的必要性，《呼吁》还有更为积极的主张：

> 它是上帝在创造每个活着的动物时，以手指镌刻在他内心
> 的石版上的、稳固的自然法和根本的自然原则，凭借着它，他
> 得以尽其全力防御、保全、判定和解救自己免受一切有害的、
> 毁灭性的和可憎的东西的侵害：所以，自此以后，概括而言就
> 是所有的人，特别而言就是每一个体，都要接受一个不容置疑
> 的理性原则，即以他所能采取的一切合理的和正当的方法和手
> 段，去保护、防御和解救他自己免受一切压迫、侵犯和暴行之
> 类的危害，（为了尽到对他自己的安全和生存的义务）去尝试所
> 有的正当计策以免受上述危害：这是合理的和正当的；拒绝它就
> 是要毁灭[3]自然法，是啊，也是要毁灭宗教法；与遵守这个原则

---

〔1〕 Overton, *An Arrow against all Tyrants*, pp. 3-4. 以下作品对这些段落里的某些部分有所引用：Pease, *The Leveller Movement*, pp. 141-142; Zagorin, *History of Political Thought in the English Revolution*, p. 22; Frank, *The Levellers*, p. 96.

〔2〕 Overton, *An Appeale from the Degenerate Representative Body of the Commons...*, in Wolfe, pp. 162-163.

〔3〕 原文为 overture，疑为 overturn 之误。——译者注

相反的情况一旦出现，就只能导致自相杀戮、侵犯和暴行。[1]

一个人会震惊于奥夫顿设定的霍布斯式腔调，也会震惊于洛克的论证正是基于这种设定。这里有着霍布斯从防御自己免受一切有害或毁灭性之物侵害的本能需求推导出来的"自然权利"；而这项权利创造了一种"[一个人]对自己的安全和生存的义务"，由此变成了一种"不容置疑的理性原则"和自然法的一部分。同时，这里也有着洛克作为其理论核心的主张——一切正当的政治权威都来自个体的授权；个体没有权利伤害自己，因此个体不能把这样一项权利转让给其他任何人，而可以转让的只能是（用奥夫顿的话说）"有利于取得更好的生活、更多的安全和自由的那些权利，仅此而已，以免给自己招惹更多的罪恶"。

但是，在这里我们要首先注意的是一种更为根本的与洛克的相似性，即平等派的个人主义的所有权属性。乍看上去它甚至比洛克的个人主义还要极端。[2]个体不仅对他自己的人身和能力拥有财产权（这种财产权指的是一种享有和使用其人身和能力、并排除其他人享有和使用它们的权利），而且正是这种财产权（这种排他的权利）使得一个人成其为人："他拥有对自己的所有权，所以他才成其为他自己，否则他就不能成其为他自己。"使得一个人成为人的是他免受他人支配的自由。人的本质是自由。自由是一个人对他自己人身和能力的所有权。

我们应当注意，这种所有权没有被看作是一种被动的享有。平等派将这种一个人对其自身的多方面财产权视为积极使用和享用其能力的一个前提。上帝创造人是为了让他提高能力，并通过提高而

142

---

〔1〕 *Appeale*, in ibid., pp. 159-160.
〔2〕 但是，见下文，第154-156页。

享受能力。他们对其自身的财产权排除了其他所有人，但并没有排除他们对他们的创造者和他们自己所负的义务。

二、权利推导和选举权排除的理由

正是基于这种"人的本质是自由，自由的本质是一个人对自己人身和能力的积极所有权"的观念，平等派提出了他们对公民、宗教、经济和政治等方面具体权利的主张。其推导过程是显而易见的。

关于公民的和宗教的自由，推导非常简单：首先，一个人对自己人身的财产权，要求在免遭恣意逮捕、审判和监禁方面拥有得到保障的自由，也要求享有法律正当程序的权利。同样简单的是：一个人对自己心智和精神的财产权要求言论、出版和宗教自由。平等派主张将所有这些公民的和宗教的权利赋予每个人，而不论人们由于性别或受雇佣的原因多么依附他人。女性也被上帝创造为人类。赚取工资者尽管已经让渡了他们对自己精力的处分权，但没有完全让渡他们的人性。他们并不是奴隶。

平等派还有一个强有力的现实理由来为所有的人要求公民自由，在李尔本为反对任意的逮捕、监禁和司法程序而做出的高明陈述里，这个理由体现得最为充分：

> ……因为，对某一人所做的，可能施加于所有人；此外，作为一个实体——说的是英国共和国——的所有成员，一个人不应当委屈忍受，而应当理智，应当努力保全自己；否则他们就会听任意志和权力的狂涛灌入、冲刷他们的一切法律与自由，而法律与自由，是把暴政和压迫阻挡在外的藩篱……[1]

---

[1] *The Just Defence of John Lilburne*, in Haner and Davies, p. 455.

必须将公民的和宗教的自由赋予所有人，否则可能就没有人能拥有它们。

平等派所想要的经济权利同样是从一个人对自己人身和能力的财产权推导出来的。基本的经济权利当然是个体在物品和地产上的财产权利，它既包括了对物品和地产的所有权，也包括了一个人通过自由运用自己的精力和能力而取得物品和地产的权利。平等派所要求的那些具体经济权利——买卖、制造和贸易的自由，而不需要许可，不存在垄断、任意调控或任意征税——明显是题中应有之义。平等派有时将个体的贸易权利称为一项自然权利、天生权利或天生自由。[1]无论平等派是否如此来形容贸易权利，按照平等派的预设，它都显然是一种重要的财产权。[2]它在很大程度上构成了小人物管理自己的生产精力和生活的权利；如果没有它，他将无法有效地享有对自己人身和能力的财产权，而这种财产权是生而自由之人的基本权利。与公民权利和宗教权利一样，平等派也要求将这些经济权利赋予所有人。当然，实际上，生产、贸易等权利只能由那些有权利处分自己劳动的人享有。雇工在身为雇工期间无法运用这些权利。不过，平等派必须确立这些权利并赋予其彻底的普遍性，以保证将它们赋予那些能够享有它们的人。一旦让垄断、任意调控或征税进入任一生产或贸易部门，损害就会随即发生：企业家的经营领域就会普遍缩小。就像对公民权利一样，平等派必须主张将经济权利赋

〔1〕　例如，Lilburne, *Englands Birth-right Justified*, in Haller, *Tracts*, iii, 261–262; Overton, *Remonstrance of Many Thousand Citizens* (7 July 1646), in Wolfe, p. 124. 并参看 Petegorsky, p. 81 所引用的诸位作者。

〔2〕　当然，在 17 世纪，将一项权利或自由称为财产权十分常见。在那时，财产权（或曰所有权，因为两词可以互换使用）有着它早期指向某物的权利或对某物的权利（a right to or in something）的义项。平等派在说到"对某物的财产权"（property in a thing）时，意指一项使用、享受该物，并排除他人使用、享受该物，或者处分该物的权利。因此他们可以说，对土地的财产权、对地产的财产权、对贸易权利的财产权、对特许权的财产权，或对某人自己人身的财产权。

予所有人，以保证任何人都拥有这些权利。

选择代表时发声的政治权利有所不同。它与其他权利一样，也以"人的本质是自由，自由的本质是一个人对自己人身和能力的积极所有权"的观念为基础，但平等派不必将它赋予所有的人。尽管平等派有时提到，每个人都有在创建政府形式时发声的平等权利，[1]但是他们只为那些不依附他人意志的人要求一种在选择立法机关时发声的权利。通过订立雇佣契约，雇工已经让渡了对自己能力（意即，他们的劳动）的使用和管理权。领取施舍者由于依赖济贫金或慈善，也被剥夺了这种权利。由此，这两类人都失去了他们的天生自由或天生财产权的关键部分，即对他们自己的能力或劳动的财产权。但是，政府的首要功能就是保护这种财产权，即通过制定和执行规则，使得人们能够最大限度地利用自己的精力和能力。保护对物品和地产的财产权是一项衍生功能或次要功能：如果没有"我的和你的"之分，最大限度地利用自己能力的自由就不存在了。

雇工和领取施舍者（已经失去了对自己劳动的财产权）可以被假定并不享有对土地或资本的财产权。因此，政府的首要功能以及同样必要的次要功能都不关乎他们的利益。

的确，他们仍享有公民自由和宗教自由，甚至可能也享有经济自由，因为他们只让渡了一部分而非全部生而为人的自由或对他们自己人身的财产权。但是，他们不需要选举权来保护它们。因为，公民权、宗教权和某些经济权利是议会权力受到的宪法限制来保障的；按照那些公约的提议，这些权利应当保留在人民手中，或者通过某种安排使其不会被议会剥夺。既然这样就保障了每个人都能享有这些权利，那就没有必要让每个人都拥有投票权来捍卫它们。而

---

〔1〕 见注释 L，第 297—298 页。

那些不受宪法保障而是交由未来议会的善意来保障的经济权利，在任何情况下都最好由这些权利的直接利益相关人（即那些没有因为变成赚取工资者或接受施舍的人而让渡了他们对自己精力和能力的使用权或管理权的人）来保护。

因此，按照平等派将自由视为一个人对自己人身和能力的所有权的观念来看，下述两个要求并不存在不一致之处：将公民的、宗教的和经济的权利赋予每个人与将选举权只赋予那些不依附他人的人。前一类权利是每个人所固有的；它们是不可让渡的，因为没有人能够让渡他作为人类的核心自由，没有人能够丢弃对自己人身的全部财产权。[1] 但是，在选举中发声的权利并不是每个人固有的，因为并不是每个人都保有那部分人类自由（它寓于对自己劳动的财产权中）。只有那些保留了这种财产权、因此在经济生活方面的积极进取者（enterprise），才需要且能够主张选举权；凡是在其身体、心智和精神生活方面的积极进取者，就都需要公民权利和宗教权利。这样的人包括（或者说，应当包括）所有的人。

一旦我们看到，平等派认为一个人的自由取决于他对自己人身的财产权，他的完全自由取决于他保有对自己劳动的财产权，我们就能解释普特尼辩论中平等派立场的一个让人迷惑之处。我们还会记得，佩蒂曾阐述过排除雇工和领取施舍者的两点理由：其一，他们依附于他人意志，并且害怕得罪这些人；其二，他们被计入了他们的雇主。我们当然可以这样来理解第一个理由：它只是对开放性投票制度中可能会发生胁迫的现实认识。如果赋予雇工和领取施舍者以选举权，他们就会害怕得罪那些他们所依附的人。我们根据社

[146]

---

〔1〕 洛克在一个人对自己人身的不可让渡的财产权和可让渡的财产权之间所做的类似区分，见下文，第五章，第 219、231 页。

会生活的事实就能够很轻易地推出这点。如果平等派认识到,他们将雇工和领取施舍者排除在外的做法与平等的自然权利存在原则性冲突,那么他们是否还会基于这样一个权宜理由将英格兰的一半成年男性排除在选举权之外呢?这很难说。但在我们看来,这个问题并不存在,因为他们并不觉得这中间存在原则性冲突。既然雇工和领取施舍者已经丧失了他们的天生权利,这种基于害怕的不正当关系就变成了一种正当的依附关系。这种正当关系表现为"计入他们的雇主"(inclusion in their masters)这样一种概念。至少对于雇工而言,丧失天生权利就等于被计入雇主。因为,一个人让渡他对自己劳动的权利就使得自己丧失了天生权利,而这种让渡不是放弃权利,而是将权利转让给了雇主。雇工的劳动由此就被计入雇主的劳动中;相应地,在选举权方面,雇工也就被计入雇主了。

147 　　至于领取施舍者和乞丐,他们的情况与雇工不同,我们无法如此轻易地将丧失天生权利等同于"被计入其主人"这个概念。准确地说,领取施舍者和乞丐没有主人。不过,即便是对他们而言,"计入"这个概念也不是那么牵强。我们必须区分没有能力的穷人、部分依附别人的穷人和顽固的浮浪乞丐。对于没有能力的穷人,无论他们是逐门逐户接受施舍,或是领受教区济贫施舍,还是在捐赠建立的救济院里领受施舍,都不存在什么问题。准确而言,他们无法提供有用的劳动。他们没有能够拿来让渡或予以保留的劳动。他们因此被抛给了社区,在与他们的关系中,社区处在他们的主人或监护人的位置上。

　　相类似地,部分地依附他人的穷人,那些能工作但不能靠着自谋生计或那些出卖劳动而维持他们自己及其家庭生活的穷人,也被抛给了教区,而教区在与这类穷人的关系中也就处在类似的位置上。平等派是否将他们请愿书中充满怜悯地频频提到的诚实之人——这些人因为内战和(在平等派看来)议会政策而沦为乞丐——也算到这类人中，确实值得怀疑。这些人（一般能够自力更生）很有可能仅仅被认为只是暂时流离失所；平等派指望着，在议会政策按照他们的要求做出变革之后，这些人随之会重新变成有用的劳动力。

最后，我们或许可以假定，顽固的浮浪乞丐完全被置于平等派的计算范畴之外。人们普遍认为，他们因为拒绝付出有用的劳动而让自己自绝于社会。他们确实既没有丧失劳动能力，也没有将他们对自己劳动的权利转让给其他任何人。这正是人们抱怨他们的地方；正是这一点使得他们处于社会之外。他们是没有主人的人，而清教社会没有他们的容身之地。

简而言之，对于领取施舍者和乞丐（与雇工一样）来说，放弃天生权利（并不是他们拒绝付出有用劳动从而自绝于社会的结果）可以被视为计入了他们的主人。正是由于这种丧失——丧失对自己劳动的权利——领取施舍者及乞丐和雇工这两类人放弃了在选举中发声的天生权利，而丧失这种权利也必然使他们被计入其他某个人。

三、平等派和独立派的个人主义

至此，我们可以通过对比平等派与独立派的自由观念，对平等派个人主义的性质做出更全面的考察。平等派与独立派都将自由等同于所有权。他们都认为，自由或所有权的反面是依附于他人意志。他们的分歧之处在于：哪种财产权区分了自由与依附？对克伦威尔和艾尔顿来说，只有对自由保有土地或特许贸易权利的财产权才使得一个人成为自由人。对平等派来说，一个人对他自身劳动的财产权使得他成为自由人。

乍看上去，这两类财产权的差异要比它们的任何共同点都更为根本。在平等派看来，劳动是一种人类属性，在性质上与土地或资本不同。不过，他们既用"财产权"这个术语来指向一个人对自己劳动的权利，也用它来指对物质财富的权利。这不仅仅是一种修辞方法；这两种财产权具有某种根本的共同点。我们可以从两个方面来看待它们的共同点。其一，虽然在平等派看来，劳动是一种人类的属性，但它同样也是一种商品。它能够被其天然所有人让渡出去。随后，它的价格就（像其他任何商品的价格一样）由市场来决定了。平等派对此没有异议；对他们而言，工资就应当被这么决定，这看上去很自然；当他们反对（有时候他们确实这么做了）压榨性的低工资时，他们将其归咎为商业垄断者或货物税的操弄，并认为更为自由的贸易是解救之道。至于劳动，就像土地和其他任何商品的情况一样，能够被交易出去的正是对它予以使用和获得收益的排他性权利，以及寓财产权于其中的劳动产品。因此，就平等派将劳动视为一种商品而言，我们可以说，他们认为将劳动视为一种与人对外物的财产权同类的财产权。

其二，我们必须注意到，实际上，在平等派自己的经验里也是如此，一个人要想保留对自己劳动的控制，其前提条件是至少占有一定的营运资本。要成为一个独立生产者（无论是土地上的生产者还是投身于贸易之中的生产者），并保持独立地位（即保留决定如何使用自己劳动的能力），就需要一定的资本。

没人会质疑，农民的情况就是如此。无论他是否需要花钱租赁土地，他都要有农具和牲畜以及足够的营运资本来让他从春种撑到秋收。再向产业链下游看，国内的织工无论是否拥有自己的织机，如果想要获得独立性，就需要足够的营运资本以购买原材料；做不到这一点，他就必然会陷入对服装商的持续债务中无法自拔。在那种境地下，他对自己劳动的控制程度就和赚取工资者差不了多少了。在那些不必是公司自由人就能从事的行业中，占有某些营运资本同样是一个人保留对自己劳动的控制的先决条件。修鞋匠或烟囱清扫工并不需要多少工具，但他如果要想在生意清淡时不依靠济贫金度日或沦为雇工，也要有所储备才行。

无论我们考察哪个领域，独立性或有效保留对自己劳动的财产权，都要求至少占有某些营运资本。当然，这并不意味着贫穷和依附他人之间能够划上等号。你可以既是个穷人同时又是个自由人。缴纳高额地租的独立农民，虽然有大笔资金投入，但他们的生活水准可能比农业雇工（the servant in husbandry）要低；修鞋匠的生活水准可能比很多熟练工人要低。贫穷（以生活水准来衡量）并不必然等同于依附他人意志。

不过，丝毫没有营运资本，确实意味着依附于其他人的意志——即确实意味着事实上丧失了管理自己精力的自由。平等派根据经验肯定对此知之甚详，但他们没有对此做出过明确表述。他们坚持主张的是人类权利而非财产权利。更准确地说，他们坚持认为，一切权利都以一个人对自己人身的财产权为基础，而非以对物的财产权为基础；并主张将充分的权利赋予所有那些没有放弃对自己劳动的财产权的人；我们无法指望他们强调，对自己劳动的财产权并不会给予你独立性，除非你还同时拥有某种对物的财产权。只有极少数平等派的作品里存在着以下隐含之意：他们既从对一个人劳动的所有权，又从对物的所有权这个角度来思考问题。这在雷恩巴勒在普特尼的表述里有所体现。他说，他愿意承认艾尔顿以财产权作为选举权基础的理由有几分道理，但会有这样一个疑问，即"年入40 先令使一个人能参加选举，这样一种所有权是否是一种正当的所有权"。[1]但不管是否曾明确陈述过，平等派以一个人对自己劳动的

[1] Woodhouse, p. 79.

所有权作为自由的判断标准，这必然意味着他同时享有对某些外物的所有权。

我并不是在暗示，平等派的自由判断标准可以被归结为对物质财富的占有，也不是在暗示，平等派和独立派在自由判断标准上的差异仅仅在于占有物质财富的数量不同。毫无疑问，平等派不仅将劳动看作是一种商品，还将它看作是一种人类属性；他们确实是在极为真诚地强调着一个人对自己人身的财产权和对物的财产权之间有所不同。我的看法是，平等派已经通过归纳自己的经验（即自由的复合现象）得出了他们的自由观念，即那种独立生产者的自由。他们拥有一定的精力和营运资本，使他足以免受他人意志的支配。他们强调的是，对自己精力的掌控，这并不令人感到意外。他们将它称为财产权，这也并非偶然。

因此，平等派自由观念与独立派自由观念的不同之处，并不在于平等派认为自由取决于财产权——两种观念都是如此——而在于他们认为，自由取决于某种财产权（对一个人劳动的财产权）；这种财产权定义必定是模糊不清的。一个人对自己劳动的财产权既是一种人类属性（人格的一部分），又是一种可让渡的商品。但是，一个人能够将它保留为其人格一部分（而非作为商品让渡出去）的唯一条件是，他除此之外还占有一定的物质财产。这种对自己劳动的财产权要么是一种完全意义上的对可让渡商品的财产权，要么是一种需要物质财产来使其发挥实效的财产权。

由此可见，平等派将自由视为所有权的观念与其对手的观念的共同之处，比表面上看上去的要多，而且很可能比他们自己一直意识到的更多。

我们可能已经附带注意到了，这个分析能为普特尼辩论中另一个令人疑惑之处提供一个解释。人们经常注意到，平等派无法反驳（连他们自己也对自己的表现不满意）克伦威尔和艾尔顿的固定财产选举权主张。我现在可以提出来，平等派反驳不力的原因是，他们自己就是从所有权角度来思考问题的，这种所有权与他们的对手所讲的所有权没太大不同。

性质上的差异被打了折扣之后，数量上的差异仍有意义。事实上，独立派并不是以物质财产的数量作为自由的判断标准，而是以物质财产固定于本地这项特征作为自由的判断标准。艾尔顿确实痴迷于强调在本地拥有永久权益的重要性。他痴迷到了如此地步，以至于将那些没有自由保有土地或没有在本地公司里从事贸易权利的英国本国人，与那些生活在英格兰并受英国法律保护的外国人相提并论。后者当然要服从法律，即使这项法律没有经过他的同意，他也必须服从；如果他对服从法律感到不满，"他可以去别的国家。而在我的理解中，同样的推理可以延展［到］那些在本国没有永久权益的人。如果他拥有金钱，他的金钱在别的地方跟在这儿没区别，是一样的好东西；在本地，他没有能固定他与这个国家关系的东西"[1]。独立派仍按照绅士头脑里的传统范畴来思考问题：占有土地是一种明确的权力表征，但占有货币则有些可疑。

尽管独立派确实强调财富的固定性而非它的数量，但是平等派认为，独立派的标准实际上终归还是财富的数量。雷恩巴勒将自由保有人与富人相等同，还认为他们使得其他六分之五的人成为劈柴挑水的苦工；[2]固定财产选举权给了"富人、拥有地产的人"以权力，使得非自由保有人成为"一个永远的奴隶"。[3]佩蒂认为争议很简单，即是否"富人应该替穷人做决定"。[4]而在普特尼辩论结束后

152

---

［1］ Woodhouse, p. 67. 参看洛克的立场，见下文，第五章，第250页。
［2］ Woodhouse, p. 67.
［3］ Ibid., p. 71.
［4］ Ibid., p. 78.

的几个月内，平等派抛出了一个有着醒目阶级意识的国家理论，这个理论将独立派领袖看作权贵合谋的同谋，他们合谋镇压较为贫穷和更为勤勉的人。[1]

无论平等派的"自由保有人选举权本质上是将权力保持在富人手里的一种手段"的看法是否正确，也无论他们是否受到其城市背景——在那里，财产的固定性（即在贸易公司里的成员身份）与财富数量之间存在明显的相关性——的不当影响，显而易见的是，他们认为，独立派的固定财产标准的实际内容是物质财产的数量而非其性质。

因此，平等派在与独立派的辩论中，对比了有关自由和选举权的两种标准，一种标准的精确性是可疑的，另一种标准的清晰性是153 可疑的。精确性的可疑之处在于，他们将其对手的标准解释为占有大量物质财产。清晰性的可疑之处在于，他们自己提出的一个人对自己劳动的财产权这项标准是暧昧不清的。我已经说明，在这项他们从其经验中归纳得出的标准中，一个人对自己劳动的财产权要么是一种可让渡的商品（因此实际上与物质财产相同），要么依附于对物质财产的占有。无怪乎平等派无法清楚地把握他们自己的立场与其对手的立场之间的准确差异。

我已经论证过，平等派个人主义的基本性质在于他们有关"自由取决于所有权"的观念。个体的基本人道就在于他免受其他人意志之支配的自由，在于他享用自己的人身和发展他自己能力的自由。从本质上讲（而非一种比喻），一个人的人身是财产；一个人对其人身所拥有的财产权是排除其他人使用和享用其人身的权利。人对自己劳动的财产权（这么说比"对自己人身的财产权"的宽泛说法还

---

[1] 见下文，第154-155页所引用的部分。

要更准确些）是一种物质意义上的财产权，因为它是一件可让渡的商品。完全自由的判断标准是一个人保留了对自己劳动的财产权，而保留它的前提条件是他还需同时占有一定的物质财产。

有人可能会认为，此处对平等派的个人主义所做的分析过于复杂，而且我对一些概念的界定要比我们在平等派作品里所能看到的更加鲜明。如果认为平等派曾运用清晰的概念进行过极为严密和牢固的推理，那确实会是个误解。但是，我确实认为，这些他们的理论中确实蕴涵了这些概念，而其理论的诸多不尽如人意之处都可以归咎于以下事实：他们没有察觉到他们所用概念的所有隐含之意。在一个劳动能够被既视为一种商品又视为一种基本的人类属性（那些感觉自己的独立地位不稳固的小独立生产者尤其会这么看）的时代，平等派应当会从这类概念出发，且没有察觉到它们的全部隐含之意，并不足为奇。

154

四、平等派个人主义的局限和发展方向

不过，我们不能高估平等派个人主义的所有权属性。虽然它与独立派个人主义的差异比人们通常认为的小，但是当我们将它与洛克所提出的更为成熟的占有性理论相比较时，一种实质性差异仍会显现。我之前提出过，平等派的"一个人对自己人身的多方面自然财产权是自由的本质，因而也是人性的本质"设定，使得其理论看上去与洛克的理论一样，都体现出一种所有权属性。平等派确实是将个体视为他自己能力的天然所有权人，为此他并不亏欠社会；并且确实将生命和自由视为占有物而非伴有相关义务的社会权利。但是，他们并没有接受占有性个人主义的全部设定。

首先，平等派所提出的获得动产财产权和地产财产权的权利与

洛克所提出的不同，不是一种任何个体都享有的无限制的取得权。[1]
虽然平等派没有明确谴责无限制取得权，但他们明确反对它的隐含
之义，即财富的集中和随之而来的取得权方面的实际不平等。平等
派不赞成霍布斯的名言："贪得巨富或热衷声名是令人尊重的，因为
这是获得这一切的权力的象征。""财富是令人尊重的，因为这就是
权力。"[2] 他们确实将财富和权力看作是共生之物，并且他们对两者
都予以谴责。富人利用国家权力来为自己聚敛更多的财富，其代价
就是升斗小民的生计，他们榨取财富的方式既有批发式的（比如依
靠货物税，它"只对穷人和最聪明、最勤劳的人民征收，是沉重到
让他们难以忍受的压迫；[与此同时]一切拥有土地上的巨额收入和
大量施放高利贷的人，却没有承担哪怕一丁点合乎比例的税负"[3]），
也有零售式的（比如利用政治职务中饱私囊）。通过这两种方式，
"你们富人以我们的血肉为食，还拿我们的血肉来打扮、装点你们
自己"。[4] 平等派甚至指控豪富与权贵结成派系、挑起"内乱"（civil
broyles）以谋取私利：

> 除了你们的野心和派系争斗，还有什么能继续干扰和压迫
> 我们？难道穷人不都是所有参与争论之人的奴隶吗，而不论争
> 论者是王侯大臣，或者是长老派成员，又或者是独立派？你们
> 的房子里堆满你们国家的脂膏，要不是有着暗受支持的冲突，
> 处处又只有干扰来掣肘，你们怎么能逃避清算？而要不是趁着
> 遭受过分压迫的人民骚动之际，你们怎么会有公平的借口来把

---

〔1〕 见下文，第五章、第二节。

〔2〕 *Leviathan*, ch. 10, pp. 71, 70.

〔3〕 *Petition* of Jan. 1648, article 14 (Haller and Davies, p. 113; Wolfe, p. 270). Cf. Articles 6 and 7.

〔4〕 *The Mournfull Cryes of many thousand poor Tradesmen* (Haller and Davies, p. 127; Wolfe, p. 276).

持军队和守备军？而在必要性的借口之下，你们就可以扶持军队委员会把持着专断政府，等等。[1]

沃尔温（William Walwyn）看到了相同的阶级阴谋，并且更鲜明地揭露了出来：

那些大人物，不论是国王、贵族、议会议员，还是富裕公民等等，都感受不到［内战的］悲惨结果，所以不会是理智的；但在从前，你们和你们那些依赖于耕作、贸易和微薄报酬度日的穷伙计们还享受着全部的欢乐甜美生活的时候，你们有着相近似的内心感受；而受诅咒的东西——财富和荣誉——却由他们来承受，这两样东西都是靠着对全体国民（Common-wealth）的血淋淋的悲惨扰乱而得来的。他们害怕，一旦麻烦结束，他们的荣光和伟大也会随之结束……国王、议会、城市和军队里的大人物都不过是把你们当作台阶，把你们踩在脚下，去攫取荣誉、财富和权力。在过去和现在，唯一的争吵就是关于这个——人民应该是谁的奴隶……[2]

财富和荣誉是"受诅咒的东西"。大财产权以小财产权为食。但是，即使说平等派有阶级意识，他们同样也有财产权意识。依靠特权聚敛财富的权力，毁灭的"不光是自由，还有财产权"，[3] 这一点，他们在垄断的例子里看得最清楚不过。他们要求恢复自由和财产权，将取得财产权的自由赋予小人物。因此，通向自由的下一步，就是

156

---

〔1〕 *Mournfull Cryes*, Haller and Davies, p. 127; Wolfe, p. 276.
〔2〕 *The Bloody Project* (28 Aug. 1648), Haller and Davies, pp. 144-145.
〔3〕 *Petition* of Jan. 1648, article 9. Haller and Davies, p. 111; Wolfe, p. 268.

破除什一税、货物税、垄断以及其他特权。它们是挡在小人物权利之路上的障碍。当平等派决定将当时实际上拥有大量财富的人才享有的权利向所有人开放时，他们就接受了将占有等同于自由和人道这一所有权属性的设定，但同时拒绝了它最终隐含的意思。他们的思想是占有性的，但并不像洛克那样具有彻底的占有性。

当我们跳出他们的财产权观念，并最后思考他们的社会观念时，我们就会再次发现，他们与彻底的占有性个人主义存在着一处差异。我们之前注意到了，奥夫顿的自然权利理论有着霍布斯式的腔调。权利和义务是从自我保全的本能推导出来的。但即使是奥夫顿这个最为极端的个人主义者的表述仍存在着一种对社会正面价值的信念，这是霍布斯所没有的。自我保全并不是终极设定，而是以某种更为基础的东西为依据，这种东西就是保全人类社会的义务："共同居住或单独生活构成的人类社会……高于尘世上所有东西的人类社会，必须得到维系，让人类的善作为尘世上的最高主宰，而不管失去什么或者失去谁，也不管遭到什么艰困。因为人类必须被保全于世上。……"[1]

这种将人类社会视为终极善的看法以及对共同生活的终极价值的看法，散见于平等派的作品中。例如，主张一切正当权威都来自相互间协议或同意的李尔本，不仅认为，"不能'为了危害、伤害或损害任何人'而订立这种协议"是不证自明的，而且认为，"'为了其他每个人的善良利益和适意'[2]或'每个人为其他人的更好生活'[3]而能够订立这种协议"是不证自明的。三年后，沃尔温在总结平等派的理论立场时，以下面这一不证自明的命题开篇："因为没有人生来就是只为他自己，而是受到自然法（它遍及所有人）、基督教的法

---

〔1〕 *Appeale*, in Wolfe, p. 178.

〔2〕 *Free-man's Freedom Vindicated*, in Woodhouse, p. 317.

〔3〕 *Londons Libery*, p. 17.

律（它主宰着作为基督徒的我们）和公共社会及政府的法律的约束，来让我们努力提升共同的幸福，和视人如己的平等关切。……"[1]

平等派的共同体意识可能看上去与他们主张的占有性个人权利形成了奇怪的对照。不过，他们并不觉得这有什么不协调。他们需要一个进取者共同体。这里的"enterprisers"一语是取其最广义，它不仅指经济上的进取者，也指精神上和智力上的进取者。即使我们现在能发觉，一个由处于完全竞争中的进取者所构成的共同体是个自相矛盾的说法，我们也不能指望平等派在当时就能看到这点。对于更多的人而言，他们能看到的通往更完满生活的唯一途径，就是抛掉阻碍着小进取者前进的障碍；而在接下来的两个世纪间，这或许曾是唯一可行的途径。平等派并不赞同温斯坦利（Gerrard Winstanley）那乌托邦式的见解，即认为自由寓于免费而共有地利用土地之权（freedom lay in free common access to the land）。对温斯坦利来说，这是自由的关键，因为这是保证避免人剥削人的自由的唯一途径。温斯坦利所唯一认可的个体自然权利，是人们在一起劳动和生活并依照保全社会的自然法则管理他们自己的自然权利。[2]

有时候，平等派在向共同生活的终极价值投去一瞥时，已经接近这一立场了。他们自己作为政治组织者的生活（这种生活在之前仅仅为分散个体的情况下创造了一场运动；这种生活非常依赖于彼此间在监狱内外的互助）无疑有助于他们形成共同体意识。但假使只有平均财产才能拥有共同体，他们就不会想要拥有它。他们确实想获得所有进取者都享有的免于被剥削的自由，但这种自由不要求财产的共有。

158

---

〔1〕 *A Manifestation* (Apr. 1649), in Wolfe, p. 388.
〔2〕 Winstanley, *The Law of Freedom*, chs. i and iii (*Works*, ed. Sabine, pp. 519, 526).

平等派的思想过于深植于他们这个阶级的预设，以至于他们无法从"将自由看作一种保持独立而无所隶属的权利"这个观念后退太多。他们不可能认为，自由是一个不贪婪社会的社会生活的伴生物。这种观念在 17 世纪或许是乌托邦式的，但我们不能仅仅将平等派说成是比掘地派（the Diggers）更现实，因为实际上他们也同样失败了；最终获胜的是彻底的占有性个人主义学说。

平等派曾普遍被人们视为激进的民主主义者、英国政治理论中的第一批民主主义者。我们现在可以说，他们更应该被看作是激进的自由主义者，而非激进的民主主义者，因为他们将自由置于首位，并提出自由取决于所有权。对于平等派，我们不光应该记住他们在其他方面的事迹，同样应该记住他们主张一种对物品和地产的自然财产权利。他们有资格自诩为第一批主张自然财产权——个体并不亏欠社会就拥有这种财产权，这种财产权也没有蕴涵先前的管家学说（the doctrine of stewardship）所蕴涵的那些义务——的政治理论家。平等派在不知不觉中为洛克和辉格党传统铺平了道路，因为他们关于"作为财产权的自然权利"和"对财产权的自然权利"的全部学说，可以轻易地为洛克的目的所用，也可以同样轻易地为任何更激进的目的所用。

实际上，这就是他们的学说在 17 世纪英格兰的命运。如果说平等派的观念给了美洲的激进分子以及后来发生在英格兰的民主运动以力量和安慰，它们同样在其他方面发挥了影响。因为他们在倡导人民事业时，将一种定义不清晰但着力宣扬的自然财产权利置于他们倡导工作的核心位置，他们很容易就使洛克混淆了（按照通常评价）平等的财产权利和不受限制的财产权利，从而利用了民主情怀去襄助辉格党的事业。两个世纪间，这个混淆之处一直没有得到纠正。

第四章

哈林顿：机会国家

第一节　未予检验的含糊

直到数年前，哈林顿在政治理论史上的地位看起来才变得稳固了。他发现了财产分配和政治权力之间的一种关系，在他之前的作者对此只有过模糊的认识；他系统阐述了这种关系，并成功地用它解释了政治变迁。他不仅说明了这种关系确实曾盛行于历史之中，还说明它是一种必然关系；他还说明，如果人们理解了它的必然性，一种让人永久满意的政府结构就能够适用于任何国家。

哈林顿将自己看作一个政治学家而非哲学家，哲学家们一般也没怎么理会过他。是历史学家（尤其是经济史学家）给了他声望。哈林顿在现代名人堂中的最佳地位是由托尼教授（Professor R. H. Tawney）在 1941 年的罗利讲座（Raleigh Lecture）上确立的。他高度赞誉哈林顿为"第一个发现了社会变革前首先发生政治剧变的原因的英国思想家"；他的原创性"主要在于他对英国内战前的一个半世纪间，经济发展所致宪制后果的分析"。[1]但是，托尼教授将哈林顿称作是对那个时期的经济变革所做解释的记录者，而这个解释将会变得具有高度争议性，这就将哈林顿置于一个让人始料未及的风险境地；现在，哈林顿似乎处于被当成一个为"士绅崛起"（the rise of the gentry）而战的殉难者的某种危险当中。希尔先生宝贵但太过简短的文章[2]将哈林顿置于更长时期的历史视角之下，强调人民在其理论中的位置，这对恢复哈林顿的地位有很大助益。尽管如此，还有一些工作需要我们去做。

虽然近十年来，哈林顿备受关注，但学者们都没有去检验其理论中的两个含糊之处。其一是，在一个几乎完全围绕少数人与多数人、贵族与人民之间的财产权均势（the balance of property）而展开的理论中，哈林顿在将士绅计入前者还是后者的问题上含糊其辞。在他分析的不同阶段，他有时将他们归到这一类，有时将他们又归到那一类。其二是，均势（balance）或占优势（overbalance）这个核心概念本身就含糊不清到了明显自相矛盾的程度。哈林顿在阐述均势的一般原理，在说明英格兰已经准备好成为一个共和国时指出，是少数人在财产权方面占优势还是多数人占优势（即由少数人还是由多数人占有多于一半的土地），这决定着政体，而共和政体只与多数人占优势相契合。但是，据哈林顿说，一旦他设想的共和国被建立起来，一项使百分之一的公民获得全部土地的法律会防止他们对其余人民占优势，这项法律被寄希望以保障共和国的财产权基础。被用以建立共和国的均势原理，看上去将随着共和国的建立而被废止。

这两个含糊之处并不彼此抵消。但是，我们有其他证据证明，

---

[1] "Harrington's Interpretation of his Age", *Proc. Brit. Academy*, xxvii. 200.

[2] Christopher Hill, *Puritanism and Revolution* (1958), ch. 10.

考虑到哈林顿对 17 世纪英国社会性质的某些假定，这两个含糊之处都是可以理解的。一旦我们将这些含糊之处加以检验，哈林顿的理论看起来会比有时候人们对它的理解少了些系统性，但却可能多了些现实性。哈林顿既不是不合逻辑地为没落士绅鼓吹的人，也不是对英国社会的洞察（虽然新颖）仅限于军事役保有制的消失所致影响的历史学家。我将证明：哈林顿认为士绅在 1656 年时只拥有不到一半的土地，并将他主张的士绅共和国建立在这一假定之上；他足够深入地看到了 17 世纪英国社会的资产阶级性质，因此假定士绅确实（并将一直）接受和支持那时业已存在且其余民众所想要的资产阶级社会秩序；这一假定是其全部政治思想所不可或缺的。

　　“资产阶级”一词已经成了政治和历史著作中最不精确的词语之一，因此需要加以界定。我实际上是用“资产阶级社会”来指称已经在第二章里定义过的占有性市场社会。[1] 因此，我将资产阶级社会看作这样一个社会：在这个社会里，人们之间的关系由市场主导；这就是说，在这个社会里，与可移动性财富和为消费而制造出来的物品一样，土地和劳动力也被当作为获得利润和积累资本而加以买卖以及订立契约的商品，而人们与他人的关系很大程度上是由他们对这些商品的所有权以及他们为自身利益而利用这种所有权的成就所设定的。

第二节　均势与士绅

　　哈林顿的均势原理看上去很简单。除了短期内的不均衡之外，

---

〔1〕 第 48、53−60 页。

政治权力在一个人的统治（empire）、少数人的统治或多数人的统治之间的定位，必定与财产权（在多数国家里是土地财产权）在一个人、少数人和多数人之间的分配相对应。因此

> ……对土地的所有权或财产权的比例或均势是什么样的，（在土地很少或者没有土地的城市里则另当别论，其收益来自贸易）统治的性质也就是什么样的。
>
> 如果一个人是一片领土的唯一地主，或者他的地产超过人民的地产，比如占有土地的四分之三，……那么他的统治就是绝对君主制。
>
> 如果是少数人或一个贵族阶级，或者是贵族阶级连同教士是地主的话，或者其地产以类似的比例超过人民，它就造就了哥特型均势（the Gothic balance）。……这种统治就是混合君主制。……
>
> 如果全体人民是地主，或者在他们之中持有的土地如此分散，以至于在少数人或贵族阶级内没有一个人或没有一群人能够对他们占优势，那么这种统治（如果不受武力干预）就是一个共和国。[1]

163

政府形式必然对应财产权分配，这被哈林顿表现为是从不证自明的命题推导出来的结论。无论是某个人，或某部分少数人，或某部分多数人，一旦其拥有了统治他人的权力就都会这么做。因为人必须吃饭，谁能喂饱他们，他们就支持谁。谁拥有最多的土地，就

---

　　[1]　*Oceana*, p, 37; cf. *Prerogative of Popular Government*, pp, 227, 270; *Art of Lawgiving*, p. 363; *System of Politics*, p. 467（此处给出的比例是三分之二）。本章所引页码均依据《大洋国及其他作品集》1771 年版（the 1771 edition of *Oceana and Other Works*）。

能养活并因此能指挥规模最大的军队。人们依赖富人，这"不是选择的结果，……而是出于必需，受口腹驱使。因为既然一个人需要面包，那么他就会成为愿意养活他的人的仆人。进而，如果一个人养活全体人民，那么人民就在他的统治之下"[1]。因此，财产权分配决定政治权力的分配。这两种分配之间发生错位，要么是因为一个没有达到财产比例要求的群体攫取了政治权力，要么是因为政治权力变化没有相应地随着财产权分配的变化而出现。不过，在这两种情况下，根据设定，一种平衡状态（无论是之前旧的平衡，还是一个新的平衡）将会被重新确立起来。哈林顿主要对这两种变化中的第二种感兴趣。他认为这种变化只可能有一种结果：原来的统治阶级（失去了维系其统治的充足资源）迟早必然会被那些拥有大部分财产的人推翻。

因此，为了有稳定的政府，权力的均势必须对应财产权的均势。同样为稳定的政府所必需的是，财产权均势决定性地在一个人，或少数人，或多数人的掌控中。他们必须拥有大幅超过一半的财产，因为如果一方只有大约一半财产，而其余的人拥有另一半财产，那么每一方都会一直试图征服另一方，"政府就变成了双方相互屠戮的场所"[2]既然财产权均势可能因人类先见无法预见到的各种缘由而改变，[3]那么任何类型的政府要想维持稳定，就必须实施某种能防止财产权均势发生决定性改变的法律。

这就是著名的均势理论的实质内容。尽管哈林顿完全在一般层面上来表述这个原理本身（"土地财产权的比例或均势是什么样的，统治的性质就是什么样的"），但他对它的唯一应用，却是将它用在

164

---

〔1〕 *Oceana*, p. 37.

〔2〕 *Oceana*, p. 38; cf. *System*, p. 466.

〔3〕 *Prerogative*, p. 270; *Art of L.*, p. 364.

了一个人、少数人或一个贵族阶级的均势与全体人民之间的均势中。正是在这里出现了第一个含糊之处。这里的少数人或者贵族阶级有时包括了士绅，有时又排除了士绅。

在上引对均势原理的概括表述中，并没有定义"少数人或贵族阶级"，但它可能指的是人数很少的封建贵族，因为掌握在他们手中的财产权优势被用来对应于哥特型均势，后者是哈林顿用来描述封建秩序的术语。

在哈林顿对从亨利七世到内战之间英国财产权均势的变迁史的叙述中，很明显能看出来，贵族阶级一开始限于封建贵族，到最后则限于斯图亚特贵族，人数从没超过二百或三百人。哈林顿告诉我们，到亨利七世治下，土地均势在贵族这边，这些大封建领主支配着其封臣提供的军事役务，他们"获得巧计……根据他们的各种利益废立国王"。[1] 亨利七世通过他的"人口法"、"扈从法"和"财产让渡法"这三部制定法剪除了贵族权力。第一部法律要求维持农户房屋，实际上"将很大一部分的土地分配给了自耕农或中间阶级来持有和占有"，他们是"可以保有农人与雇工，使耕作不辍的殷实户"；这些人"不受缚于对他们领主的依赖"，领主因而实际上失去了他们的步兵。[2]"扈从法"砍掉了他们的骑兵。"让渡法"鼓励他们出卖土地以维持他们现在作为朝臣（而非国家贵族）的地位。哈林顿用两句话[3]描述了其余的均势变化：亨利七世

将修道院解散，并将日益凋零的贵族财产分与人民经营。其数量之大，使共和国中的均势显然倾向民众这方面，其程度

---

〔1〕 *Oceana*, p. 64.

〔2〕 Ibid.

〔3〕 下面这段引文英文是两个句子。——译者注

无法不被帕西妮娅［伊丽莎白］女王的贤明议会认识到。因此他们便使女王的枢密院通过一系列王室与人民之间的亲密交往而成为一种史料佳话，将贵族完全抛到一边去了。因此，平民院便渐次抬头，终至于咄咄逼人而为王室所畏惧，王室见着议会都为之色变。[1]

及至伊丽莎白时期，财产权均势已经从贵族一方转向了人民一方。自耕农被认为是这一转变的唯一受益者，不过，哈林顿将平民院说成是机构受益者的做法说明，他不仅将自耕农也将士绅计入了"人民"之列。

《立法的技艺》(The Art of Lawgiving)有与此相同的分析，且更加细致一些：伦敦市的发展与"均势向人民一方倾斜"被联系在一起；议会到詹姆斯一世时已经成了"纯粹的民众谘议会，就像滚下山的盘子那般滑向民众政府"，无论是他所创造的大量新贵族，还是那些旧贵族，都无法帮他对抗他们；"在我们的时代……人民所占有的土地已经超过由贵族持有的土地，至少达十分之九"。[2]这两处有关英国均势变化的叙述都没有提及士绅。但在此处，与《大洋国》(Oceana)一样，士绅无疑被算在了"人民"之列，因为哈林顿将詹姆斯的议会形容为民众的议会，并估计当时由贵族持有的土地只占土地总量的十分之一。[3]

166

---

〔1〕 Ibid., p. 65.

〔2〕 *Art of L.*, pp. 364–366.

〔3〕 即使我们不能假定，哈林顿知道在他们中间，士绅和贵族加在一起拥有远多于十分之一的土地，我们仍有证据证明，他认为单是那二三百名最大的土地所有者就持有了大概十分之一的土地。英格兰的全部土地被他估值为年入 1000 万镑。他说，最多有 300 人拥有价值为年入 2000 镑的土地(*Oceana*, pp. 99–100)。因此，单是这 300 个左右的大土地所有主，会占掉大概年入 60 万镑的土地，可能还要更多——因为 2000 镑不是平均数，而是最小值——比如年入 100 万镑，即十分之一的土地。

如果我们跳出哈林顿对英国均势改变的历史叙述来看他的其他论述，我们确实能发现他在一些地方明确提及了士绅。但是，在他讨论士绅的任何地方，不论相关讨论是与他的均势法则有关，还是与应用这项法则为当时的英格兰构建一套政府制度有关，他都将士绅与贵族相等同，并将他们与人民相对比。

因此，在《大洋国》绪言的第一部分（他在那里对政府做了一般讨论，也讨论了均势法则），他效仿马基雅维利将士绅当作贵族的同义词——他们是那些拥有土地、城堡和财富的人，通过这些东西使其余的人依附于他们——的同时纠正了马基雅维利；只有当贵族或士绅拥有超均势财产时，他们对人民政府来说才具有毁灭性。[1]在绪言的后续分析中他又说，在一个共和国里，士绅（仍用作贵族的同义词）和人民相互不可缺少，恰如在一支军队里，军官与士兵相互不可缺少一样：一个共和国的缔造、统治和军事领导，都要求"绅士的精神"，"在任何地方，要是没有贵族来驱策平民，他们就会因循苟且，并且会不管全世界、不管攸关自由的公共利益，其情形正像罗马人失去了士绅一样……"。[2]士绅和人民尽管彼此需要，但各自是独立的阶级，性质和功能各有差异。

当哈林顿最后着手搭建适合于英格兰现有财产权均势的政治上层建筑时，他再次将士绅当作贵族的同义词，将其与人民区分开来。一个"贵族或士绅阶级"是共和国所不可或缺的，因为不做研究就不能掌握政治学，而人民没有闲暇去做研究；他还补充说，因为"法律家和神学家由着自己的狭隘偏见而不可救药地发展下去"，他们与"那许多从事其他行业的人"一样，对政治学没什么助益。既

---

[1] *Oceana*, pp. 39–40.

[2] Ibid., p. 53.

然"人民、神职人员和法律家都不能构成一个国家的精英群体（the aristocracy），剩下的就只有贵族（nobility）了；为了避免重复起见，往下谈到贵族时就兼指士绅，如同法国人用'*Noblesse*'一词所表达的意思".[1]

如果一个贵族阶级像封建贵族那样，保有的财产超过了全体人民，它就与人民政府不相容。但是，贵族阶级在均势上低于人民，"对于一个秩序良好的共和国的自然配合来说，不但是安全的，还是必要的"；哈林顿在此处再次仿效马基雅维利，只不过他将贵族更为宽泛地定义为"自己收入丰厚，不为生活而耕种土地或从事其他工作的那类人".[2]正是在这种语境中，英格兰被哈林顿说成是幸运地恰好拥有人民政府所需要的恰当成分：财产权均势在人民一方，同时还有一个卓越的"贵族或士绅阶级"，他们对军事领导颇有研究、颇为熟练，集古代财富和古代美德于一身，极为理想地适合于在大洋国的元老院里和政府职位上提供政治领导。[3]

总之，正因为英国的"贵族或士绅"没有在财产权方面占优势，才能放心地允许他们在构想出来的英国共和国中承担领导角色。哈林顿将在1656年的英格兰建立一个士绅主导的共和国的整个方案建立在此基础上。他认定，只有当贵族或士绅阶级所拥有的土地处于欠均势状态（underbalance）时，才能放心地允许他们参与进共和国；他同样坚持认为，对共和国而言，当前英国的贵族或士绅阶级是安全且必要的。

因此，哈林顿的意思是，贵族和士绅在1656年合计持有不到

168

---

[1] Ibid., p. 124.
[2] Ibid., p. 125.
[3] Ibid., pp. 123–125.

一半的土地[1]——大幅少于一半，因为他们的欠均势程度能够作为一个稳定的共和国的基础；而只要贵族与人民之间的均势接近相等，就不可能存在稳定性。[2]此外，因为他说过，贵族拥有的土地不超过10%，因此在他看来，1656 年的地产分布是：贵族为 10% 或更少；士绅大幅少于 40%；自耕农和城镇人口则大幅超过 50%。

那么，有人可能会问，哈林顿怎么能够在叙述英国均势变化时，给人留下"均势已经转到了士绅一方"的印象呢？在特雷弗·罗珀（HughTrevor-Roper）的叙述中（我们稍后会讨论它）可以清楚地看到，哈林顿确实给他同时代的一些人以及后来的一些学者留下了这种印象。我们不难发现留下这种印象的一个充分理由。哈林顿为均势从贵族转到人民给出的主要证据是，国家和议会权力从贵族阶级转到了独立的平民院议员手中。到伊丽莎白时期，均势是那么明显地在"人民的一方"，以至于她要靠着取悦人民、冷落贵族来维系统治，平民院由此取得了主导地位；詹姆斯一世的议会成了"纯粹的民众谘议会"。既然从那时起到现在，伊丽莎白和詹姆斯治下的平民院成员明显都是士绅，而不是地位更低的阶层，那么就可以自然得出"哈林顿的意思是，土地均势倾向于士绅一方"这个结论。但是，这个结论并不成立。因为哈林顿认为，普通人如果没受到"上等人士"的伤害，就自然会服从这些人，[3]并且自然会选举尽可能多的上等人士[4]——其人数会多到哈林顿认为需要以具体的宪法规定来保证新的共和国中的主要代表机构包含某些下等人士。[5]从他将伊丽

169

---

〔1〕 只有哈林顿在他陈述均势原理的意义上使用了"低于均势"一词时（而不是稍后他所使用的这一词的特别含义），这一点才成立。下文第 189 页将检验这一模糊之处。

〔2〕 *Oceana*, p. 38.

〔3〕 Ibid., p. 133.

〔4〕 *Art of L.*, p. 419.

〔5〕 *Valerius*, pp. 449–450. 见下文，第 183 页。

莎白和詹姆斯时期议会描述成人民议会这点来推断，能得出的唯一结论是，土地均势转到了士绅和人民合在一起的这一方。

这充分说明哈林顿自己对士绅的看法。基于此，我们可以简要考察一下他在士绅争议（gentry controversy）中做出的论述。我们必须考察这个问题，因为尽管哈林顿的解释在这个争议中仅仅处于边缘位置，但这个争议对解释哈林顿来说已经变得很关键，而且还存在危险的误读。托尼将哈林顿作为士绅崛起的见证者，准确地将哈林顿所看到的转变描述为贵族向士绅和自耕农的转变，而不单单是向士绅的转变；[1] 只有将哈林顿的陈述与其他观察者提出的自耕农在 1600 年前（长期租佃制在此时崩溃）衰落的证据放在一起，他的陈述才能成为士绅兴起的证据。[2]

特雷弗·罗珀[3] 抨击了托尼的观点，对哈林顿漠然处之。他首先试图证明，哈林顿并不是个够格的见证者，之后又将他的理论说成是（明显错误的）关于正在衰落的士绅阶层为恢复地位而无望挣扎的学说。这两个论点都依赖于将哈林顿和几个"哈林顿派的人"（他们出于自己的目的而呼应或支持或利用他的理论）作为一体来加以讨论：但作为对哈林顿理论的论证，这两个论点都缺乏基础。

首先来看哈林顿作为见证者的价值。特雷弗·罗珀告诉我们说，哈林顿、内维尔（Henry Neville）、查洛纳（Thomas Chaloner）、贝恩斯（Adam Baynes）、勒德洛（Edmund Ludlow）和其他人表达了或提到了一个融贯的理论，而这个理论包含以下这个命题：英格兰已经发生了财产权均势在社会各阶级间的转变，"国王和贵族已经失

170

---

〔1〕 "Harrington's Interpretation of His Age", p. 212.
〔2〕 Ibid., p. 216; and "The Rise of the Gentry", *Econ. Hist. Rev.* xi (1941), 5.
〔3〕 *The Gentry*, 1540—1640, *Econ. Hist. Rev. Supplement*, no. 1 (1953).

去了他们的财产权，'士绅得到了所有土地'"。[1] 随后，特雷弗·罗珀基于两点理由，质疑这个理论并不是 1540 年到 1640 年间士绅崛起的证据。理由之一是，关于转变所发生的时期，这些评论者"经常是模糊的，有时还自相矛盾"：他们有时将开端定在了二百年前或更早，有时则定在詹姆斯一世治下，甚至更晚。因此，不能说这些评论家是在描述 1540 年到 1640 年间的历史进程；他们所做的是"将一大段首尾模糊的时期过度简化为一个过程，他们用来描述这个过程的唯一证据就是它最后十年间的暴烈变革"（即 1640—1650年）。理由之二是，这些评论家不是几个独立的观察者，而是"一个群体，几乎可以说是一些活跃的共和主义政治家组成的小圈子，他们的观点采纳自哈林顿和内维尔，他们本身是不可分的组合体"；他们的表述"代表的不是对各自所观察到事物的相同看法，而是对教条的重复：他们重复的是《大洋国》的教条"。[2]

我们可能会疑惑，一个只会重复着教条的小圈子，何至于在他们所宣称的转变的时间这个问题上，如此模糊和自相矛盾；因为哈林顿对这一点说得十分清楚。这一转变始于 1489 年前后的亨利七世立法，1536 年的解散修道院事件推进了其进程，而到了伊丽莎白治下，均势已经明显地倾斜了。[3] 士绅不是在最近这段时间而是在他们的伟大父祖的时代，就已经攫取了贵族的权力／披上了贵族那高贵的外衣。[4] 当哈林顿提及"在前任君主治下"拥有均势的贵族和教士时，他指的是贵族战争时期。[5] 确实，当哈林顿想说明，均势的变化

---

〔1〕 *The Gentry*, p. 45.

〔2〕 Ibid., pp. 45−46.

〔3〕 *Oceana*, pp. 64−65; *Art of L.*, pp. 364−366.

〔4〕 *Prerogative*, p. 281.

〔5〕 Ibid., p. 246.

能够发生得"如此突然"[1]时，他说"在亨利七世治下和伊丽莎白女王治下之间的不到五十年间"，[2]均势就已经从君主一方向人民一方转变；而当他想主张这种变化发生得并不突然时，他的说法是，从贵族政府向人民政府的转变已经有了一百四十年了。[3]但此处并不存在严重的不一致：均势的改变始于 16 世纪初，在 16 世纪中叶均势发生明显倾斜，并继续倾斜下去直到下个世纪。因此，哈林顿自己很明白这些发生转变的时间点。而且，人们不应该指责哈林顿将这一长时段过分简化为一个简单过程的唯一证据仅仅是 1640 年到 1650 年间的暴烈变革：他倚重最多的证据来自培根的《历史》[4]，它早在 1622 年就出版了。

无论如何，我们都必须将哈林顿移出这个小圈子。不管他的信徒和那些利用他的人时不时地说了些什么，哈林顿可并没有说过"士绅拥有了全部土地"。他所发现的转变，不是从国王和贵族转到士绅，而是从国王和贵族转到人民，而在他所讲的人民总是包括将自耕农包括在内，偶尔将士绅排除在外。

将哈林顿的学说等同于他某些追随者的宣言，这种做法还更为不幸地导致特雷弗·罗珀认定哈林顿的学说是错误的。他主张，这个学说恰好提供了"纯粹的士绅"（the "mere gentry"）所需要的东西，因此变成了他们在毫无取胜希望地展开斗争，对抗朝廷中使用的口号。他们输掉了这场斗争，这就证明这个学说是错误的。[5]但是，哈林顿的学说并没有主张，财产权转移到（因此权力也应该

---

〔1〕　原文此处缺少前半个引号，现据原文对 *Art of Lawgiving*, p. 408 的引文补足。——译者注

〔2〕　*Art of L.*, p. 408.

〔3〕　*Pian Piano*, p. 528.

〔4〕　即弗朗西斯·培根所著《亨利七世王朝史》（Francis Bacon, *The History of the Reign of King Henry VII*, 1622）。——译者注

〔5〕　*The Gentry*, pp. 49–50.

归属于）"纯粹的士绅"。实际上，他所主张的是，财产权已经从贵族转移到了士绅和人民一方，权力也应该进行相应转移。即使我们将人民剔除出去，哈林顿想要对其授以权力的士绅阶层也不仅包括了纯粹的或曰较小的或曰日渐衰落的士绅（the mere or lesser or declining gentry），而且还包括了"大士绅"（greater gentry）和"改良的士绅"（improving gentry）。大士绅或新兴士绅的年入可达 2000 至 3000 镑，[1] 他们不受缚于哈林顿提出的在英格兰年入 2000 镑（在英伦三岛是 4500 镑，在殖民地可能再多两倍）的土地法限制，此外他们还享有不受限制的贸易之利以及官职受益；[2] 因为哈林顿支持收取地租，因此改良的士绅也为他认可。[3] 如果哈林顿认定，纯粹的士绅占财产权优势，那他们没能赢得权力的现实失败就会证明，要么他的事实设定是错误的，要么他的理论是错误的。特雷弗·罗珀就能据此认为，不仅哈林顿所讲的事实是不正确的，而且他的理论也是错误的。但是，由于这些并不是哈林顿提出的事实，据此得出的结论也就不成立了。

不过下面这个问题仍然存在：为什么哈林顿这么暧昧不清地时而将士绅放到贵族里，时而又将士绅放到人民里？他为什么会使用"少数人或贵族阶级"的两种不同定义，其中一个定义排除了士绅而另一个则包括了士绅？他这么做是不是前后不一致？我们还会记得，他在描述从哥特型均势到现代均势的变化时使用了狭义定义，而在讨论 1656 年的情势时用的是广义定义。用法上的不同我们可以理解。考虑到封建时期的和后封建时期的土地保有制的差异，这两种用法是前后一致的。当土地以军事役保有形式持有时，政府均势仅

172

---

〔1〕 *The Gentry*, p. 52.
〔2〕 *Oceana*, p. 100; *Prerogative*, p. 280，下文第 179 页有引用。
〔3〕 *Oceana*, p. 165；见下文，第 178 页。

仅依赖于正统贵族。这些贵族享有的土地权带给他们以军事力量；持有他们土地的骑士和士绅从属于他们。但随着封建保有制的消失，正统贵族在所有土地上都无法再得到比其他类型的土地所有者更多的军事利益。就土地所有权所带来的军事潜力而言，贵族和士绅，甚至还有低于士绅阶层的自由保有人，都是同等的；在供养军队上，每英亩土地的价值都是平等的。这个变化过程与士绅和自耕农获取大量土地同时发生。随着这个变化，旧贵族被严重削弱，以至于在计算财产权和权力均势时，他们变成了一个微不足道的阶级。但贵族们依然拥有共和国所需的领导品质。士绅们亦是如此。从那时起，作为有能力提供政治领导的悠闲食利者，贵族和士绅实际上就能够被看作同属一个阶级了。对哈林顿来说，重要意义的新分界线划在"贵族或士绅"与处于这个阶层之下的自由保有人之间。后者要耕作土地以求生计，这样的生活方式使得他们不能提供政治领导，因此与工匠一起被归入"人民"之列。

并不是哈林顿将士绅从"人民"移到了"贵族"中；而是士绅自己荣国获得独立封建地位，取得自己权利支配下的大量土地，从而将自己移到了"贵族"中。至少在这个意义上，士绅确实崛起了，而哈林顿的双重用法反映了这点。这并不是说，哈林顿如此来为自己的双重用法辩护。他根本没有去做这样的辩护。没有迹象表明，他觉得有什么需要去辩护的。他可以合理地认定，被他作为写作对象的士绅读者们不会误解他对实际情况的看法，意即，为了进行统治，士绅在晚近一个半世纪中向上提升了一级。无论如何，下面这个事实没什么可奇怪的：哈林顿在其主要分析中从没将士绅称为一个独立阶级，而总是将他们计入另一个阶级。事实上，士绅从没成为过一个能够独立统治的阶级。它可以和贵族及朝臣一起共享统治权，或者和自耕农一起共享统治权，仅此而已。哈林顿对士绅的双重处理承认了这一点，他提出来士绅和自耕农共享权力的共和国方案也承认这点。

在一个哈林顿确实将士绅称为一个独立阶级的罕见场合，哈林顿是在坚持主张，他们仍然没有能力去独立统治。他在 1659 年 7 月的一本小册子里主张，平民院"到目前为止在英格兰已经是惯常的了"，其中"主要是绅士"。他们站在国王利益和人民利益之间，"虽然他们低于贵族阶级，但是，随着这一秩序的自然衰败，他们升到了一个更显要的高度，已经不受［来自国王的］任何压制了"。士绅已经崛起，填补了由贵族衰败所造成的权力真空。不过，哈林顿警告说，如果不通过改革让人民分享权力，那么士绅主导的 1659 年的平民院"将会因为感受到来自人民的牵制而痴迷于引进君主制"。[1]他指出，尝试引入君主制只会导致持续的不稳定；只有士绅和人民的联合统治才行得通。

第三节　资产阶级社会

我们已经看到，按照哈林顿自己的参考框架，他对"少数人"的含糊用法或对士绅位置的含糊其辞，都是可以理解的。士绅曾经和人民一起，共同从属于贵族；而现在，一切土地所有者都地位相当，士绅和贵族之间的共同之处就多于他们与人民之间的共同之处了。但如果分析止步于此，那么关于哈林顿对自己社会的看法，我们就会留下错误的印象。虽然他从贵族视角来打量 17 世纪的士绅，但他同样（在一个令人惊奇的程度上）也从资产阶级视角来打量 17

---

〔1〕　*A Discourse Shewing That the Spirit of Parliaments. . . is not to be trusted*, p. 575.

世纪的贵族。在接着去考察他理论中第二个关键的含糊之处前，我们要先来考察一下，他在何种程度上将他所处的英格兰看作是一个资产阶级社会。

后托尼时代的正统观点称赞哈林顿具有某种洞见，深入洞察了从封建生产关系到资产阶级生产关系这一变化的本质。波考克（J. G. A. Pocock）先生反对这一看法，给出了一个强烈的反对意见。他写道，哈林顿

175

> 从没有想到过，在人们之间存在着复杂的经济关系网，它本身可以被研究，它决定着权力在人们之间的分配。与都铎时代研究社会改革的最好作者相比，哈林顿对农业社会的政治经济的现实与其说是无知，不如说是没兴趣；他从来没有想过，可以研究以农业为基础的物品和服务的交换，以求确定这个社会自己的法律；或者应当将这种交换放到它与政治权力之间的关系中来研究。……他关于人们之间经济关系的唯一评论——也是他关于财产权是权力的基础的说法的唯一依据——是，"军队是一只食量很大、必须被喂养的野兽"；谁拥有土地，谁就能供养士兵。[1]

这段抨击有气势，来得好。我们确实需要纠正过于简单化地看待哈林顿的倾向。以下推断是不恰当的：由于哈林顿看到了财产权分配变化在亨利七世与内战之间所起到的根本性政治作用，所以他也就看到了同时发生的人与人之间和阶级之间的经济关系变化的本质。发现依附性保有制度消失所带来的政治效应——波考克认为，

---

〔1〕 J. G. A. Pocock, *The Ancient Constitution and the Feudal Law* (1957), pp. 128–129.

哈林顿可以凭借这个而获得政治思想家所具有的原创性并使他有资格获得高度评价——并不必然就能预见到正在取代它的市场关系制度。

不过，波考克的纠正过了头。有证据证明，哈林顿意识到了市场关系（甚至在土地利用方面）的广泛盛行："谁拥有土地，谁就能供养士兵"不是哈林顿对人们之间经济关系的唯一评论。或许更为重要的是，哈林顿对其政治方案的捍卫主要基于以下这个预设：士绅具有充分的资产阶级性来管理一个可为企业家所接受的企业家社会。

我们首先来看一下，那些能够证明哈林顿意识到并承认市场动机和市场关系的证据。他为高利贷的辩护即是一例，他给出理由基于以下这个设定：商事企业应当向私人资本积累开放，而且人们只有在有望获利时才会搞金钱投机。在一个英格兰这么大小的国家，金钱不可能比土地占优势，高利贷"远没有毁灭性，所以是必需的"；它"能为共和国带来利润"，它"给公众带来巨大利润"，因为它为商业流通注入资金。[1]此外，财富积累是光荣可敬的。地产是靠勤勉而非"贪婪和野心"[2]得来的。"工业恰恰最利于积累，而积累恰恰最厌憎平均：因此，人们的收益来自工业的收益，……因此，找不到［这世界上有什么人］会是平均主义者。"[3]积累的欲望和诚实积累当然不是 17 世纪才出现的，但如果我们想要知道哈林顿在何种程度上接受了资产阶级价值观，就只能将这些表述所揭示的道德立场与 17 世纪传统主义者的观点加以比较。

---

[1] *Prerogative*, p. 229.

[2] Ibid., p. 278；参看洛克对贪婪的讨论，见下文，第五章，第 236—237 页；并对比霍布斯的讨论，见上文，第二章，第 38 页。

[3] *System of Politics*, p. 471.

他对英格兰社会经济的具体观察确认了它的流动性特点。以商业或工业利润为基础的阶级向上流动是平常的事：存在着"不计其数的行业，人们靠这些行业不仅比靠着分得好土地的人生活得好，而且还成了更大地产的购买者"；"一个国家（至少是我们这个国家）的工业收入比单纯的地租收入要高三四倍"。[1]这个流动性设定也出现在了他对土地法的捍卫理由里：土地法的一个优点是，按其规定，富人不能"阻止〔人民通过自己的〕勤勉和功劳来获得类似的地位、权力或荣誉"；哈林顿还补充了一个在他看来实属当然的理由：人们会认定，共和国的财富应当"按照人们勤勉程度的不同来分配"。[2]

这些都暗示，哈林顿认识到了资产阶级准则盛行于"人民"中。除此之外，我们还可以补充，他对市场经济要素有某种认识，并且不对它的社会影响抱有敌意。他没有被商业城市规模大幅扩张的前景所惊吓：这不会破坏而是会加强当前的经济，因为城市和农村成了同一个市场社会的互补部分。城市的发展带来农村的发展，反之亦然；在这两种情形下，都是由商品和劳动力的供求规律的自然运作带来间接发展。在城市先发展的情形下，

> 一个城市里的人口越多，国家就要投放更多必需的肉类，就要有更多的谷物、牲畜和更好的市场；这将养活更多的劳工、更多的农夫，和更富裕的农庄主，将使国家远离由茅舍农组成的共和国的境地，由此……农夫……的行业不会间断，因为他的市场是确定的，随着孩童、雇工、谷物和牲畜的增长而持续下去……随后国家的人口就更多，牲畜的存栏情况就更好，这

---

[1] *Oceana*, p. 154.
[2] *Prerogative*, pp, 242-243.

也提高土地的肥力，国家必然会相应地增加收成。

同样，一个人口稠密的农村会造就人口更加密集的城市，

> 因为，当人口增加到无法再开发新地力的时候，富余人口
> 必须寻找其他的谋生出路：一是军队，比如哥特人和汪达尔人
> 的军队；一是经商或从事手工业。为了这些目的，他们必然会
> 将他们的队伍和他们的仓库归拢、驻扎在一起，这就造就了人
> 口稠密的城市。[1]

即使这些论述不能证明他精通政治经济学，也确实说明，他对
市场经济要素有一定的理解；他有关英国和荷兰贸易比较优势的评
论，[2]同样说明了这点。

因此，对于盛行于"人民"中的市场关系，哈林顿确实有些想
法。不过，就我们目前所述而言，他似乎认为这些关系并没有触及
贵族和士绅。他通常强调的是两种生活方式间以及两种收入来源间
的对比。源于贸易、手工业和农牧业的收入，来自于人们发挥聪明
才智为市场生产商品的努力，其动力是积累的欲望。源于土地所有
权的收入则直接流入囊中："一个人的非限嗣继承土地或不动产的地
租或利润，来得自然而容易，靠的是共同同意或共同关注，即凭借
以公共利益为基础从而由全体人民自愿确立的法律：它是显而易见
的。"[3]这种收入不需要努力；收租者似乎与围绕在他们周围的市场
社会相分离。但哈林顿知道，他们的收入并非源自一种远离市场关

178

---

〔1〕 Ibid., p. 279.
〔2〕 *Oceana*, p. 165.
〔3〕 *Prerogative*, p. 231.

系的地主和佃户间的传统关系。他知道，一种资本主义关系已经以高额地租的形式渗透到了土地上，而他原则上接受了这种关系，只是谴责了它的过分之处："富人们榨取地租是恶行，对穷人来说也是不慈悲的事，完全是奴役的标志，会侵蚀你们的正处于昌盛之时的共和国。在另一方面，如果像这样太过安逸地获利，就会怠惰滋生、毁坏共和国的精华——工业。"[1] 他声称自己不够专家资格去说明，应该允许收取多高的地租，但他对其原则很清楚：地租额要足以让佃农不致懈怠，但又不足以毁掉他们，因为他们是一个共和国的中坚力量，是所有阶层中"最少滋事或最少野心的"。传统社会的支持者只看到了榨取地租的罪恶和消极后果，而哈林顿看到了它产生勤勉生产动因的必要因素。地主的经济功能是强制佃农勤勉；这么做只会保持（而非摧毁）一个由农民组成的共和国的活力。

哈林顿有关通过军事征服"殖民行省"取得的好处的讨论，同样揭示出他对土地所有者在资本主义社会中地位的看法。他将那些为私人收益去征服土地和人民的武装贵族和士绅的劳动与企业家的劳动都归入到一个有关据有（appropriation）的一般性理论中。在哈林顿对财产权的劳动证成中，赋予财产权资格的劳动并不分军事劳动与和平劳动。"上帝将地给了世人"，他引用着"诗篇"和"创世纪"的话写道，"归结为一种用勤勉来购买的东西……所有权或财产权的自然公平，源于这种勤勉的不同种类和成就，不论它是武力上的，还是通过其他方式运用心智和身体……"[2] 大洋国会成为

> 一个扩张的共和国：共和国赖以扩张的行当是武力；武力

---

[1] *Oceana*, p. 165.
[2] *Art of L.*, p. 363.

不是由商人缔造的，而是由贵族和绅士缔造的。因此贵族阶层掌握着这些军队，靠它们来获得行省；新的行省贡献新的地产；所以，商人在那里获得绸和布这样的回报，而士兵会获得土地这一回报……如果共和国得到了五个新的行省（像这样的共和国就拥有了足够的殖民行省了），那么可以确定的是，（除了领地特权、长官职位和附属的收益之外）大洋国的贵族们将会拥有年入 14000 镑的地产，而不是曾拥有的或本来能拥有的年入 4000 镑的地产……[1]

已经在英格兰（和爱尔兰及苏格兰）拥有最大限额地产[2]的贵族和士绅，再取得规模如此巨大的地产，并不会威胁到国内倾向于人民的财产权均势或权力均势，因为被征服民族将成为征服者之收益的生产者，而不是征服者的潜在军事奴役。

贵族和士绅的谋生手段是武力，使他们有资格获得上帝赠予人类的土地份额的劳动是运用武力的劳动。贵族—士绅与人民的区别（哈林顿在思考他们的政治特质时非常强调这点）被归结为：他们有不同的谋生手段，但都是积累性的，都能获得回报并增加国家的不动产资本。这并不意味着，哈林顿脑中已经完全将贵族—士绅纳入到资产阶级行列，但起码意味着，他如此经常地将他们与工匠之间加以对照的做法，与他将他们视为资产阶级社会的一个组成部分的做法完全一致。

我们还可以再进一步。殖民征服政策当然并非资产阶级或资本主义社会特有：它在古代世界就已经是非资产阶级政权建立帝国的

---

〔1〕 *Prerogative*, p. 280.

〔2〕 按照哈林顿的土地法，一个人在英格兰最多可以持有年入 2000 镑的土地，同时在爱尔兰持有同样多的土地，同时在苏格兰持有年入 500 镑的土地（*Oceana*, p. 100）。

常见方式了。但是，靠着殖民征服使一个民族的劳动力所创造的剩余产品以这种或那种形式（作为租金或作为他们所生产物品的贸易利润）流入新主人手中，这在 16、17 世纪是获得启动现代资本主义所需的财富积累的手段之一。虽然我们不能确定哈林顿有多清楚地看到了这一点，不过他对爱尔兰的看法对此有所提示。他赞成对它的征服，遗憾于它没有尽其全部所能地为英格兰创造收益，并乐于看到那里重新入住更勤勉和更富有进取心的人，即犹太人。他认为他们有能力改良爱尔兰的农业，并将它的贸易提高到每年四百万镑"净地租"（即超出劳动者工资和企业利润之外的净剩余产品）的水平。关于这些盈余，他客气地提议说，只应该向英格兰每年支付二百万镑（加上足以供养一支驻在爱尔兰的军队的关税）的贡赋。[1]这个方案非同寻常，因为它涉及将被征服土地以年入贡金的回报授予一个外来民族。哈林顿认为这个不寻常的特征是必要的，因为爱尔兰气候特有的倦怠气息不仅使得爱尔兰人民有根深蒂固的怠惰习气，而且同样使得迁移到那里的英格兰人也变得疲软。要想将流回英格兰的金钱数量提高到一个合理水平，就需要采取特殊手段。但是，在上引关于新殖民行省产生新地产的评论那里，我们能够清楚地看到，哈林顿设想的是，在那些尚有待征服的土地上，将盈余据为己有是通过在当时更常见的渠道而实现的，主要是向英格兰私人地主支付地租。

　　因此我们可以说，虽然哈林顿肯定没有马克思式的"原始积累"理论，但他足够清楚地看到了殖民地民族的功能是创造盈余。这些盈余将流入英国人手中，成为他们可支配财富的盈余。他的"追求扩张的共和国"模型确实来自古代世界。但即使他的头脑里充斥着

181

---

〔1〕　*Oceana*, pp. 33−34.

"古代的智慧"，他的脚还是踏在 17 世纪的地面上。他看到贵族和士绅不仅为 17 世纪的英格兰做出了政治上的贡献，而且还做出了经济上的贡献。除了增加自己的财富，他们还会大大增加国家的财富，因为他们的新收益可以用来改良他们的地产，或者进行有息放贷，不论是哪种情况，都有益于国家。所以，贵族和士绅有效地和顺利地融入了一个由自由而勤勉的企业家——农夫、零售商和商人——（现在，均势在他们这一方）主导的社会。

在我们离开哈林顿为他所处的社会勾勒出的画面之前，我们要注意到，他将一个阶级整个移出了画面。哈林顿不仅拒绝给予赚取工资者或曰"雇工"以公民身份（他的理由是，他们不是自由人，因此没有能力参与到共和国的政府中），[1] 而且与其说他将他们看作共和国之内的一个阶级，还不如说看作共和国之外的人员。在构建共和国内部的阶级均势时，他也没有考虑他们："一个共和国发生骚乱的缘由，不是外加的就是内在的。外加的骚乱来自敌人、被征服者或雇工。"[2]

第四节　平等的共和国和平等的土地法

哈林顿想要在这个社会上建立一个能够永久持续的共和国。他称其为"平等的共和国"，并让它的持久性最终依赖于土地法，他称其为"平等的土地法"。但是，我们在检验这些提议时发现，这个结构包含两个立法机构，每个都拥有有效否决权；它们尽管都是由全

---

〔1〕　Ibid., p. 77; *Art of L.*, p. 409.

〔2〕　*Oceana*, p.138；参看洛克将劳动阶级看作市民社会的非正式成员的做法，见下文，第五章，第 248 页。

体公民选举产生，但却是由不同社会阶级组成的；这两个阶级在他们拥有的土地财富总量上是（或可以是）非常不平等的；财产权均势并不必然倾向于人数多因而能够同时控制两个立法机构选举的那个阶级。既然是这样，为何这个体系还会永久持续？哈林顿对此所做的解释——他没怎么试图去解释为什么它将会月复一月或年复一年地良好运作——是非常令人困惑的。为了猜测一下，为什么哈林顿会认为自己说得相当清楚，我们将不得不稍微探究一下这个令人困惑之处。他的论证实际上是，只要土地法成立，共和国就不可能被推翻；土地法之所以会一直存在，是因为废除它并不会为那些有足够力量去改变它的阶级带来好处。我们将会看到，如果没有"士绅和人民都是资产阶级"这个预设，这些命题都无法成立；他在论证过程中确实已经快要直接说出这个预设了，但他并没有明确说出来，或者他似乎认为不需要明确说出来；他因此陷入一些突出的矛盾中。我们将首先简要地考察一下他提出来的这个宪法结构，之后再考察更难处理的土地法问题。

183

　　这个宪法结构的基本内容是：（1）一个由 300 名成员组成的元老院和一个由 1050 名成员组成的代表大会，其成员都是由每年一次（每年选举三分之一的成员，任期三年，成员不得选举连任）的不记名间接投票选举产生，选举元老院和代表大会的选民都是三十岁以上的男性，不包括雇工或挥霍浪费者；元老院和代表大会中七分之三席次的候选人资格有实质性的财产限制；（2）两个立法机构之间有严格的权力分立，元老院负责对立法进行辩论和提出立法议案，代表大会负责不经辩论而批准或驳回这些议案；（3）选举产生文官、军事和司法官员，现任者不得参选连任。一个如此建构的体系（连同使其财产基础稳固的土地法）将会免于从内部瓦解。它满足"完美政府"的检验标准，即"它所统治的人民中没有人会产生煽动骚乱的念头，或者即使产生这种念头，也没有通过煽动发动骚乱的力量"。[1]

在这个体系中，哈林顿将贵族—士绅置于何处呢？贵族和士绅将会充任元老院、代表大会中七分之三的席次和较重要的职位。他们不是当然地充任这些席次，而是经过全体人民的选举。这些席次的财产限制（在土地、动产或金钱上，年入100镑）将允许较富有的自耕农和市镇居民与士绅一样来参与选举。哈林顿是靠人民的习惯性服从而非财产限制，来保障士绅能够获得这些席次。其实，哈林顿说过，设置财产限制（它会产生两种不同效果，这是不常见的）是为了确保代表大会里的多数席次将会由年入低于100镑的人来充任。[2]哈林顿给这些属于"较卑微等级"的人（他们构成人民的主体）分配了七分之四代表大会的席次以及其他一些不太重要的职位。

我们由此得到了哈林顿对主要由两个不同阶级构成的两个立法机构的精心规定。哈林顿对它们之间权力分立的正当化论证暗示出，它们在某种程度上有着不同的利益：就像两个女孩分蛋糕，每个女孩都想多要，如果是一个人分而另一个人选，最后就会是均分；元老院和人民也是一样，每一方都想要更多权力，如果一方提出立法举措而另一方选择，结果就会是均分。一个需要这样两个机构并存的体系能够和谐运作，这并不是不证自明的。两者固然都是由全体公民选举产生的，但是这里没有人民能够以之实现自己意愿的分党结派和游说授受；[3]对元老院的财产限制会使中层及更低等级的人民不可能安插他们的人到元老院。人民的习惯性服从也不能被视作这个体系和谐运作的充分条件。哈林顿所提到的服从，是利益和谐所带来的结果而非其原因：只有当人民没有感觉到自己被伤害时，他

---

〔1〕 *Oceana*, p. 49; cf. *Prerogative*, p. 247; *Art of L.*, p. 433.

〔2〕 *Valerius*, pp. 449–450; cf. *Oceana*, p. 133; *Art of L.*, p. 419.

〔3〕 *Oceana*, p. 144.

们才会服从；而哈林顿一直假定，人民知道他们自己的利益所在。[1]
他仅仅宣称，当元老院并不限于一个世袭等级而是由人民选举产生
时，元老院的利益就与人民的利益保持一致。[2]

实际上，哈林顿没提出任何证据去证明这个体系会行得通。他
大概认为，他为那个更重要命题（即这个体系从不会因为煽动而被
颠覆）给出的证据能适用于这一点。归根结底，这些证据都只不过
证明了，土地法有能力阻止任何具有推翻共和国的念头和力量的
阶级。

正是在这里，哈林顿的论证变得几乎是令人难解的混乱。因为，
按照哈林顿自己的叙述，土地法不会阻止总体上的财产不平等。按
照他的计算，土地年入 2000 镑的限制将允许英格兰的所有土地落
入 5000 人之手，而让其余的 500000 个公民没有任何土地。[3] 虽然他
认为土地落入区区 5000 个所有主之手的情况是不太可能发生的——
"就像世上任何不是全然不可能的事情一样，那么不可能"——他还
是主张，即使在那种情形下，人民政权和平等均势依然存在：

> 为 5000 人所占有的土地，不是落入属于少数人范围里的人
> 手中，或是落入可能是王公们这样的一些人（无论是看他们的
> 人数还是看他们的地产）手中；而是落入这样一些人手中：他们
> 不可能同意废除土地法，因为同意废除土地法就是同意互相劫
> 掠；他们也不能在内部或违反他们的共同利益而拉帮结派，其
> 党派势力强到驱迫他们，或破坏土地法；只要土地法还有效，
> 这五千人就是（也只会是）一个人民政权，均势就仍会保持完

---

[1] 例如，*Prerogative*, p. 246; *Valerius*, p. 459.

[2] *Prerogative*, p. 244.

[3] 见注释 M，第 298 页。

185

全平等，就像土地从没掌握在比这还多的人手里一样。[1]

这 5000 人不会同意废除土地法，因为如果这 5000 人拥有了全部的年入 1000 万镑的土地，那么按照土地法，5000 人中的每个人就会拥有恰好年入 2000 镑的土地，而如果废除土地法或者提高土地限额，那么其中一个土地所有者的收益就会是另一个所有者的损失。但是，整体而言这似乎是个循环论证。哈林顿说，土地法将确保维持一种平等的均势，因为土地法所允许的所有权聚集上限不会导致土地所有者废除土地法。但是，只有预设"只要土地法不被破坏，均势就是平等的"，土地法才能确保维持平等的均势。

哈林顿其实已经做了这样一个预设并把它说出来了：

186

> 在富人受到一项土地法的限制，以致不能对全体人民占优势（因此既不能压迫人民，也不能阻止他们通过勤勉和功劳来获得类似的地位、权力或荣誉）的情况下，国家的全部财富已经平等地分给了他们；因为，不按照人们勤勉程度的不同来分配一个共和国的财富，而是靠投票来分配，是不平等的。[2]

在哈林顿看来，财富的平等不是算术上的平等，它是一个人增加财富的机会平等。因此，富人不应有能力去压制中间阶级向上流动，是一个"平等的共和国"的充分基础。土地法被用来阻止他们去压制这种流动。因此，只要土地法不被破坏，均势就是"平等的"。

因此，当我们将哈林顿的平等观念纳入考量时，他的论证看起

---

[1] *Prerogative*, p. 247.
[2] *Prerogative*, pp. 242-243.

来就不再是循环论证了。不过，他的论证还是涉及一个未予以阐明的预设。土地法本身不会阻止富人压制人民向上流动。只有基于以下预设，它才会阻止他们：未来拥有土地财富的任何阶级，比起联合起来反对人民，他们会更想维持市场经济（这将附带允许来自"人民"的勤勉之人继续积累财富并向上流动）。因此，哈林顿有关土地法能够抵御来自少数人的攻击并充分保障平等均势的辩护，基于一种典型资产阶级性质的平等观念（财富的平等是积累不平等财富数量的平等机会），以及一种将士绅作为十足的资产阶级会为了自身利益而把维持一个市场社会置于首位的观念。

有关土地法能够免受另一方攻击的证明，也基于同样的平等观念，基于关于资本主义经济的某种初级观念。为什么只有少量土地的人（或者根本没有土地，如果那 5000 人拥有了全部土地）不会寻求通过内战强占财富或通过立法减少土地法限制从而没收财富，平均财富呢？哈林顿最为概括的回答是，他们不会这么做，因为他们已经有了积累财富的平等机会，"国家的财富已经平等地分给了他们"。他提出了一项算术上的论证来强化这点。这项论证说明，他们不会希望平均财富，因为这违背了他们自己的利益。按照收取的或可以收取的租金，土地的全部价值是每年 1000 万镑。如果征收土地并在 100 万个一家之主中间平均分配的话，那么每个人只能分得年入 10 镑的土地。但即使是最卑微的、一天赚一个先令的劳工，其所得都比这个多，而一旦均分土地，他马上就会失去眼前的收入，因为"没人会找他干活"。本来从事更有前途行当的人损失会更大，因为工业收益是地租的三四倍。如果发起内战甚或由宪法均分，他们就会失去这些收益。[1]

187

---

〔1〕　*Oceana*, pp. 154–155; *Prerogative*, p. 247.

　　这个算法似乎不是很有说服力。为什么劳工出身的小土地持有人不能享有 10 镑的土地年入（这是其土地的假定生产率超出劳动力在土地上的产出的标准）外加他的劳动收益？为什么凭借自己的勤勉获得足以用来积累的财富的从业者不能继续享有这份不依赖自己土地权利的年收入？处在中间位置的自耕农所需要的土地（他们确实需要比彻底均分量更多的土地）不能通过将拥有土地的上限从 2000 镑降为 1000 镑乃至更少的方式来部分没收大地产，以从中获利呢？哈林顿没有看到这类问题。不过，如果我们假定某些初级的资产阶级经济观念，那么问题本身就给出了答案。如果假定小土地持有人的生产率大幅低于作为寻求利润之资本的土地的生产率，或者假定（可以归结为同一件事情的）雇佣劳动结构是维持现有生产率所必需的，那么第一个质疑就消失了。如果假定行业的可盈利性依赖于对土地的可盈利使用，那么第二个质疑就消失了。这些预设差不多就是我们已经看到过的、暗含于哈林顿对高额地租和城市兴起的评论中的那些预设。如果假定（我们已经看到哈林顿做出过此种假定），人们所需求的平等是按照其奋斗而获利的机会的平等，那么第三个质疑就消失了——他们不会冒财产权的神圣性被任何没收措施所弱化的风险。

188

　　哈林顿将土地法视为平等的均势的充分保障，和人民的或平等的共和国的充分基础；我们可以做出结论说，他如此来捍卫土地法的全部理由，依赖于这样一种将资本主义生产关系的必要性或至少是优越性视为理所当然的经济观念，以及一种本质上资产阶级性质的平等观念。

第五节　自我取消的均势原理

只有基于这些观念，哈林顿改变"占优势/超均势"（overbalance）词义的奇怪做法才说得通。在他有关均势原理的一般表述以及他例举的历史上不同均势和均势改变的诸多例子中，哈林顿将"占优势"与占有超过一半的土地相等同。他将一个共和国的成立前提一律说成是由人民占有四分之三（或三分之二）的土地，或者在这个国家里，一个人或少数人占有的土地没有对人民占优势。[1]但是，现在我们却发现他说，如果一切土地落入5000个所有者（他们是50万名公民中的极少数）手里，均势仍然会是人民的均势；不惟如此，他甚至还说，大洋国土地法会允许5000人取得全部土地，但却不允许"少数人或富人"（此处，界定为那5000人）对人民（此处，界定为"多数人或较穷的那类人"）占优势。[2]

在这里很难找到任何一致性。每个词的意思似乎都发生了变化。这里的少数人是5000人；但在不远的地方哈林顿又说5000不是"属于少数人范围里的人数"。[3]他说，当全部土地都落入这5000个强有力的少数人之手时，均势还是倾向人民一方。"占优势"的意思就和以前不一样了，因为在这一处，肯定拥有财产权优势的少数人就其没有"扰动共和国的力量"而言，"没有能力对人民占优势"。[4]为什么没有呢？因为，即使他们有兴趣这么做（哈林顿说他们不可能有这个兴趣，因为他们已经拥有了所有财富、所有他们需要的自由，和居于一个由一百万人组成的共和国的中枢而享有的权力，这

189

---

〔1〕　例如，*Oceana*, p. 37; *Prerogative*, pp. 227, 270; *Art of L.*, p. 363; *System of Politics*, p. 467.
〔2〕　*Prerogative*, p. 243; cf. p. 242.
〔3〕　Ibid., p. 247；上文有引用，见第185页。
〔4〕　Ibid., p. 243.

种权力要大于他们通过将一百万人排除出去，由此将他们自己缩减为 5000 人共和国后所能掌握的权力，[1] 或由此使他们的国民军垮台后所能掌握的权力[2]），他们也缺乏这么做的力量，因为"人民也同样掌握着政府和军队，在人数上远为优胜"。[3] 权力均势依赖于财产权均势这个原理的最后一丝痕迹似乎就此消失了。政治权力还是取决于军事力量，但是军事力量在这里是与财产所有权相分离的。

均势原理出了什么问题？有件事是清楚的：不管我们怎么解释为什么哈林顿对"占优势"一词的使用会前后不一致，为什么他会明显背离整个原理，只有当哈林顿是思考平等的共和国建立之后可能发生的一种假想的未来状况之时，"占优势"一词才被如此自相矛盾地使用。因此，他在此特殊意义对"占优势"一词的使用，并不能使我们先前所做的关于他对 1656 年土地分配的看法的推论[4] 归为无效。

但是，哈林顿将均势原理作为需要建立共和国的基础，之后又以一项否定这个原理的论证来捍卫作为共和国核心要塞的土地法——他怎么会没能看到自己的这种做法是自相矛盾的呢？如果他假定了，在 5000 人可能拥有所有土地的未来情境之下，这 5000 人不仅在数量上而且在性质上都与那些位置古代封建世界的寡头制的少数人不同，那么他就有可能不觉得自己自相矛盾。如果假定英国士绅实际上投身于并将会投身于市场经济，假定他们的见识是资产阶级性质的，那么这里的不一致之处就不那么明显了。这样的 5000 个人并不会想要强制推行压迫人民（他们只是那些高于赚取工资者水平的人）的制度。他们没有兴趣通过拒绝给予人民同等的政治权

---

[1]　Ibid.
[2]　*Oceana*, p. 99.
[3]　*Prerogative*, pp. 243-244.
[4]　见上文，第 168 页。

威来获得对人民的优势。他们也并不拥有这么做的力量，因为人民（他们在共和国甫一建立就享受着更广泛的土地流转，并武装起来维持大众均势或平等均势）仍然是武装着的，并将使用武力击退任何剥夺其政治权威的企图（他们仅仅将其理解为对财产权"平等"的攻击，而只要他们能够积累财富并向上流动，他们就享受着这种财产权平等）。

因此，如果在哈林顿眼中，当时的士绅以及他所倡议的共和国都是资产阶级性质的，那么我们就能理解为什么他并不觉得自己在运用均势原理时存在任何不一致之处。而我们先前检验过的证据表明，这正是他对它们的看法。但是，这样来理解仍是在指责哈林顿前后矛盾。因为，号称普遍适用的均势原理，其运作只持续到了资产阶级共和国建立起来之时——它就是被这个步骤给取消了。在过去，均势原理在方方面面都行得通：它的运作让君主国家、寡头国家和共和国垮了台。但是，一旦它使一个资产阶级共和国得以建立，它就停止运作了。资产阶级少数人拥有的土地超出均势并不会导致他们的政治权力超出均势。假设哈林顿的共和国得以建立，历史就会终止。哈林顿满足于此。他的整个目标就是终止历史。

第六节　哈林顿的地位 191

那么，什么才是哈林顿所极为自我推许的呢？他放言，"均势学说是这样一项原理，它使得政治学全然不可否定，并且……是所有学问里最可被解证的，而在这项原理被发明之前并不是这样的"。[1]

---

〔1〕 *Prerogative*, p. 226.

他认定，均势学说不仅是对历史的概括，还是一项必然的原理。他否认自己是纯粹的经验理性者。他虽然把霍布斯将一个制度按照几何学原则悬挂起来的做法视作笑柄，[1]但他并不是不屑于演绎法。他认为演绎推理是更"值得尊敬的"论证方法，尽管我们并不完全清楚他是否懂得演绎推理。[2]他认同用几何学研究政治学的学者们的看法，即法律产生于意志，意志的推动力是利益。[3]他与这些学者的分歧之处在于，他们认为所有的人都有无差别的利益，并因此有无差别的意志。但纵观历史，少数人和多数人曾有各种不同的利益。每个阶级都想保全自己的生活方式。阶级利益（意即，人们作为不同阶级的成员，所具有的在不同生活方式及相应的不同财产权制度方面得到保障的利益）要比所有的人在安全方面都具有的无差别利益更重要。这就是为什么我们不可能不去深入剖析他们的财产权结构，仅仅通过建构一个人类意志的几何结构来造就国王（或共和国）的原因。[4]只要两个阶级需要不同类型的安全和不同的财产权制度，每个阶级就会有将自己的统治强加于另一个阶级的念头，并会设法这么去做。无论哪个阶级取得了大部分财产，它都将有能力也有意愿将自己凌驾于另一个阶级之上，所以也会这么做。均势原理很可能是为了说明这种必然的关系。如果这样来理解的话，这个原理就不与共和国内部阶级权力和阶级财产权的分离相矛盾了。它只是不具有适用性，因为这里并不是有两个想要不同财产权制度的阶级。但是哈林顿并不是从这个角度来加以说明的，所以他确实自相矛盾。

192　　我已经论证了：（1）哈林顿没有察觉到在他的均势原理和他捍卫

---

〔1〕 *Oceana*, p. 65.

〔2〕 *Politicaster,* p, 560.

〔3〕 Ibid., p. 553.

〔4〕 *Art of L.*, pp. 402–403.

土地法的理由之间存在不一致之处的原因是，他一直在假定少数公民和多数公民现其实都是资产阶级；（2）如果他明确做出这个假定，如果他像他自命的那样是个够格的演绎式思想家，他本能够（通过设定这个原理只适用于两个需要不同财产权制度的阶级之间）避免这个矛盾。

这样的论证是在赞美哈林顿，与人们对他的惯常认识相比，这个论证认为，他对 17 世纪的社会的洞见其实还要深一点，而他的逻辑能力其实则要弱一些。当他试图将一种只在特定历史阶段才成立的关系转变为一项必然的普适原理时，他在逻辑上的缺陷就表露无遗了。他对 17 世纪社会的洞见程度更是容易招来疑问。那些认为哈林顿实际上是个古典共和主义者的人可能会主张，他太过沉迷于古代智慧，所以他会很轻易地将其所处的社会硬放进古代社会的分类里，而看不到这样做并不符合逻辑。如果确是如此，那么以下推论就是不恰当的了：可能只是因为他理所当然地认为 17 世纪的社会是资产阶级社会，所以他没能看到这个不符合逻辑之处。但是，我们已经看到，撇开这种推论，有证据表明，哈林顿是按照现在所谓的资产阶级观念来打量他身处的社会。

我们同样要记住，哈林顿的古代智慧采纳自古代先贤的渊博门徒——马基雅维利，"后世唯一的政治家"；[1] 这位导师已经看到，一个资产阶级不是共和国的威胁。[2] 从马基雅维利开始，哈林顿已经走完通向现代的半程路途了。在理解现代方面，他走得更远。马基雅维利在那些作为大土地所有主的"绅士们"和那些其财富表现为金钱和可移动资本的人之间做出区分，并认为只有后者才能与共和

193

---

〔1〕 *Oceana*, p. 36.
〔2〕 Machiavelli, *Discourses*, bk. i, ch. 55.

国相容；而哈林顿已经看到，非封建的土地士绅也能与共和国相容。在马基雅维利的意大利，拥有金钱的人是资本主义的倡导者；在哈林顿的英格兰，在扮演资本主义倡导者的角色方面，士绅甚至要比商人和金融家们更重要，而且哈林顿至少看到了这一点。在他眼里，英国士绅所履行的职能是资本家的职能，依靠这种职能，私人积累将会增加国家财富，而完全不会危及"平等的"共和国。私人所得即公共收益。

对资产阶级社会的本质，哈林顿不具有像霍布斯那样的洞察力。他没有将人们之间的一切关系都分解为市场关系。即使哈林顿眼里的士绅属于资产阶级，他们也仍然是士绅，有着相当不同的生活方式和行为准则，以至于必须给他们找个单独的位置。哈林顿找到了这样的位置，其代价是理论上的混乱。他不是能与霍布斯比肩的思想家。但正因为他缺乏霍布斯眼光的穿透力，正因为他对一个还不是彻底的资产阶级社会的复杂状态所做的抽象工作不如霍布斯，所以他才可以算得上是转型期的一位更加现实的分析师。

第五章

洛克：关于据有的政治理论

第一节　解释问题

　　将现代自由民主预设附会进其政治思想中，洛克在这方面不仅不比别的学者蒙受的少，而且还比大多数学者多。他的作品容易招致这种对待，因为它们似乎有着现代自由民主主义者可能会渴求的几乎所有东西。基于同意的政府、多数人的统治、少数人的权利、个人的道德至上和个人财产权神圣——这些全都有，并且都是从一项关于个人自然权利和理性能力的基本原则推导出来的，这项原则既是功利主义的，又是基督教的。他的整个学说确实存在着某些混乱甚至自相矛盾之处，不过，我们可以宽容地看待这一点，因为他毕竟差不多处于自由主义传统的源头：我们不能指望他的思想能达到 19、20 世纪的完善程度。

　　但是，用这样的方式来看待洛克的政治思想，会遗漏它的不少意义。除非我们不再将后世的预设附会进其政治思想里，否则我们就难于理解它的优点和缺陷，甚至它的意思。不再这么做并不容易，尤其是一旦我们不再这么做，我们就必须猜测洛克可能将哪些未阐明预设，从他对其所处社会的理解中带进到了他的理论中。不过，如果我们仍希望能解决洛克理论中的疑难之处，常见的自由主义或立宪主义（constitutionalism）方法，以及抽象的哲学分析方法都没有妥帖地解决这些难题，我们就必须尝试着停止这种附会。

195　　不是所有对洛克政治理论的解释都忽视了它的社会内容。一些著名的现代作者已经从洛克赋予财产权利核心地位这点推论出，洛克的整个有限政府和附条件政府理论实际上是对财产权的一种捍卫。这种观点认为，洛克的国家实际上就是合股公司，其股东是拥有财产的人；这种观点已经得到相当程度的认可。莱斯利·斯蒂芬、沃恩、拉斯基和托尼都采纳了这种观点。[1]但这种观点有个极大的问题。洛克政治社会的成员是什么人呢？如果成员只是拥有财产的人，洛克如何才能让所有人都服膺于政治社会呢？社会契约如何才能成为约束所有人的政治义务的充分基础呢？而社会契约的目的无疑是为一种涵盖所有人的政治义务找到基础。一个明显的难题就此出现了。杰出的思想史学者们没有看到这个难题，这或许要归结为以下事实：在多数情况下，他们的解释还是属于立宪主义传统的；[2]其解释强调的是洛克为了保护财产权而对政府所施加的限制，而不是洛克赋予政治共同体（他所说的"政治社会"）对抗个体的极大权力。

　　威尔莫尔·肯德尔提出的另一个观点将洛克置于立宪主义传统

---

〔1〕 Leslie Stephen, *English Thought in the Eighteenth Century* (1876); C. E. Vaughan, *Studies in the History of Political Philosophy* (1925); H. J. Laski, *Political Thought from Locke to Bentham* (1920) and *Rise of European Liberalism* (1936); and R. H. Tawney, *Religion and the Rise of Capitalism* (1926).

〔2〕 托尼教授不是这样，他确实关注到了一个关键性的17世纪的预设，即"劳工阶级是个独立的群体"的看法（对它的引用，见下文，第228页）。但它对这一时期政治理论的意义，不是他论证的核心内容，所以没有被发掘。

之外。[1]他提出了一个有力的说法，认为洛克的理论将某种非常近似于完全主权的东西授予了政治社会——实际上就是大多数人（当然，不是授予政府，因为政府只有信托性权力）。肯德尔说，个人没有任何权利去对抗这一多数人的主权。一些令人印象深刻的证据能够支持这种对洛克的解读。这种解读引出了一个引人注目的结论：洛克根本不是个人主义者，而是"集体主义者"，因为他让个人目的服从社会目的。洛克被塑造成了卢梭和共同意志论的先驱。[2]这是个有力的说法。但是，做出洛克是个"主张多数人统治的民主主义者"的结论，就忽视了所有能证明洛克压根不是民主主义者的证据。它将一种对多数人统治的民主原则的关切附会进洛克的思想中；那是 18 世纪末和 19 世纪初美国政治思想的关注焦点，现在又再次成为关注焦点，但它不是洛克的关切。它还留下了一个更重要的问题：多数人的统治会危及洛克明确力求保护的个人财产权利吗？此外，针对洛克的很多不一致之处，它提出了一个解决之道，即把以下预设说成是洛克的："一般人至少有五成以上的机会是理性的和公正的。"[3]但非常明确的是，洛克肯定没有秉持过这个预设，他还不止一次地特别驳斥过这个预设。[4]

　　在更晚近些，学者们尝试着将洛克带回到自由主义—个人主义传统，其中 J. W. 高夫（J. W. Gough）的工作尤为引人注目。[5]但这些努力还没能完全令人信服。为了试着将洛克从之前其他人那里所遭受的哲学分析中解救出来，也为了将其理论还原到它的历史语境中去，这些学者们的强调重点再次放到了洛克的立宪主义上。但他

196

---

〔1〕　Willmoore Kendall, *John Locke and the Doctrine or Majority-Rule* (Urbana Illinois, 1941).

〔2〕　Kendall, op. cit., pp. 103–106.

〔3〕　Ibid., pp. 134–135.

〔4〕　见下文，第 240–241 页。

〔5〕　*John Locke's Political Philosophy, Eight Studies* (Oxford, 1950).

们所侧重的政治史语境遮蔽了社会史和经济史语境。学者们所提出来的，充其量是对洛克的个人主义和其"集体主义"的折中；主要的不一致之处还是没有得到解释。

确实，所有这些阐释都遗漏了洛克那些假定里的一个未予解释的关键矛盾。洛克既会说人整体而言是理性的，又会说多数人不是理性的；既会说自然状态是理性的、和平的和社会性的，又会说它不是理性的、和平的和社会性的。[1] 为什么洛克会这么说？他这么说又是什么意思呢？如果不能解释清楚这一点，我们就很难自诩已经理解了洛克的政治理论。

我将论证，所有这些（以及更多的）矛盾和含糊之处都可以解释为：洛克将他对 17 世纪的人性和社会本质的特定先见，附会进他对人性和社会本质的认识之中；他对这些先见做了非历史性的普遍化，并且非常不系统地将其与传统观念——诸如那些他在频繁引用胡克（Richard Hooker）时所赞同的观念——杂糅在了一起。[2]

我们可以将这些先见称为其政治思想的社会预设，其中一部分在《政府论·下篇》（*Second Treatise*）中有明确表述，还有一部分隐含在《政府论·下篇》中，但在他的其他作品里有明确表述（虽然是附带性的）。在《政府论·下篇》明确表述过的预设中，最重要的一个被包含在他那著名的"论财产"一章里。正是在这一章的论证过程中，我们能看到几乎同样重要的隐含预设进入了他的政治理

---

〔1〕 这里的"理性"是洛克在按照自然法或理性法管理自己的意义上来使用的（例如，*Second Treatise*/《政府论·下篇》，sect. 6：理性就是自然法；sect. 8：触犯自然法，就是按照理性和公道之外的规则生活）。洛克对人的理性的看法的矛盾之处，见下文，第 232—238 页。

〔2〕 "洛克不系统地利用传统观念"的观点已经受到了质疑，见 R. H. 考克斯：《洛克论战争与和平》，牛津，1960 年 / R H. Cox, *Locke on War and Peace* (Oxford, 1960)。考克斯主张，洛克对胡克的利用（一般而言是错误利用）是一个为了伪装或软化他那真正（霍布斯式的）立场的高度系统性的尝试的一部分，而洛克对自然状态自相矛盾的表述是有意为之，也是同一个尝试的一部分。参看第 243 页及注释 R，第 300 页。

论中。因此，在我们能够开始去阐明洛克的公民政府理论之前，我们必须先细致检视他的财产权学说。

第二节 财产权理论

一、洛克的目标

众所周知，洛克对自然的个人财产权利的主张和论证，是其政治社会和政府理论的核心内容。"因此，人们联合成为国家和置身于政府之下的重大而主要的目的，是保全他们的财产。"[1]在《政府论·下篇》里，洛克正是从这个命题出发进行反复多变的推导，从而得出了他关于政治社会和政府的权力及限制的大多数结论。[2]这个命题显然要求一个设定，即人们拥有一项自然财产权，一项先于或独立于政治社会和政府之存在的权利。

有时候洛克用不常见的宽泛用语对这种财产（权）/property（对它的保护是人进入政治社会的原因）进行界定，而这确实在某种程度上模糊了问题。"人们……生来享有一种权力……来保护他的财产（property）——即他的生命、自由和财产（estate）。"[3]对人们的"生命、自由和财产（estate），……我统一称之为财产"[4]。"我在此处所使用的财产权一词，应当和在别处使用的这个词一样，被理解为人们对自己的人身和动产的财产权。"[5]

[1] *Second Treatise*, sect. 124。所引版本均据彼得·拉斯莱特所编辑的《政府论两篇》（剑桥，1960 年）版 /Peter Laslett's edition of the *Two Treatises of Government* (Cambridge, 1960)。

[2] e.g. sects. 94, 134, 138, 222.

[3] sect. 87.

[4] sect. 123.

[5] sect. 173.

　　但是，他并不总是在这样宽泛的意义上使用"财产（权）"这个词。像在整个"论财产"一章中一样，他在关于政府权力限度的关键论证[1]中，明显是在更常见的意义上使用财产（权）这个词，即指土地和动产（或对土地和动产的权利）。在这里，我们不需要纠缠于这一含糊用法的意涵；[2]我们只需要注意到，不管他是在广义上还是在狭义上使用财产（权）一词，他都将财产与生命及自由归类为人们自然权利的客体，归类为他们建立政府所要保护的对象。财产（权）一词有这两种用法，而在每一种用法中洛克都需要展现一种自然财产权利。

　　但是，说洛克需要展现一种个人对占有物或财产的自然权利，还不足以深入理解他在"论财产"一章里的工作。洛克已经在《政府论》的开头做出了一个不证自明的设定，即每个人都有一项对占有物的自然权利。所有人生来就身处其中的状态是"一种完备无缺的自由状态，他们在自然法的界限内，按照他们认为合适的办法，决定他们的行动和处理他们的财产和人身，而无须得到任何人的许可或听命于任何人的意志"。[3]

　　自然法的界限要求人们"都是平等和独立的，任何人都不应该侵害他人的生命、健康、自由或占有物"[4]。这些命题都将对占有物的自然权利与对生命、健康和自由的自然权利一样视为理所当然，对洛克来说，似乎不需要对它们进行说明；它们是从一项公理性命题推导出来的，这个命题就是，在无人拥有对他人的天然管辖权的意义上，所有人生来平等："极为明显，同种和同等的人们既然毫无

　　[1]　sects. 138-139.
　　[2]　见下文，第 220 页，第 247 页及以下。
　　[3]　*Second Treatise*, sect. 4.
　　[4]　sect. 6.

差别地生来就享有自然的一切同样的有利条件，能够运用相同的身心能力，就应该人人平等，不存在从属或受制关系……"[1]

　　在论财产的这一章里，洛克说明了如何从一个人对其生命和劳动的自然权利推导出对财产的自然权利，学者们通常将这一章解读为只是对《政府论》开篇所提主张（即"在自然法的界限内"，每个人都拥有一项自然财产权利）的支持性论证。但实际上，论财产的这一章还做出了更为重要的工作：它从个人自然财产权利中移除了"自然法的限制"。洛克的惊人成就，就是将自然财产权利建立在自然权利和自然法的基础之上，之后又从财产权利中移除了一切自然法的限制。我们现在必须看一下他是怎么做到这些的。

二、最初的有限权利

　　土地和它的出产最初是给予全人类共有的；洛克将它当作既是自然理性的指令又是圣经的指令而接受下来，以此开始论证。这当然是传统观点，在中世纪和 17 世纪的清教理论中能找到相似观点。但洛克接受这一立场，只是为驳斥前人从中推导出来的结论，这些结论没有将财产权视为一种个人自然权利。

> 　　但即使假定这样［上帝将土地给予人类共有］，有人似乎还很难理解：怎么能使任何人对任何东西享有财产权呢？……我将设法说明，在上帝给予人类为人类所共有的东西之中，人们如何能对其中的某些部分拥有财产权，并且这还不必经过全体世人的明确协议。[2]

---

〔1〕　sect. 4.
〔2〕　*Second Treatise*, sect. 25.

他论证的前几个步骤为人所熟知，所以无须多加评注。"人类一出生即享有生存权利，因而可以享用肉食和饮料以及自然所供应的以维持他们生存的其他物品。"[1] 将土地及其出产给予人类，是"为了用来维持他们的生存和舒适生活"，尽管它们属于全人类所共有，"但既然是给人类使用的，那人们就必然要通过这样或那样的方式将它们据为己有，然后它们才能对任何一个特定的人有用或有好处"。[2] 在一个人为了滋养或维持自己而能够利用土地的天然产品之前，他必须先将它据为己有；它"在对维持他的生命有任何好处之前，必须是他的，即变为他的一部分，这样别人就不能再对它享有任何权利了"。[3] 因此，必然存在某种个人据有（individual appropriation）的正当手段，即某种个人将自然产品据为己有的权利。这种权利是什么？洛克是从下面这个更进一步的设定，推导出这种权利以及这种权利的范围和限制的——"每人对他自己的人身享有一种财产权，除他以外任何人都没有这种权利。我们可以说，他的身体所从事的劳动和他的双手所进行的工作，是正当地属于他的"。[4] 无论他使什么东西脱离了它的自然状态，他都已经在其中注入了他的劳动，因而使它成为他的财产，"至少在还留有足够的同样好的东西给其他人所共有的情况下，事情就是如此"。[5] 论证这种据有行为的正当性，不需要其他人的同意："如果这样的同意是必要的话，那么，尽管上帝给予人类很丰富的东西，人类早已饿死了。"[6] 因此，从这两个设定出发，洛克论证了个人将起初本是交由全人类

201

---

〔1〕 Sect. 25.
〔2〕 Sect. 26.
〔3〕 Sect. 26.
〔4〕 Sect. 27.
〔5〕 Sect. 27.
〔6〕 Sect. 28.

共有的土地的出产据为己有的正当性；这两个设定是，其一，人们拥有保全自己生命的权利，其二，一个人的劳动属于他自己。

至此为止，由这个论证所正当化的个人据有有着特定的限制；洛克明确并反复地说明了其中两个限制，而第三个被认为（但我将论证，是错误地被认为）是洛克正当化论证的逻辑所必然隐含的限制。第一个限制是，一个人只有为其他人留下"足够的同样好的东西"，[1] 他才能将某些东西据为己有；洛克阐明的这个限制是正当化论证所明确要求的，因为每个人都有保全自己的权利，因此都有将他的生存必需品据为己有的权利。

第二个限制是，"谁能在一件东西腐坏之前尽量用它来供生活所需，谁就可以在那个限度内以他的劳动在这件东西上确定他的财产权；超过这个限度就不是他的份所应得，就归他人所有。上帝创造的东西不是供人们糟蹋或败坏的"[2]。一个人以自己劳动创造的易腐坏剩余产品的交换也在这个范围内；只要在据有者手里的东西不是白白地灭失，他就不曾造成损害，就不曾毁坏属于他人的物品的任何部分。[3] 第三个限制是，正当的据有看起来限于一个人能够靠自己劳动创造出的产品数量；这一点似乎必然隐含在据有的正当化论证里，因为正是"他的身体所从事的劳动和他的双手所进行的工作"被掺杂到自然的出产上，而使任何东西成了他的财产。

至此，洛克只论证了将土地上的出产据为己有的正当性。

但是，尽管财产的主要对象现在不是土地所生产的果实和依靠土地而生存的野兽，而是土地本身；……我认为很明显，对 202

---

〔1〕 sect. 27; cf. sect. 33.
〔2〕 sect. 31.
〔3〕 sect. 46.

土地的财产权也是和前者一样取得的。**一个人能耕耘、播种、改良、栽培多少土地和能用多少土地的产品,这多少土地就是他的财产。这就像是他用他的劳动从公地圈来的那样**。[1]

这种据为己有不需要别人的同意。因为上帝命令人类在土地上劳作,以此使他有资格将注入了他的劳动的任何土地据为己有;此外,最初的据有没有"损及任何他人的利益,因为还留有足够的同样好的土地"给他人。[2]

将土地据为己有的限制和将土地的自然出产据为己有的限制相同,这些限制隐含在这个正当化理由里。按照这些论证,一个人只有留下"足够的和同样好的土地"给他人,"只有他能用得上这份土地的出产",只有他已经在土地上注入了他的劳动,他才有资格将这些土地据为己有。

此处,洛克说到的主要是"在纪元之初,人们在当时的旷野上所遭遇的离群即无法生活的危险,大于因缺少土地去种植而感受的不便"[3]之时,将土地据为己有的行为;而他将个人土地所有权制度(他理所当然地将其视为当时开发土地的唯一方法)附会进原始社会中,这个做法颇具启发性。他忽视了原始社会中的公有制和共同劳动,这使他能够说,"人类生活的条件既然需要劳动和用以加工的资料,就必然地导致私人占有"。[4]

如果洛克止步于此,他就已经为有限个人所有权提供了一个辩护;尽管要将这个论证适用于当时英国自耕农的财产权利,他还需

---

[1] *Second Treatise*, sect. 32.
[2] sect. 33.
[3] sect. 36.
[4] sect. 35.

要提供许多后续论证，因为他还需要去说明，英国自耕农的据有为他人留下了足够的和同样好的。洛克确实提出过这样一个辩护，因为他主张"世界现在似乎有人满之患"，不过一个人还是能在"美洲内陆的空旷地方"，找到足够的和同样好的土地。[1] 但是，他的论证并不以此为基础。当我们检验他是如何去证明自己的主张时，我们会发现，他并不是想论证这样一种有限据有的自然权利，而是想论证一种无限据有的自然权利，一种超出他最初正当化论证所设限制的权利。

三、被逾越的限制

人们太过经常地误解着洛克的关键性论证，因此有必要对它加以细致检验。在第 36 节里，从有限权利到无限权利的过渡，第一次被说明。洛克说，将美洲的空旷土地计入在内，则世界上仍会有足够土地供每个人尽量去劳作和利用；说完这点之后，他继续说：

> 但是不管怎样，这还不是我所要强调的。而我敢大胆地肯定说，假使不是由于**货币的出现**和人们默许同意赋予它一定价值，从而（基于同意）产生了较大的占有和一种对这些占有地的权利……则这一**所有权的法则**，即每个人能利用多少就可以占有多少，会仍然在世界上成立，而不使任何人感受困难，因为世界上尚有足够的土地供成倍居民的需要。[2]

这说得相当明白。自然法规则以其具体条文限制了每个人能够

---

[1] sect. 36.

[2] sect. 36.

203

据有的土地数量，因此所有人只能拥有他能够利用的土地，但现在这个规则不再成立了；它"本会成立，……如果不是……货币……（经过同意）产生了较大的占有，和一种对这些占有地的权利"。这条规则现在不再成立的原因不是土地已经消耗殆尽：只有将世界上那些还没有引入货币的地方计入在内，土地才足以供应两倍于现有居民之所需。在旧规则仍然成立的地方，有着"大片的土地……它们……处于荒芜状态"，不过"这种情形，在已同意使用货币的那一部分人类中间，是极少会发生的"。[1] 一旦将货币引入一个地方，那里就不再有未被据有的土地了。经过默示同意引入货币，已经移除了先前对正当据有的自然限制，而这样做还使得"每个人能利用多少就能拥有多少"的自然规定归于无效了。接下来，洛克更详细地说明了引入货币是如何移除他最初对个人据有的正当化论证里的固有限制。

（一）腐坏限制。对洛克而言，他明确认可的两个限制中的第二个（一个人在它腐坏前尽其所能利用它，或利用它的出产）似乎明显地被货币的引入所逾越。金银不会腐坏；所以一个人可以正当地积累数目无限的金银，"超过他的正当财产的范围与否，不在于他占有多少，而在于是否有什么东西在他手里白白地灭失掉"。[2] 这一限制不仅不适用于耐久的动产，而且还出于同样的缘由不适用于土地本身："一个人可以公平地占有其出产超过他自己所能利用的土地，靠的是拿剩余出产去交换可以囤积起来而不致损害任何人的金银；这些金属在占有人手中不会损毁或败坏。"[3]

对此，洛克并不觉得有什么问题。但是，他对某些特定问题避

---

〔1〕 sect. 45.

〔2〕 *Second Treatise*, sect. 46.

〔3〕 sect. 50.

而不谈这个事实本身就具有启发性。为什么所有人都渴望将多于为维持生活及其便利而能够利用的东西据为己有呢？洛克已经说明过，在引入货币之前没人会想要更多。[1] 为什么引入货币后他就想要了呢？洛克所发现的、随着引入货币而出现的"人们那超过需要的占有欲"[2] 指的是什么呢？

　　乍看上去，洛克可能似乎只是在说一种无用的囤积行为：他用以说明这种积累的词语是"堆积"（heap up）[3] 和"囤积"（hoard up）[4]。但是，因为洛克自始至终在思考行为理性人（无论是从通常的功利意义还是从道德意义上来理解"理性"），前述推测就与这个意思相抵触。我们只有查阅洛克的经济论述后才能明白，他是个重商主义者；对他来说，积累黄金是重商主义政策的一项合理目标，不是因为它本身就是目的，而是因为它能够加快和增进贸易。在《对……货币的思考》（*Considerations on . . . Money*）一文中，他的主要关注点是积累充足的货币供应以"推动贸易"；输出和囤积（即积累货币而不将它用作资本）都有害于此。[5] 对洛克来说，重商主义政策和个人经济拼搏的目标是将土地和货币用作资本；货币应该投入到贸易股份或原材料或工资中去，土地应该被用于生产贸易商品。这就是洛克在《政府论》第 48 节为人们在货币引入后据有更多东西所想到的新理由；在那里，洛克说明了引入货币为一个人"在家庭用途和供其消费的丰富供应之外，不论在他们勤勉生产的东西方面或者和他人交换同样易于毁坏而有用的物品方面，扩大他们的财产"

[205]

---

〔1〕　sect. 36.
〔2〕　sect. 37.
〔3〕　sect. 46.
〔4〕　sects. 48, 50.
〔5〕　*Some Considerations of the Consequences of the Lowering of Interest and Raising the Value of Money* (1691); in *Works*, ed. 1759, vol. ii, pp. 22−23.

既提供了机会，又提供了理由。正是"商业……通过售卖产品为他集聚货币"，为人们占据超出提供"［他的家庭］消费所需的丰富供应"的土地量提供了理由。

因此，超出充足消费要求的积累欲，随着引入货币而出现的"人们那超过需要的占有欲"，就不仅仅是守财奴的囤积欲了。

我们同样可以证明，积累欲的另一个可能意涵也是不恰当的。有人可能认为，洛克在此处说的只是：货币扩大了贸易，使之超过简单的物物交换阶段，以此使得那些拥有货币的人能够消费更多不同的满足人们欲求的商品。但是，当我们注意到洛克对货币的看法时，这种解释就很难成立了。在《思考》中，他识别了货币和资本，并将两者与土地相等同。"所以，在买卖中间，货币处在和其他商品完全相同的状况下，服从于完全相同的价值规律。那么我们接下来就看一下，货币是如何因为产生出一定的年收入（我们称之为用益，或利息）而具有和土地相同的性质的。"[1]洛克强调，货币是一种商品；它具有价值，因为它是一种能够与其他商品相交换的商品。但是它的目的不单是为了方便人们去交换为消费而生产的东西，就是说，它的目的不单是为了扩大以消费为目的的物品的生产者之间的交换，使之超出物物交换的规模。货币的独特目的是充当资本。土地在洛克看来仅仅是某种形式的资本。

我们可能顺带注意到了洛克对待货币的态度是多么现代。他论证说，从金钱借贷中收取利息是正当的，而且"基于人类事务的必要性和人类社会的性质，也是不可避免的"，以此不动声色地驳斥了中世纪的看法。他说，土地，"天然地出产对人类有益的和有价值的一些新东西；而货币是个贫乏的东西，什么都不出产……"接下来

------

[1] *Works* (1759), ii. 19.

他问道，货币是如何产生了一种近似于地租的年收入（利息），从而具有"和土地有相同的性质"的呢？就是靠着那些拥有不平等财产的人之间的契约。货币

> 通过契约，将作为一个人劳动回报的利润转移到了另一个人的口袋里。造成这种情况的原因是货币的不平等分配；这种不平等分配，对土地的影响和对货币的影响是一样的。……因为，就像是土地的不平等分配（你拥有的土地比你能够或想要去施肥的多，而别人不够用）使别人租种你的土地；……同样，货币的不平等分配（我拥有的货币比我能够或想要使用的多，而别人不够用）使别人借用我的货币。……[1]

207

传统上，货币被认为具有贫乏性；洛克没有明确否认这一点，他靠"不平等的人们之间的同意"这个概念，干净利落地逾越了传统观点。就像资本一样，货币的价值是由它的不平等分配这个事实创造出来的。洛克没有说到不平等的根源；它只是简单地被当成"人类事务的必需和人类社会的性质"的一部分。

但在此处，相关的问题是，洛克不仅将货币看作交换媒介，还将它看作资本。实际上，它作为交换媒介的功能被洛克看作是从属于它作为资本的功能，因为在他看来，工业、农业和商业的目的是资本积累。资本的目的不是为它的所有者提供可用于消费的收入，而是通过有利可图的投资带来更多资本。当洛克讨论经济行为的目的时，他就是个重商主义者，一般是从国家财富的视角而非个人财富的视角来看问题。在他于 1674 年写下的关于"贸易"（trade）——

---

〔1〕 Ibid.

他使用这个词，不光指商业，也包括了农业和工业——的某些笔记里，他的腔调几乎和霍布斯一样：

> 贸易的首要目的是财富和权力，这两者互相促进。财富体现为动产（它会产生出对于外国人的价格，而不会在国内就消耗掉）的丰富程度，尤其体现为金银的丰富程度。权力体现为辖制的人数，以及供养这些人的能力。而贸易对这两者都有益，因为它能够增加你的财货和你的人手，而财货和人手互有助益。[1]

即使洛克没有像霍布斯那样明白认识到个人行为的目的是财富和权力，至少《思考》清楚地反映出，他认定，个人财富和国家财富的目的是相同的：消费少于收益，以此积累资本；因为国家财富是由私人工业和商业所积累的资本构成的。

至此，上述所言足以说明，在洛克看来，"人们那超过需要的占有欲"，或曰"超出他的家庭用途和供其消费的丰富供应之外，来扩大他的财产"的欲望（洛克发现它随着货币的引入而产生，并旋即主宰了人们的行为），既不是守财奴式的囤积欲，也不仅仅是消费更多不同的和令人愉悦的商品的欲望，而是积累作为资本的土地和货币的欲望。

所以，洛克所做的工作就是在说明，货币使得一个人积累多于他能够利用的土地（这表现为，对于他所积累的土地上的出产，他不能在它们腐坏前全部加以利用）变成一件可能的和正当的事情。他没有否定最初的自然法限制。如果据为己有的出产，其任何部分（或其他用出产进行物物交换得到的东西的任何部分）在被消耗前就

---

[1] Bodleian Library, MS. Locke c. 30, f. 18.

会腐坏，这种据有就还是违背自然法的。只要据为己有的土地数量过多，即这些土地的出产（或它的交换所得）在被消耗前就会腐坏，这种据有就还是违背自然法的。不过，既然可以将任何数量的出产换成不会腐坏的财产，那么积累任何数量的土地，以求产出能够转化为货币、用作资本的剩余产品，就既不是不正当的行为，也不是愚蠢的行为了。在土地和资本的积累方面，由自然法施加的腐坏限制就此失去了效用。洛克由此证明了资本主义所特有的、将土地和货币据为己有的行为的正当性。

应予注意的是，他是将这种据有作为一项自然权利、一项自然状态中的权利，来论证其正当性的。因为，虽然货币是通过默示同意的方式被引入的，但引入货币的同意与将人们带进政治社会的同意不同。对货币的同意独立于并且先于对政治社会的同意：

> ……这就很明显，人们已经同意对于土地可以有不合比例和不平等的占有。他们通过默许和自愿的同意找到一种方法，使一个人完全可以占有其产量超过他个人消费量的更多的土地，那个方法就是拿剩余产品去交换可以囤积而不致损害任何人的金银；这些金属在占有人手中不会损毁或败坏。人们只通过赋予金银以一种价值并默示同意使用货币，就在社会的界限之外，而且无须契约，使这种处在不平等的私人占有状态下的对物分配，变成切实可行的了。[1]

因此，洛克将货币及其所造成的土地占有不平等，以及对最初一个人能够正当占有土地数量的腐坏限制的超越，专门放到了自然

----

〔1〕 *Second Treatise*, sect. 50. 强调标注是我添加的。

状态中来讨论。又因为他刚刚在前两个段落解释过，货币之所以能导致这种超出腐坏限制的不平等土地占有，是靠着它所引入的超出物物交换水平的市场和商业，我们就必须推测说，洛克同样认为这样的商业存在于自然状态中。

如果这乍看上去尚不足信，我们可要记得，洛克笔下的自然状态是一个杂糅了历史想象和对政治社会的逻辑抽象的奇特混合物。从历史角度来看，如果没有政治社会，商业经济就确实不可能存在。但如果将商业经济当作一个抽象的东西，我们就可以很容易地理解它。既然洛克在《政府论》开篇就设定说，人生来就是理性的生物，很大程度上按照自然法管理自己，并且生来就有以下自由，即"他们在自然法的界限内，按照他们认为合适的办法，决定他们的行动和处理他们的财产和人身，而无须得到任何人的许可或听命于任何人的意志"，[1] 那么这样的人不仅会同意赋予货币以价值，还会同意遵守商业诚信法则（这将无须树立正式的政治权力，就使大规模商业经济成为可能）。自然状态中的人不仅能够做出确立政治社会的"承诺和契约"，还能做出其他的"承诺和契约"，"因为诚实和守信是人作为人而不是作为社会成员的品质"。[2] 假定（像洛克那样），人基于自然就有足够的理性（认识自己的利益并承担道德义务）做出较难做出的、进入政治社会的协议，其实就是假定，人有足够的理性做出没有那么困难的、进入商业所需要的协议。因此，如果抽象地而非历史地来看待人——洛克笔下的自然状态，起初就是从上帝造物和从人被观察到的理性能力推导出来的推论，而不是从历史或从原始社会推导出来的推论——我们就能够假定，人类可以拥有商

210

----

〔1〕 sect. 4.
〔2〕 sect. 14.

业经济，而无须拥有一个正式的政治社会。[1]更简单地说，洛克可以假定，货币和契约的有效性都不应归因于国家；它们是人的自然目的的显现，其有效性归因于人的自然理性。以此看来，人基于自然所具有的假定的道德理性（而非政府权威）确立了货币的约定价值和商业契约义务。

所以，在洛克的理论中存在两个层面的同意：第一个层面的同意是指，处在自然状态中的自由、平等和理性的人同意赋予货币一个价值；洛克认为，对商业契约义务的习惯性认可与这种同意相伴而生。这种同意是人们"在社会的界限之外，而且无须契约"就做出来的；它并没有将人类带出自然状态，而且还使他们能够有资格在自然状态获得较大占有，即比他们在没有做出同意时所能正当拥有的占有还要大。另一个层面的同意是指，每个人将他的一切权力都交给多数人的协议；正是这种同意建立了政治社会。即使没有第二种同意，第一种同意也有效。但是，尽管在自然状态中由第一种同意建立的财产权制度在道德上是有效的，但实际上它难以在自然状态里得以实施。洛克认为，实施上的困难是人们转向第二种同意并进入政治社会的主要原因。当脱离自然状态进入政治社会这步被看作（洛克确实把它看作）按时间顺序发生的一步时，这步就被认为发生在同意引入货币之后。这里的时间序列总共涉及三个阶段：自然状态中的两个阶段（一个发生在对货币和不平等占有的同意之前，一个发生在此之后），以及随后的政治社会阶段。

（二）充足性限制。现在，我们可以考察洛克首先提出的那条

211

---

〔1〕 这似乎回答了高夫提出的问题，他赞同洛克将货币和雇佣劳动放在了自然状态里的说法，又追问道："因此，洛克笔下的自然状态变得比以往更不可信。他真的认为在自然状态里，一个成熟的商业经济无须政治政府就能够存在吗？"（Gough, op. cit., 2nd edition, 1956, p. 92, Additional Note）。参看下文，第 217-218 页。

对个人据有的限制，即：每一个据有行为，都必须为他人留下足够的和同样好的东西。虽然这个限制不是明确诉诸"经由同意而引入货币"而被突破的，但其实洛克认为它被突破了。最初的自然法规则——"每个人能利用多少就可以占有多少"——在货币出现后就不成立了。[1] 在《政府论》第一版里，洛克没有特地去论证这点。或许他认为这一点足够明显，不需要单独论证。他的思路似乎是，引入货币的后果自然是商业经济的发展，接着诞生了买卖地上出产（在当时它们还没有价值）的市场，进而是将当时还不值得据有的土地据为己有。[2] 而按照暗含关系，同意使用货币就是同意这些后果。[3] 因此，即使个人据有土地而没有为他人留下足够的和同样好的土地，他的行为也是正当的。

尽管通过这样的推论，移除充足性限制变得可以理解，但是洛克还是明显感觉到，这里还需要更直接的论证，因为，在《政府论》第三版的修订中，他在第 37 节第一句后添加了一段新的论证。[4]

> 关于这一点，我还要补充说，一个人基于他的劳动将土地据为己有，并不减少而是增加了人类的共同积累。因为一英亩被圈用和耕种的土地所生产的供应人类生活的产品，比一英亩同样肥沃而共有人任凭荒芜不治的土地要多收获（说得特别保守些）十倍。所以那个圈用土地的人从十英亩土地上所得到的生活之便，比从一百英亩放任自流的土地上所得到的要更丰富，

212

---

〔1〕 *Second Treatise*, sect. 36.

〔2〕 sects. 45, 48.

〔3〕 sect. 36.

〔4〕 这个新的段落最早发表在《政府论两篇》第四版（1713 年），在之后的《政府论》标准版本里和"作品集"里都出现过。不过不幸的是，某些依据更早版本，在现代重新印行的《政府论·下篇》里没有再出现这个段落。

真可以说是他给了人类九十英亩土地：因为，现在他的劳动在十英亩土地上供应了至少相等于在一百英亩共有土地上所生产的产品。

因此，尽管一个人据为己有的土地可能多于他留给别人的足够多和同样好的土地，被据有土地的较高生产率还是能绰绰有余地补足其他人在可获得土地方面的欠缺。当然，这是在假定，整体产量的增加会被分配给那些缺少足够土地的人，使之得到利益或至少是不会受到损失。洛克就是这样假定的。即使是无地的日工（day-labourer），也能刚好维持生活。[1] 而按照一个其所有土地都被据有和完全利用的国家的通行标准来维持生活，要好过按照一个其土地没有被据有和完全利用的社会中任何成员的生活标准："在那里［在'美洲几个部落'里］，一个拥有广大肥沃土地的统治者，在衣食住方面还不如英格兰的一个日工。"[2] 通过这种方式，私人据有实际上增加了留给他人之物的数量。到了某一时刻，无疑不会再有多少土地留给别人。但是，即使没有足够的和同样好的土地留给他人，还是会有足够的和同样好的（实际上是更好的）生活留给他人。每个人的生存权利是一项基础性权利，洛克起初就是从这项权利推导出了人们将土地据为己有的权利。全部土地都被据有后，不仅他人能过上同样好的生活；正是通过据有所有土地，才为他人创造了更好的生活。因此，当以基础测试标准（为其他所有人提供生存必需品）而非以工具性测试标准（其他人能够获得足够的土地从而得到生存必需品）来衡量据有超出最初限制的后果时，超出限制的据有就呈

---

〔1〕 *Considerations*, *Works* (1759), ii. 29. 参看《政府论·上篇》第 41−42 节（*First Treatise*, sects. 41−42），关于无财产者谋生手段的权利。

〔2〕 *Second Treatise*, sect. 41.

现出积极价值。

这样一来，最初的充足性限制就被逾越了。或者也可以这么说，充足性限制在原则上仍然有效，但现在是以不同方式在起作用。起初的规则（只有在为他人留下足够的和同样好的土地的前提下，人们才能将同样多的土地出产的果实据为己有）仍然成立，因为每个人都有保全自己的权利，进而有将生存必需品据为己有的权利。但是，这项权利现在不再蕴涵对足够的和同样好的土地的权利，而后者从来都只是一项派生权利；因此，在人类世界的最初年代之后，充足性规则就不再要求每一个据有土地的行为都要为他人留下足够的和同样好的土地。

总之，对引入货币必然后果的不言而喻的默示同意，以及"生活在所有土地都被据有的社会中的无地者的生活水平要高于土地还没有被普遍据有的社会中的生活水平"的主张，都证明了将多于留给他人的足够的和同样好的土地据为己有的正当性。

有人可能会认为，洛克以此为基础来证明较大占有的正当性（不管这个论证多么合理，多么可被接受）与他的以下主张完全矛盾：据有的权利被限定在为他人留下足够的和同样好的东西的范围内。如果这个初始主张是被独立提出来的，那确实会存在这种不一致，但事实并非如此。它被认为来自于一个先于它而存在的原则，即每个人通过劳动获取谋生手段的自然权利；就洛克所持的"摄取"（ingest）本义而言，它就是一项将谋生手段据为己有的权利。[1] 以下两种方式都能实现这项权利：第一个方式是规定，每个人都有资格将土地据为己有。这种方式蕴涵了任何一个人据有土地数量的原初限制。当还有未被据有的充足土地的时候，这是实现这项权利的

---

[1] sect. 26.

明显方式，因为所有人都不会觉得这项限制有什么问题。而且，洛 　214
克只在仍有充足土地这个语境中才主张这个限制。[1]但是，还有另一
个方式可以实现维持生存手段的自然权利，它可以在土地不再充足
时采用：这个方式是规定或假定一种能够保证让无地者靠自己的劳
动谋生的办法。洛克发现，这个解决办法是引入货币后的自然结果。
因此，洛克有关人们在引入货币后就有了拥有比留给他人的更多土
地的权利的说法，[2]并不与他起初的主张（即所有人都拥有对谋生
手段的自然权利）矛盾。

（三）假定的劳动限制。第三个显然隐而不语的对个人据有的限
制（即仅限于据有那些注入了自己劳动的东西），似乎是最难逾越或
移除的限制，因为它似乎正是洛克对据有行为的劳动证成所绝对要
求的。我们确实可能会想，洛克需要证明，为什么随着货币的引入，
这个限制（与其他两个限制一样）被认为被架空了。但是洛克并不
这么认为。他没有为此做出任何明确论证。如果他从头到尾都预设
了雇佣关系（一个人可以靠着这种关系正当地获得对他人劳动的权
利）的有效性，那么他就不需要这么做。我们现在必须探究：我们
有没有理由推测，洛克假定这种关系是正当和自然的。

我们首先会注意到，洛克强调"每个人对他自己的人身享有一
种财产权，除他以外任何人都没有这种权利"，当他将自己的劳动混
入自然时，"这一劳动是劳动者无可争议的财产，那么对于加入了他
的劳动的东西，除他以外就没有人能够享有权利"，[3]而这个强调根
本不与"为了赚取工资而让渡自己劳动的自然权利"这项预设相抵
触。恰恰相反，越是强调劳动是一种财产，就越会将劳动理解为是 　215

---

〔1〕　*Second Treatise*, sects. 27, 33.

〔2〕　sect. 36.

〔3〕　sect. 27.

可让渡的。因为，在资产阶级观念里，财产权并不只是一种享受或使用的权利；它还是一种可以处分、交换和让渡的权利。对洛克而言，一个人的劳动是他自己的财产，这一点丝毫不容置疑，所以他可以自由地为了工资而出卖劳动。一个自由人，可以卖给别人"在一定时期内他所承担的劳役，以换取工资"。[1]被这么卖掉的劳动就变成了买主的财产，买主于是就有权将劳动产品据为己有。[2]基于以下两点理由，我们可以得出一个有力的推测：从洛克在开始用劳动证成财产权时，他就将这一点视为理所当然。

（1）洛克曾论证说，将给予全人类共有的某些东西据为己有的自然权利，仅仅靠一个人将自己的劳动注入其中就可以被确立起来，这项权利完全不依赖于其他人的同意，而是一项自然权利；紧接着这个论证之后，也是为了支持这个论证，洛克提到了将"依照契约还属于共有之物"的自然出产据为己有这样一项得到认可的权利。在此处，就像在自然状态中，这项权利单是靠耗费劳动就被确立起来了。但是，洛克并不认为，只有靠一个人的亲身劳动才能确立他的权利；一个人靠他已经购买的劳动同样能确立自己的权利：

> 因此我的马所吃的草、我的仆人所割的草皮以及我在同他人共同享有开采权的地方挖掘的矿石，都成为我的*财产*，无须任何人的让与或同意。我的**劳动**使它们脱离原来所处的共同状态，**确定了我对于它们的财产权**。[3]

如果洛克没有将雇佣关系完全视为理所当然，那么他将"我的

---

〔1〕 sect. 85.
〔2〕 见注释 N，第 298 页。
〔3〕 *Second Treatise*, sect. 28.

仆人"的劳动计入"我的劳动"（基于自然权利，耗费此劳动就赋予我取得劳动产品的权利），就会与他的论证直接相矛盾。[1]

216

这一段本身确实不能证明洛克认定，雇佣关系是自然的（即存在于自然状态中）。因为，尽管洛克主张"我的仆人的劳动让我有权将注入劳动的东西据为己有"的原则适用于"在我和他人［对自然出产］都有权利的任何地方"，但他此处的主张是在政治社会中的共有土地这个语境中做出来的。

然而，如果不是将雇佣劳动存在于自然状态中归给洛克这个做法看上去太过荒谬，那么这一段也许会被当作"洛克假定雇佣关系是自然的"的推定性证据。但是，合理的假设是，洛克确实（而不是确实没有）持有自然状态中的雇佣劳动这个想法。我们已经看到，他确实曾认为商业经济存在于自然状态中，并发展到大块地产（成千上万英亩的土地）被私人据为己有，用于有利可图的商品生产。如果这里没有暗含通过雇佣劳动来生产，那么这种经济就很难被洛克或其同时代的人所理解。

因为洛克在《政府论》里没有详述雇佣劳动的作用，而主要是谈了野蛮的个人主义者和自给自足的农耕者，所以人们经常认定，洛克不是将有着大量地产和雇佣劳动的英格兰，而是将有着自己耕种土地的自耕农的英格兰，附会进自然状态中。但实际上，无论洛克是多么头绪混乱，他对自己所处的英格兰的阶级结构并不糊涂。当他像在《思考》里那样致力于经济政策问题时，他将雇佣劳动者当作当时经济中的一个人数众多的常规阶级，并假定，必要工资显

---

〔1〕 拉斯莱特（Laslett, op. cit., p.104, n.＊）质疑称，这一段并没有说明一个人可以拥有他的仆人的劳动。我不知道洛克怎么可能有更特别的意思：我的仆人所进行的劳动就是"我的劳动"。唯一可能会存在的问题是，洛克是否在预设这种关系是自然的，也是政治社会里的。对此，下文将紧接着加以讨论。

然通常是处在聊以维持生计的水平上，而雇佣劳动者除了自己的劳动外别无其他财产。这些预设在他的三点专业经济主张中体现得十分明确。在估算货币周转率时，他认为重要的三个阶级分别是劳动者、土地所有者和"中间商"（即商人和店主）；而劳动者被认为"普遍过着从手到口（随赚随花）的生活"，除了他们的工资外别无资源。[1] 接下来，他在考察税收的影响范围时说，税负不能落到"贫困的劳动者或手工艺人身上……因为他已经过着从手到口的日子"；如果税收提高了他的衣食或家庭器具的价格，"要么必须随着物价提高他的工资，让他维持生计；否则，他就不能靠劳动养活他自己和家庭，他就要到教区去领救济了"。[2] 而在通货紧缩时期，各个经济阶级都努力留住同一笔货币收入，"这种拉和抢一般发生在地主和商人之间，因为劳动者的份额很少超过生存水平，这不允许他们花费时间或机会，超出这个水平之上去想这些事情，或者与富人做斗争，以争夺他们的份额……"[3]

因此，对洛克而言，商业经济（其中的全部土地都被据为私有）意味着雇佣劳动的存在。又因为洛克将发达商业经济中的市场关系附会进自然状态，我的推论就是，他将雇佣关系与其他市场关系一起附会进自然状态。劳动力市场的常规性和公平性在 17 世纪的思想里是常见的，就像商品和资本市场的常规性和公平性一样常见。它们被同等地看作是资本主义生产所必需的。资本主义生产的支持者们（洛克就是其中一员）还没有陷入劳动成为商品所致非人性后果的良心困境中；没有这种道德上的不安感，他们就没有理由不将雇佣关系看作是自然的。

---

[1] *Works* (1759), ii. 13–16.

[2] Ibid., p. 29.

[3] Ibid., p. 36.

认为雇佣劳动存在于自然状态中，不比认为发达商业经济存在于自然状态中更难理解。[1]洛克的逻辑足够一致：他的看法是，这些制度都不是政治社会创造的，而仅仅基于只受自然法支配的个人之间的简单协议或同意。因此，（a）以货币为媒介的资本积累仅仅基于个人之间赋予货币以价值的同意；（b）雇佣关系仅仅基于相关个人之间的自由契约。两个命题都没有历史依据，但这与这里的主旨无关。考虑到洛克"人生来是自由的和理性的"的初始设定，[2]这两个命题都完全可以理解。

（2）当我们注意到，洛克是如何将自然权利和自然法与政治社会联系起来时，"洛克认为雇佣关系存在于自然状态里"的推论就能得到进一步强化。进入政治社会的协议没有创造任何新的权利；它只是将人们在自然状态中所拥有的权力转让给了一个政治权威，以保护他们的自然权利。政治社会并没有推翻自然法的权力；政治社会和政府的权力被限制在执行自然法规则的范围里。[3]正是因为这一点，洛克才会一心想要说明：不平等的财产权是人们带进政治社会里的一项权利；是自然状态里个人之间的同意而非建立政治社会的协议，使得超出最初自然限制的财产权得以正当化。至此，因为政治社会不能推翻自然法，又因为在政治社会中，一个人据有多于他能够自己利用的土地是合法的，购买其他人的劳动也是合法的，所以，据有更多土地和购买他人劳动这两者必定符合自然法。人们也可以从自然权利的角度来看这个问题：因为进入政治社会的协议没有创造新的个人权利，又因为在政治社会里一个人据有多于自己能够利用的土地是正当的，人们就必定能够假定，据有更多土地是一

----

〔1〕 见上文，第 209–210 页。
〔2〕 在这一语境下"理性的"（rational）的完整意思，见下文，第 235–236 页。
〔3〕 *Second Treatise*, sect. 135.

项自然权利；又因为在政治社会里，为了工资而让渡自己的劳动是
219 正当的，所有人们必定能够假定，让渡劳动是一项自然权利。

从一个人保全自己生命的权利和从他对自己劳动的自然财产权
出发，洛克推导出了将土地和物品据为己有的权利；他假定了一个
人让渡自己劳动的自然权利，同时又否定让渡自己生命的自然权
利，[1]这看上去可能有些古怪。不过，他确实区分了财产（包括对
自己劳动的财产权）和生命。《政府论·下篇》第二章还没有出现这
个区分：人们享有"在自然法的界限内，按照他们认为合适的办法，
决定他们的行动和处理他们的财产和人身"[2]的自然权利。但是，在
他确立了对不平等财产的自然权利之后，（如我们所期待的）一个区
分出现了：他声称，在自然状态里，"没有人享有对于自己或其他人
的绝对专断权力，用来毁灭自己的生命或夺去另一个人的生命或财
产"。[3]因此，虽然没有人拥有让渡自己生命（那是上帝的财产），或
专断地夺去别人生命或财产的自然权利，但他还是保有让渡自己财
产的自然权利。洛克的自然法赋予一个人的妻儿在他死后或在他臣
服于征服者后对其财产的请求权，[4]这似乎不是对他身为自由人时所
拥有的财产处分权的限制。

的确，对洛克而言，外延再小的财产权就没有什么意义了，因
为通过买卖而自由让渡包括自己劳动在内的财产，是资本主义生产
的一项基本要素。而按照洛克对奴隶和自由的赚取工资者的区分，[5]
让渡自己的劳动与赋予别人对自己生命的专断权力截然有别。

通过强调一个人的劳动为他自己所有，洛克显现出了他在多大

---

〔1〕 参看下文，第231页，并比较平等派的立场，见上文，第三章，第145页及以下。

〔2〕 *Second Treatise*, sect. 4.

〔3〕 sect. 135.

〔4〕 sects. 182–183.

〔5〕 sect. 83.

程度上与中世纪观点背道而驰，以及在多大程度上认可霍布斯曾经
极为简洁地表达过的资产阶级观点。但是，在认可资产阶级价值观
方面，洛克不及霍布斯。对霍布斯来说，不仅劳动是商品，实际上
连生命本身也被归结为一种商品；[1]对洛克来说，尽管劳动和一个人
的"人身"（它被看作是其劳动能力）[2]是商品，但生命仍是神圣而
不可让渡的。洛克在生命和劳动之间做出区分，是他保留传统价值
观的一种方法。他的财产权定义存在混乱之处，它有时包括了生命
和自由，有时又不包括；其原因可以归结为，在他头脑里，存在着
传统价值观的遗存和新的资产阶级价值观之间的混淆。[3]无疑，正是
这一点使得他的理论比霍布斯那毫不通融的学说更容易为现代读者
所接受。洛克不愿意承认，为了仅可谋生的工资而不间断地让渡劳
动（他将其说成是雇佣劳动者终其一生的必然处境）实际上就是在
让渡生命和自由。

　　我的结论是，洛克在对自然财产权进行正当化论证时，一直认
为以下预设是理所当然的：劳动天然地是一种商品，雇佣关系赋予
我将别人的劳动果实据为己有的权利，而雇佣关系是自然秩序的一
部分。由此可知，洛克从没有考虑过，要为据有的自然权利设定
那第三个假定限制（一个人以自己的自然劳动去加工尽可能多的东
西）。如果是这样，洛克移除这个限制就不成为问题了；这项限制并
不曾存在于他脑中，它是那些从现代人文自由主义传统来看待洛克
的学者附会进其理论中去的东西。

---

　　〔1〕"人的价值或身价正像所有其他东西的价值一样就是他的价格"（*Leviathan*, ch.10,
p. 67）；"人类的劳动也和任何其他东西一样是一种可以营利的商品"（ibid., ch. 24. p. 189）；参
看上文，第二章、第二节、三。
　　〔2〕 *Second Treatise*, sect. 27.
　　〔3〕 参看下文，第 247 页。

四、洛克的成就

以如上所述的方式来理解洛克的那些预设，他的财产权学说就呈现出了新貌——或更确切地说，他的学说就恢复了对他及其同时代的人来说它必定会有的意涵。因为，按照这种看法，他有关"一个人的劳动为他自己所有"的主张——这是洛克财产权学说的根本创新——所具有的意义，就与近年来人们更普遍赋予它的意义几乎完全相反；它为资产阶级据有提供了道德基础。随着洛克明确认可的两个初始限制被移除，整个财产权理论就成了对不平等财产的自然权利和无限个人据有的自然权利的正当化论证。一个人的劳动是他自己的财产的主张是这一论证的根基。因为，坚持认为一个人的劳动为他自己所有，不仅意味着雇佣契约中让渡的是他自己的劳动，还意味着他之所以能够拥有自己的劳动及其生产力与政治社会没什么干系。如果说，正是一个人的劳动（一个人的绝对财产）证成了据有并创造了价值，那么个人的据有权利就优先于社会的道德要求。"财产权和劳动具有社会职能"和"财产所有权涉及社会义务"的传统观点由此被削弱了。

总之，洛克做了他打算做的工作。他从"土地及其出产最初是交给人类共同使用"的传统预设出发，转而对所有从这个预设推出限制资本主义据有的学者发动了攻击。他移除了此前一直阻碍着无限资本主义据有的道德无资格。[1] 假设他止步于此，他的成就仍算得上可观；但他甚至做了更多。他还论证出了一种权利和理性能力方面的阶级差别（就如同自然差别）的正当性，并以此为资本主义社会提供了一种积极的道德基础。

---

〔1〕 参看下文，第235-238页。

第三节 自然权利和理性能力的阶级差别

要弄明白洛克是如何做到这一点的，我们就必须注意他所做的两个进一步的预设，它们的重要性堪比"一个人的劳动为他自己所有"这项明确的设定。它们分别是：第一，尽管劳动阶级是一个国家的必要部分，但其成员实际上不是国民的正式成员，他们也没有要求成为正式成员；第二，劳动阶级的成员并没有过着也无法过上完全理性的生活。此处所使用的"劳动阶级"既包括了"劳动的穷人"也包括了"闲散的穷人"，也就是所有那些因为自己没有可以用来工作或用于加工的财产，而依赖雇佣或慈善或劳教院（workhouse）的人。这些观念非常普遍地盛行于洛克的时代，如果他没有过这样的想法，倒会是令人奇怪的。我们可以在洛克的几部著述里找到直接证据，说明他将这些命题视为理所当然。在我们明白他是如何彻底地将它们理所当然地视为关于 17 世纪英格兰的劳动阶级的命题后，我们就要思考，他在多大程度上将它们加以普遍化，它们又是如何进入到《政府论》的论证中去的。

一、洛克对 17 世纪英格兰的差别的预设

洛克对体格健全的未受雇者的处理方案为人所熟知，虽然现代作者在提到这些方案时，普遍会谴责它的严酷性，并以它符合那个时代的标准为借口来为洛克开脱。更重要的是他们对洛克所做的那些预设的看法。他鼓励劳教院（"houses of correction"，"感化院"）的师傅去强迫这些人进入榨取血汗劳动的手工工厂；他鼓励治安法官会去强迫这些人进入强制劳动的工厂。未受雇者的"三岁以上的"孩子们不一定是国家的负担；应该给他们分派工作，让他们赚取多于养活自己的钱。这一切都是通过下面这个明确的理由得到证成

222

223 的：失业不应归咎于经济原因，而应归咎于道德堕落。洛克以贸易委员会成员的身份在 1697 年写道，引起形形色色失业的原因，"不是别的，正是纪律的废弛，和规矩的败坏"。[1]洛克在心中不可能将未受雇者视为政治共同体的正式成员或自由成员；当然，同样确定无疑的是，他们完全服从国家。国家有权利这么去处置他们，因为他们的生活还达不到理性人所应具备的道德标准。

洛克对赚取工资的受雇佣阶级的态度不是那么经常被关注到，不过在他的经济著述中，尤其是在《思考》里，不同篇章都有足够明白的表述。我们已经看到，在该文的专业性论证中，他附带地将"雇佣劳动者是国家中一个常规的规模庞大的阶级，雇佣劳动者没有财产可以依赖，只能完全依赖于他的工资，必要工资一般处在聊以谋生的水平"视为理所当然。雇佣劳动者"只能从手到口地生活"。上文已经部分引用过的一个段落，在这里值得做更全面的考量：

> ……劳动者［在国家收入里］的份额很少超过生存水平，这不允许他们花费时间或机会，超出这个水平之上去想这些事情，或者（为了一种公共利益）而与富人做斗争，以争夺他们的份额；除非某种共同的重大灾难使他们在普遍的骚乱中联合起来，使他们无所顾忌地鼓起胆量，用武力夺取他们的所需：到那时，他们有时候会破门闯进富人家，像洪水一样将所有东西洗劫一空。但是，除非是政府施政错误，而政府对此有所忽视或处置不当，否则这种情况很难发生。[2]

---

[1] Quoted in H. R. Fox Bourne, *The Life of John Locke* (1876), vol. ii, p. 378.

[2] *Works* (1759), ii. 36.

很难说，这里的哪些话最具启发性。在这段话里，有"劳动者的生活水平一般被压低到让他们无法进行政治思考或行动"这样的预设；有"在偶然的时机下，当他们确实超出谋生水平来想问题时，他们将会采取的唯一一种政治行动就是武装暴动"这样的预设；有"施政错误不包括将穷人丢在聊以谋生的水平上挣扎，但包括允许如此不寻常的灾难发生，以至于会使他们聚在一起搞武装叛乱"这样的预设；这里还有"这样的叛乱不正当，违反了他们理应怀有的对比他们更强的人的尊重"的指控。

在这里，对洛克而言，谁将拥有革命权成了关键问题：对他来说，革命权是公民身份的唯一有效测试，因为他没有规定其他途径来行使推翻有害政府的权利。虽然他在《政府论》里主张多数人的革命权，但他在那里似乎没有想到过，劳动阶级就可以拥有发动革命的权利。而且，我们确实没有理由说他有过这样的想法，因为对他而言，劳动阶级是国家政策的对象，是施政的对象，而非公民体的一个充分组成部分。它不能从事理性政治行为，而革命权实质上依赖于理性判断。

劳动阶级的成员处境过低，以至于不能过理性的生活（就是说，不能按照那些被洛克假定为由理性规定的道德原则来生活），这个预设在《基督教的合理性》（*The Reasonableness of Christianity*）里被再次明确表达出来。这部作品的整个主张就是这样一个诉求：将基督教恢复为一些简单的信条，使得"劳工和目不识丁的人都能理解"。因此，基督教应该被再造为

　　一个与老百姓的能力相合的宗教；一个与世人那注定是劳动奔波的状态相合的宗教。……大多数人没有闲暇去研究学问和逻辑学，遑论各学派间的精微区别。双手被犁和锄占据的人，

很少能够用头脑去钻研深奥的观念，或进行神秘的推理。如果处在这个阶层的人（更不用说女人）能够理解简单的命题，能够对他们头脑里熟知的、和他们的日常经验密切相关的东西进行简单的推理，那就很好了。若是超出这个程度，你就会把大多数人给弄糊涂了……[1]

225

这个诉求不像有人可能会认为的那样，是用简单的理性主义伦理信仰来取代神学家辩论。恰恰相反，洛克的观点是，没有超自然的约束，劳动阶级无法遵守理性主义伦理。他只是想要将这种约束说得更清楚。他提出的简单规条并不是道德规范，它们是信仰方面的信条。它们是用来被信仰的。相信这个规条是必要的，因为这些信条将福音道德规范转化为有约束力的命令。洛克的任务仅仅是塑造这些规条，使它们能直接诉诸普通人的经验，使这些普通人能去信仰。[2]洛克总结说，不能给大多数人类只留下自然法或理性法的指南；他们没有能力从中推导出行为规范。因为"对日工和商贩、纺织女和挤奶女工来说……听从明确的命令，是让他们服从和行动的真切且唯一的途径。绝大多数人不能理解，所以必须让他们去信仰"。[3]

当然，洛克是在向一切阶级推荐这种简化的基督教，这一点我们可以在他对基督教赏罚教义的非凡效用所做出的毫无遮掩的商人视角评论中看到。

[古代的]哲学家确实给众人展现过品德的优点；……但没

---

[1] *Works* (1759), ii. 585–586. Cf. *Human Understanding*, bk. iv, ch. 20, sects. 2–3.

[2] 见注释 O，第 299 页。

[3] *Works* (1759), ii. 580.

有给她什么资财，所以没什么人愿意迎娶她……但现在，"绝顶不朽的荣耀"被放在了天平靠她的那一边上，人们旋即对她趋之若鹜。现在显而易见，品德是最可渔利的买入物，很大程度上也是最好的买卖……天堂和地狱的景象会让现世那短暂的苦与乐不值一提，并会吸引和鼓舞人们去获得品德，同时无论是从理性和利益来考虑，还是出于对自己的关心，人们都只能接受和喜爱品德。以此为基础，也只能以此为基础，道德准则稳固地矗立着，可以藐视一切挑战。[1]

226

洛克的读者会比劳工更加赞赏这样一种对基督教的推荐。劳工在其所处的境地下，不会从获得"最可渔利的买入"这个角度来加以思考。但是，洛克认为，他提出的基督教基本教义能够满足能力更高之人，这仅仅是它的次要优点。他反复强调有必要通过相信神的赏罚而使劳动阶级服从，这无疑说明他的主要关切点在哪。他的隐含之意其实很明确：不像所有其他阶级，劳动阶级无法过理性生活。我们能察觉到，他对待受雇佣者和未受雇佣者的态度有些微差异。他似乎认为闲散的穷人是自甘堕落；而进行劳动的穷人只是因为处境不幸而不能过理性生活。但不论原因是否是在于他们自己有过错，劳动阶级的成员都不拥有，我们也不会指望他们拥有、也没资格拥有政治社会的正式成员身份；他们没有过着也无法过上一种完全理性的生活。

这些不仅是洛克的预设，也是他的读者们的预设。当他（就像在我们已经引用过的《思考》和《基督教的合理性》的那些段落中）做出这些预设时，他没有去论证它们。他完全视其为理所当然，因

〔1〕 Ibid., p. 582.

为按当时盛行的观点就是这样的。自从英格兰有了雇佣劳动者以来，这些人欠缺政治能力就被预设为一个当然的事实。在都铎王朝和早期斯图亚特王朝的历任政府治下，受雇佣者和未受雇佣者都是许多国家政策的关注对象，但是劳动的穷人和闲散的穷人都不曾被认为能够享有政治权利。清教个人主义取代了都铎和早期斯图亚特时期政权的父权主义，但即便如此，它在提高对仰人鼻息的劳动阶级的政治能力的评价方面，也没有什么帮助。相反，清教对穷人的教义（将贫穷看作道德缺陷的标志）在政治蔑视（穷人一直受困于其中）

227 之外，还添加了道德责辱。穷人可能值得去帮助，但必须基于一个更高的道德出发点。作为同情、怜悯和轻视——有时还有恐惧——的对象，穷人并不是一个道德共同体的正式成员。这里就出现了进一步将他们视为政治共同体的非正式成员的一个理由。但是，虽然以此来看，穷人不是政治共同体的正式成员，但他们确实服从于政治共同体的管辖。他们处在政治社会里，但他们本身不是政治社会的一分子。

这种对穷人的看法与加尔文宗对弃民（the non-elect）地位的看法之间，存在一个令人产生联想的相似之处。加尔文教会虽然宣称自己囊括了所有人，但却主张只有选民（the elect）才拥有正式成员身份。因此弃民（这部分人虽然并不是完全但主要是那些没有财产的人）既是教会成员，同时又不是教会成员：他们并不是参与教会统治的正式成员，但十足是应当服从教会戒律的成员。[1] 我们无须去估算，清教对穷人的道德和政治地位的观点在多大程度上是严格加尔文教义的世俗化。持有加尔文主义拣选论的人，不如持有清教

---

〔1〕 英国加尔文宗对这一观点的表述，见克里斯托弗·希尔:《清教主义与革命》（Christopher Hill, *Puritanism and Revolution,* 1958），第 228—229 页。

关于穷人的教义的人多，但是，严格的加尔文主义立场的某些残余
被带进到更广泛的清教传统中，并非不可能。无论如何，清教教义
强化了先前就被接受的"劳动阶级无政治能力"的观点。即使是在
内战和共和国时期，政治上的清教主义达到鼎盛之时，依赖他人的
穷人应当享有政治权利的想法曾被短暂地提出来，但从没得到哪怕
是来自平等派的任何支持，尽管平等派的立论基础是穷人的不自由，
而非他们的任何道德劣势。

　　随着复辟，赋予穷人政治权利的想法再次销声匿迹，而穷人道
德不健全这个观念被提高到了经济学正统的地位。复辟后研究经济
政策的作者尽管不是明显的清教徒，但都完全信奉清教关于穷人的
观点。劳动阶级在道德上的罪过是他们著述的不变主题。不仅闲散
的穷人（他们从都铎时代起就被看作是浮浪之人），还有劳动的穷
人，现在都几乎被视为一个分立的种族（尽管处于同一个国家中）。
托尼曾评论说，1660 年后的英国经济学作者"对待勤奋的最下层阶
级"的主流态度"比 17 世纪上半叶的普遍态度，要明显严厉得多，
而且……在现代，除了白人殖民者对黑人劳动力的那种不受尊敬的
行为外，没有可以与之类似的情况"。[1]劳动阶级不被视为公民，而
被视为一个为实现国家目的而可资利用的、现实的或潜在的劳动力
群体。经济学作者承认（甚至认定），劳动阶级是国家财富的最终
源泉，但却认为，只有当他们被鼓励和强迫去持续劳动时，他们才
是财富的源泉。他们普遍认为，榨取这些劳动力的现有制度还不够，
因为它们没有处理穷人的道德缺陷。无论各位作者所提出的纠治之
道是什么（其中不少都趋向更为严苛），他们都认定，劳动阶级要由

228

---

〔1〕 R. H. Tawney, *Religion and the Rise of Capitalism*, ch. iv, sect. iv, Penguin edition, 1948, p. 267.

国家来设法使之多产以增进国家收益。这并不是说，劳动阶级的利益附属于国家利益。劳动阶级并不被认为持有什么利益；这里的唯一利益是统治阶级眼中的国家利益。威廉·配第漂亮地阐述了普遍的看法：

> 人是……最主要的、最根本和最珍贵的商品，从人身上，可以导出一切形式的手工业、航海业、财富、征服和牢固的统治权。这种首要的材料本身是原生的、未经雕琢的，要把它交到最高权威的手里，用最高权威的智慧和性情，改进它、管理它、塑造它，让它多少拥有些优点。[1]

属于劳动阶级的人类是可以导出财富和统治权的商品，是一种要由政治权威来加工和处理的原材料，这是洛克时期的典型观点。劳动阶级天经地义地服从于国家但没有国家正式成员的身份，这个政治推断也是如此。劳动阶级没有过上也不能过上理性生活，这个道德基础还是如此。洛克不需要论证这些观点。他可以假定，他的读者会像他一样认为这些观点理所当然。当他（像在我们已经引用过的《思考》和《基督教的合理性》的那些段落里一样）确实提到这些观点时，他只是在提醒他的读者想起那些他们已经知道但没有正确应用的东西，以此来证明一种有关宗教或经济的专门主张。

所以，当洛克注视着他所处的社会时，看到的是两个有着不同权利和不同理性能力的阶级，就是非常清楚的事了。我们现在必须

---

[1] William Petyt, *Britannia Languens* (1680), p. 238. 这一段，以及这一时期不同作者的类似段落，被征引于 E. S. Furniss, *The Position of the Laborer in a System of Nationalism* (New York, 1920), pp. 10 ff. Cf. Sir William Petty: *Political Arithmetic, in Economic Writings*, ed. Hull, i, 307, 108, 267.

思考，他在多大程度上将他在自己所处社会中看到的差别置入人的本质和社会的本质中。

二、权利差别和理性能力差别的一般化

我们可以首先评价说，洛克的非历史思维习惯不会妨碍他将对17世纪的预设转移到假定的自然状态中，也不会妨碍他将17世纪时社会的和人的某些属性一般化为前政治社会和前政治社会中的人的属性。由于他将有关自己所处社会的预设看得是那么理所当然，以至于不觉得需要去加以论证，所以他轻易就将它们置入自己的前提中，而不觉得这里存在任何矛盾。问题在于，如果他确实将有关权利差别和理性能力差别的预设置入他有关社会和人的前提中，那么它们是在哪里被置入的呢？

洛克在《政府论》中对其设定的最初表述（以及他在《人类理解论》中对人性的分析，这些分析应该被看作与《政府论》一起构成了他关于人性一般理论的完整表述），并没有暗示一种阶级差别预设。但在他使用这些设定推导出政治社会的必然特征之前，特别是在对财产权的讨论中，他做出了一些其他论证，这些论证显示他已经将对自己所处社会的差别预设，一般化为一种关于人性差别和自然权利差别的抽象隐含预设。

（一）权利差别。我们已经看到，洛克认识到，17世纪社会存在一种如此深刻的阶级差别，以至于劳动阶级的成员所拥有的实际权利与更高阶级极为不同。他们过着并且必须过着"从手到口"的日子，从不能"超出这个水平之上去想事情"，并且不宜参与政治生活。他们的处境是他们没有可以自己加以劳动的财产所带来的结果；他们没有财产是普遍不平等的一个方面，而普遍的不平等是"人

类事务的必要性和人类社会的结构"使然。[1]

　　洛克在他的社会里看到了这一切，并将其作为一切政治社会的特点。但是，这是如何变成有关自然权利差别的预设，这项预设又是如何进入到《政府论》的论证中的呢？在开篇关于自然状态的陈述中，它确实没有出现；那部分所强调的还全是权利的自然平等。[2]

　　从平等的自然权利到有差别的自然权利的转变，是在洛克提出财产权理论的过程中出现的。在《政府论》关于财产的一章中，如我们所见到的，洛克独辟蹊径，将每个个人对他生存所需的财产和他施加劳动于其上的财产的自然权利，转化成了无限据有的自然权利（更勤勉的人据此可以正当地取得所有土地），使其他人除了靠出卖他们对自己劳动的处分权外别无活路。

　　这并不是洛克个人主义的一个内部偏差，而是它不可或缺的一部分。洛克个人主义的核心，是主张每个人生来就是他自己人身和能力的唯一所有者[3]——他为此并不亏欠社会什么，因而是绝对的所有者——尤其是他的劳动能力的绝对所有者。[4]因此，每个人都能自由让渡他自己的劳动能力。洛克用个人主义设定将平等个体组成的大众（正当地）转化为两个享有截然不同权利的阶级（拥有财产的阶级和没有财产的阶级）。一旦土地全部被占据，无须服从他人管辖这项基本权利在土地所有者和非所有者之间就变得极为不平等，以至于造成了性质上而非程度上的差别：洛克认识到，没有财产的人为了要活下去就得依赖拥有财产的人，并且他们没有能力改变他们自己的处境。在财产分化出现后，原初的自然权利平等（体现为

---

[1]　*Considerations, Works* (1759), ii. 19.

[2]　*Second Treatise*, sects. 4, 5.

[3]　sects. 4, 6, 44, 123.

[4]　sect. 27.

"没有人拥有对他人的管辖权"[1]）就无以为继了。换句话说，没有对物财产权的人会失去对他自己人身的全部所有权，而那正是他享有平等自然权利的基础。[2]而且洛克认定，财产的差异化是自然的，就是说，它发生"在社会的界限之外，而且无须契约"。[3]建立政治社会是为了保护不平等的财产，而早在自然状态里，不平等的财产就已经导致了不平等的权利。通过这种方式，洛克就将有关他所处社会中的权利阶级差别的预设，一般化为一个有关自然权利自然的隐含预设。如我们将看到的，这个隐含预设并没有取代最初的平等预设；准确地说，看起来这两个预设同时存在于洛克的头脑里。

（二）理性能力差别。我们已经看到，洛克假定，在他所处的社会中存在一种理性能力的阶级差别，它使得劳动阶级无法过一种完全理性的生活，就是说，没能力按照自然法或理性法来安排他们的生活。问题是，它是如何变成了一个关于理性能力差别的一般预设，又是在何处进入《政府论》的论证中去的呢？它没有出现在开篇所陈述的设定中。那里对理性能力和堕落的处理是抽象的。而且，尽管洛克在理性人（他们保持自然法界限之内）和堕落的人（他们践踏了自然法）之间做出了区分，[4]但他并没有暗示这种区分与社会阶级有关。同样可以说，洛克在自然状态的第一阶段（此时还存在充足的土地），对"勤勉和理性的人"（他们遵循自然法的命令，靠着自己的劳动征服土地，而他们施加于土地之上的劳动给了他们获得土地的权利）和"好事吵闹和纷争的人"（他们的贪婪导致他们反而"乱动旁人业已用劳动改良过的东西"[5]）之间做出的区分，也同样没

232

---

[1]　sect. 4.
[2]　参看上文，第 219 页；亦请参看第三章，第 145 页及以下。
[3]　*Second Treatise*, sect. 50.
[4]　下文第 239–240 页对此有讨论。
[5]　*Second Treatise*, sect. 34.

有暗示与社会阶级有关。在自然状态的第一阶段，人们应对其所处
的自然环境的方式是：理性行为在于用劳动征服自然，以征服为目
的而将其据为己有。理性行为的实质是勤勉的据有。但在论财产这
一章的行文过程中，理性行为的实质经历了一次变化。它从勤勉据
有一个人可以用来生产他和他家庭所需的适量土地，转变为据有超
出这个目的所需土地量的土地。当这种无限积累变得合理时，完全
的理性能力就只可能为那些能够无限积累的人所独有了。

理性能力概念的这个转变足够重要，值得我们更仔细审视。在自
然状态的第一阶段，理性行为的实质是征服和改良土地。

> 上帝将世界给予全人类所共有时，也命令人们要从事劳动，
> 而人的贫乏处境也需要他从事劳动。上帝和人的理性指示他垦
> 殖土地，这就是说，为了生活需要而改良土地，从而将属于他
> 的东西、即劳动施加于土地之上。[1]
>
> 上帝将世界给予人类……是为了他们的利益，为了使他们
> 尽可能从它获得生活的最大便利……他是将世界给予人类，是
> 为勤勉和理性的人们来利用（而**劳动**理应是他取得土地的**资格
> 所在**），不是为好事吵闹和纷争的人们来满足其狂想和贪婪。[2]

所以，在一开始，理性命令每个人为了自己的利益而征服和改
良某些土地。但是，只有他拥有了土地，他才能征服和改良它："人
类生活的条件既然需要劳动和用以加工的资料，就必然地导致私人
占有。"[3] 因此，理性行为的实质就是对土地及其出产原料的私人据

---

[1] sect. 32.
[2] sect. 34.
[3] sect. 35.

有，以及将一个人的精力投入到对土地和原料的改良中，以求取得他可以借此取得的最大生活便利。勤勉和理性的人就是那些在开展劳动和据有的人。在"这种行为是神法或理性法的要求"这个道德意义上以及在功利意义上，这种行为都是理性的。洛克这里强调的是道德上的理性能力：因为，如果只考虑功利的话，"乱动旁人业已用劳动改良过的东西"[1]也可以是正当的和理性的。在自然状态的第一个阶段，在货币和随之而来的占据所有土地来临之前，每个人只要他劳动了，就确实据有了。

但随着货币被引入到某一片领地，这片领地内的一切土地很快就被据为私有，[2]而有的人只占了不到一寸的土地。我们必须记着，对洛克来说，这还是自然状态：人们仅仅是通过默示同意使用货币（货币的使用在社会的界限之外，也没有经过订立契约），就赞成了不合比例和不平等的土地占有。[3]因此，在自然状态的第二个阶段，那些没占到土地的人就不能算是原初意义上的勤勉和理性的人：他们不能为了自己的利益而据有和改良土地，而这起初就是理性行为的实质。

在第一个阶段，劳动和据有彼此蕴涵，共同构成了理性行为，然而在第二个阶段，劳动不再意味着据有，尽管据有意味着（某些人的）劳动。到了这里，据有多于他能够用来生产充足供应自己和家庭消费品的土地量，在道德意义和功利意义上就变成理性的了；也就是说，据有土地将其用作资本——这需要将他人劳动（意即，那些自己没有土地的人的劳动）所创造的剩余产品据为己有——就变成理性的了。易言之，当劳动和据有变得可以互相分离时，完全

〔1〕 sect. 34.
〔2〕 sect. 45.
〔3〕 *Second Treatise*, sect. 50.

的理性能力就与据有而非劳动结伴而行了。

　　要明白这一点，我们只需要注意：在洛克看来，从自然状态的第一个阶段向第二个阶段过渡时，唯一改变了的东西就是（道德和功利双重意义上的）理性据有的尺度。在引入货币之前，据有超过消费所需的量，在双重意义上都是不合理的："囤积多于〔一个人〕能使用的东西是愚蠢的，也是不诚实的。"[1]但是，它之所以在双重意义上都是不合理的，仅仅是因为它涉及腐坏或荒废，而它之所以涉及腐坏或荒废，仅仅是因为欠缺货币这个技术工具。道德法则不反对大规模占有，"超过他的正当财产的范围与否，不在于他占有多少，而在于是否有什么东西在他手里白白地灭失掉"。[2]凭借货币作为价值存储手段的能力，货币的引入移除了阻止无限据有获得道德意义上的合理性（意即，符合自然法或理性法）的一切技术障碍。货币的引入，同样移除了阻止无限据有获得功利意义上的合理性的技术障碍。作为交换手段和价值存储手段的货币，使得一个人生产用于商业交换的商品、"通过售卖产品为他集聚货币"变得有利可图，进而使得"超出他的家庭用途和供其消费的丰富供应之外"，并且是远超出"值得圈占"[3]的数量之外来扩大他的土地占有也变得有利可图。洛克没有问，人们为何在引入货币后就从事不受限制的据有；他只是解释了为何他们在引入货币之前不会愿意这么做。

　　洛克明显是从积累本身在道德的和功利的意义上是理性的这个立场出发，接着发现，在人的最初境地里，阻止积累获得合理性的唯一东西就是货币和市场的欠缺。他还发现，人生来就足够理性，能够同意使用货币和遵守商业规矩，而无须树立一个正式的政治权

235

---

〔1〕 sect. 46；参看第 51 节，那里用的说法是"无用的，也是不诚实的"。
〔2〕 sect. 46.
〔3〕 sect. 48.

威。理性人应当会克服妨碍无限积累行为的技术壁垒，并由此使他们自己能够变得完全理性，而这一切都发生在自然状态里，还有什么比这更自然的呢？

总之，洛克将一种追求无限积累的理性倾向附会进人的原初本性。他说明了在前货币社会，它天然地受到压制，并说明了如何能够借助一种自然人理性能力中的手段来移除这种压制。从历史角度看，一种货币性和商业性的自然状态这整个观念毫无意义，但它在假说意义上是可以理解的，但是只有像洛克一样将积累的理性倾向归结为人的本性时，它才是可以理解的。这就是说，只有将一种人和自然之间（意即，人和作为人的生存之源的土地之间）的关系——它是典型的资产阶级关系，因为洛克确曾声言，人类生活的条件必然导致土地和加工原料的私人占有[1]——附会进自然状态中，它才是可以理解的。正因为洛克一直认定完全理性的行为是一种积累行为，他才能够发现，当劳动和据有变得可以相互分离时，完全的理性能力在于据有而非劳动。

有人可能会认为，我们在洛克理论中所发现的有关"无限积累倾向的合理性"这个预设，与如下事实相悖——洛克有时用非常传统的字眼来谴责贪婪。他提到了"黄金时代（在虚荣的野心和罪恶的爱欲［*amor sceleratus habendi*，evil Concupiscence］腐蚀人心，使权力和荣誉的真正意义被曲解之前）……"。[2]他告诉我们，正是贪婪的出现使得一个成熟的政治社会成为必要。在"亚洲和欧洲的原始时代，当地广人稀，人力和财力的缺乏使人们产生不出扩大土地占有的念头之时"，"没什么是贪婪或野心的对象"，也没有"忧虑

------

〔1〕　*Second Treatise*, sect. 35.
〔2〕　sect. 111.

或防范它"的理由。[1] "一种单调而贫乏的生活方式下的平等将他们的欲望局限在各人的少量财产的范围内，这很少造成纠纷，因而不需要很多的法律来加以裁决：又由于不法行为和犯罪者很少，也就不需要法官。"[2] 洛克说，这样的民族需要一个初级的政治社会，主要是为了保护他们自己免遭外部势力的入侵。除了在战时，它的统治者"只行使极少的统治权，只拥有极有限的主权"。[3] 只有在货币被引入，全部土地都被据有和严重的不平等财产出现后，贪婪才愈显重要，并使得人们需要一个完全享有主权的政治社会来保护财产免受觊觎。

  显而易见，洛克反对贪婪。不过，这根本不与他相信无限积累的道德合理性相悖。相反，正是理性的——意即勤勉的——据有，要求防范好事吵闹和纷争的人（他们企图不靠勤勉而靠着不法行为来取得占有）的贪婪。勤勉的据有者并不贪婪，想要侵犯他的据有的人才是贪婪的。而且，只有当理性的勤勉据有超出了少量财产的界限，变成了无限积累后，这样的据有才需要保护。洛克对贪婪的谴责是他的"无限积累是理性能力的实质"这个预设的结论而非对它的否定。[4] 将洛克与霍布斯的立场加以对照颇具启示意义。对霍布斯来说，"贪得巨富或热衷声名是令人尊重的，因为这是获得这一切的权力的象征"。[5] 在这点上，就像在是否将人当作一件商品那个问题上[6] 一样，洛克并不准备走得像霍布斯一样远。两位思想家都认为无限积累在道德上是正当的；但是，由于霍布斯将社会彻底归结

---

〔1〕 sects. 108, 107.
〔2〕 sect. 107.
〔3〕 sect. 108.
〔4〕 见注释 P，第 299 页。
〔5〕 *Leviathan*, ch. 10, p. 71.
〔6〕 见上文，第 219-220 页。

为一个市场，并认为那些不能从市场关系导出的道德原则没有存在的余地，所以他没有在贪婪和无限积累之间做出区分。洛克（以及哈林顿[1]）则在某种程度上保留了传统道德原则，做出此一区分，但他没觉得这有什么不妥。

所以我们发现，洛克从一开始就将私人据有看作是自然的和理性的，将引入货币后（按照他自己的认识，在这个阶段，所有土地都被占据，而有的人不得不开始一种没有自己土地的生活）超出消费和物物交换范围之外的积累倾向看作是自然的和理性的。从这时起，在自然状态的第二个阶段，理性行为体现为无限积累，而积累的可能性只向那些成功占有了土地或加工原料的人开放。

由此可知，在洛克看来，在自然状态里存在着一种理性能力上的阶级差别。那些在土地全部被据有之后没有土地的人，不能算是完全理性的人。他们没有机会成为完全理性的人。就像政治社会里的日工一样，他们无法通过耗费自己的劳动来改造自然的馈赠；他们需要将所有精力都用于保持活命，过着"从手到口"的生活，所以他们不能"超出这个水平之上去想事情"。

第四节　含糊不清的自然状态

我们已经看到，洛克是如何将他关于现有社会的权利和理性能力差别的预设，以一种一般化形式附会进自然状态。在洛克眼里，这些被一般化的预设仅仅只是修正了《政府论》的初始设定，并没有取代之。现在我们能看到，洛克同时抱有这两种设定，所以作为

[1]　见上文，第四章，第 176 页。

其理论运作基础的设定是混杂而含糊的。所有人大体上都是理性的；然而，存在两类不同的理性能力。所有人在自然权利方面都是平等的；然而，存在两种不同的拥有自然权利的方式。在这里，我们找到了洛克人性表述中非同寻常的矛盾的源头。

我们习惯于认为，洛克主张人实质上是理性的和社会性的。人是理性的，因为他们能够按照自然法共同生活，而自然法就是理性或至少（尽管没有铭刻于心）依靠理性而无须借助启示就可知晓。人是社会性的，因为他们能够按照自然法生活，而无须由一个主权者强制施加规则。人们确实经常将这一点说成是洛克和霍布斯在人性看法上的重大差异。如果他们之间确实存在显著差异，那么正是在这点上而非在他们的动机理论那里才有可能找得到其差异所在。因为，洛克和霍布斯一样，认为人在根本上受欲望和嫌恶的驱动；认为人的欲望是如此之强以至于"如果任由它们澎湃恣意，就会使人们推翻一切道德。道德法则就是为约束和钳制这些过度的欲望而设立的"。[1]可以说，这个看法和霍布斯看法之间的差异在于，洛克认为，人能够因为理解这些规则的效用，从而为他们自己设立这些规则，而无须确立一个主权者。

《政府论》开篇所陈述的一般理论，其大意确实是说，人生来就能按照自然法或理性法主宰他们自己。洛克告诉我们，自然状态有一种自然法在支配着它，那就是理性。[2]自然状态与战争状态截然相反：这两者"正像和气、善意、互助和保全的状态和敌对、恶意、暴力和互相残杀的状态之间的区别那样迥然不同。人们按照理性在

---

〔1〕 *Essay Concerning Human Understanding*, ed. Fraser (1894), bk. i, ch. 2, sect. 13. 参看 1678 年洛克那霍布斯式的思考："人们所采取的行动、他们的行为所依据的规则和他们指给自己的目的，其首要源头看起来是信誉和名声，而他们无论如何都要避免的事情，最主要的就是羞耻和耻辱。"（引自 Locke's MS. journal, in Fox Bourne, op. cit. i. 403–404）

〔2〕 *Second Treatise*, sect. 6.

一起生活，在人世间不存在拥有对他们进行裁判的权力的共同上级，这正是自然状态"。[1]

承认自然状态中有一些人不会遵循自然法（像洛克那样），并不会偏离前面那种对自然状态的看法。自然法只教导那些"愿意求教于它的人"；有些人践踏着它，并以此宣布他们自己"要按照理性和公道的规则之外的另一种规则生活"，并由此变得"对人类是危险的"；一个违反了自然法的人"变得堕落，并宣布自己抛弃人性的原则而成为有害的人"。[2]因此，在自然状态里，在天生守法的人中有一些天生的罪犯。但是，洛克将这些人描述为"有害的"、"堕落的"，已经"抛弃了人性的原则"的做法明显说明，他想让他的读者们将他们看作是例外的极少数人。我们甚至可以将洛克那夸张的语言看作是在暗示，他急于让自己相信，在自然状态中正派行为占主导。无论如何，他明确认为，自然状态中存在一些不法行为者并没有影响自然法的盛行：他把包括不法行为者在内的自然状态描述为"人们按照理性在一起生活"，以及"和气、善意、互助和保全的状态"。[3]

但这只是洛克为自然状态所描绘的两幅相反图景中的一幅。早在《政府论》第三章，在紧跟在区分自然状态和战争状态之后的那一页，我们就可以读到，如果不存在为竞争者做出裁判的权威，那么"每个最微小的差别都容易结束于""战争状态"，并且"人们让自己进入社会、脱离自然状态的一个重要的原因，"就是"避免这种战争状态"。[4]自然状态与霍布斯的战争状态之间的差别启示已经

---

[1] sect. 19.
[2] *Second Treatise*, sects. 6, 8, 10.
[3] sect. 19.
[4] 见注释 Q，第 300 页。

消失了。在稍后一些章节中，我们又读到，自然状态是"很不安全、很没有保障的"，在自然状态里，个人权利的享有"很不确定，一直暴露于受其他人侵犯的危险里"，并且自然状态"充满恐惧和持续的危险"；而这一切都是因为"大多数人都不是公平正义的严格遵守者"。[1] 按照这种说法，使人们在自然状态下无法生活的原因，并不是少数人的邪恶，而是"大多数人"偏离理性法的倾向。至此，自然状态和战争状态已经无法加以区分了。在洛克讨论瓦解政府的叛乱时，情况就是如此：那些"再次恢复了战争状态"的叛乱之人，[2] 废除了"由所有人同意、为和平裁断他们的一切纷争而建立的仲裁者，以及阻止他们中间发生战争状态的屏藩"，并"重新使人们陷入战争状态的危险里"。[3] 当政治社会被瓦解后，人们就会被带回到战争状态而非和平的自然状态。

洛克有关自然人的两种叙述之间存在着根本性的矛盾。有时候自然状态是战争状态的反面，有时候自然状态又等同于战争状态。这是洛克赖以建立其政治理论的明确设定里的核心矛盾。但是这并不意味着，这只不过简单重复了将人视为欲望和理性的矛盾混合体的传统基督教观念。洛克无疑接受这种观念。这种观念确实允许人们对人性两个组成部分的相对重要性（或潜力）持有较为不同的信念。不同的人在宣扬基督教教义时可以采取不同的观点。但是需要加以解释的是，在这个问题上，洛克何以没有采取一个立场，而是采取了两个相反的立场。

当然，有人可能会说，洛克为了陈述自己反对霍布斯的理由，

---

〔1〕 sect. 123. 参看 124-125 节，"人"（Men）；131 节，"不安全和不方便"（unsafe and uneasie）；137 节，"力量条件"（terms of force）。

〔2〕 sect. 226.

〔3〕 sect. 227.

不得不采取两个立场——他不得不让人们如此理性，以至于不需要一个霍布斯笔下的主权者，又不得不让他们如此好事争竞，以至于需要他们将自己的自然权利和权力交给一个政治社会。但这么说，就是在非常不公正地和没有必要地指责洛克要么思想上不真诚，要么就是极端肤浅；此外，这么说还意味着低估了洛克让个人从属于国家的程度。[1]

另一种解释对洛克的责难没那么容易受到质疑；我们能够看到，242 洛克为自然状态描绘的两幅总体图景和自然状态的两个阶段（即引入货币之前和之后。我们已经看到，这隐含在他对引入货币的讨论里）之间具有某种相似性，这种解释就是由这种相似性暗示出来的。那个令人愉悦的自然状态图景（里面只有极少数堕落的人），是否可能是根据初级的前货币社会（"那里不法行为和犯罪者很少"，因此没有完善的政治社会[2]）描绘出来的？如果是这样，那么它对应"论财产权"一章所讨论的两个阶段中的第一个。令人不悦的自然状态（在那里，"大多数人"都不是公平正义的严格遵守者，所以没什么人的财产是有保障的）就对应引入货币后的阶段——"罪恶的爱欲"在那时已经有所蔓延，这意味着已经有了不少犯罪者。

但这种解释也不正确。因为洛克将令人愉悦的和令人不悦的两个版本，都呈现为直接处于政治社会建立前的自然状态（也就是自然状态的第二个阶段）图景。令人不悦的图景是关于第二个阶段的，这一点毫无疑问。根据洛克用来证明政府不能拥有专断权力的一处论证，可以明显看出，令人愉悦的图景同样也是直接处于政治社会建立前的自然状态。他不得不假定，自然状态（人们从这里进入政

---

〔1〕见下文，第 255–258 页。
〔2〕*Second Treatise*, sects. 107–108.

治社会）是这样的——身处其中的人们总体上遵守自然法，即他们不会专断地侵犯他人的生命、自由或财产。如果他们确实那么做了，那么他们在自然状态中享有专断的权力。而在洛克这里，人们在自然状态中并不享有专断的权力，因此也就不能将它转让给政治社会。[1]

243　　仍需解释的是，洛克怎么能够说，从自然状态进入政治社会的人，实际上既受自然法主宰又不受它主宰；这同一群人在同一时刻，怎么会其中大多数人是理性、平和的，同时"大部分"人又是如此蔑视自然法，以至于没人有一丝保障?[2]

　　我们对洛克社会预设的分析，可以对此给出一个解释。我认为，洛克之所以能够同时采取这样两个人性立场，是因为在他的头脑里同时有两个社会概念，它们虽然在逻辑上有冲突，但都源于同一个终极源头。一个概念是将社会视为由平等的无差别生物组成。另一个概念是将社会视为由两个根据其理性能力水平划分的阶级组成——分为那些"勤勉和理性的"并拥有财产的人和那些非"勤勉和理性的"人，后者确实劳动但仅是为了生活下去而不是为了积累而劳动。洛克不会意识到这两个社会概念之间存在矛盾，因为这两个概念（如我们已经看到的，并非只有第二个）都是从他对自己所处社会的理解带入到他的设定中去的。

　　尽管第一个概念被洛克表现为传统的基督教自然法观点，但其内部混杂了应予注意的原子论观点（它是 17 世纪唯物论的典型特征）。有关人的天然道德平等、他们获得自然法好处的平等资格以及他们认识自然法义务的平等能力的传统观念当然是洛克首先想要陈

---

〔1〕　sect. 135.
〔2〕　见注释 R，第 300 页。

述的内容：人是"同种和同等的生物，毫无差别地生来就享有自然的一切同样的有利条件，能够运用相同的身心能力"，他还引用了胡克（他将基督教自然法传统带给 17 世纪）来证明"这种人生来就有的平等"。[1] 这种权利的平等同时也是理性的平等，人平等地有能力理解自然法："理性就是这种法律，教导着那些愿意向它求教的所有人类……"[2]

但是，现在我们要注意的是，洛克对自然平等的预设超越了这种传统基督教观点。正当政府必须以同意为基础的原因不仅仅在于，就人们都为上帝的平等造物因而享有平等的道德权利而言，人生来自由和平等。原因还在于，就像洛克在反对父权论时所强调的那样，人被认为在管理他们生活的实际事务方面都平等地有能力独立谋生。

洛克基于以下这个理由反对有些人将政治权威建立在政治权力与父权之间的类比基础上：父权仅仅在孩子成长到足以被假定有能力知晓自然法并能自行管理日常生活事务之前才依据自然而有效。到那时，除疯傻之人以外的所有人，都享有免受父权权威支配的自由，因为他们被假定为都同样能认识到自然法并"独立谋生"。[3] 与此相似，洛克为夫妻共同财产找到的唯一自然基础就是，它是保护和抚养后代直到他们能"独立谋生"[4] 所必需的。在总结"父权或亲权"的范围时，洛克再次无差别地将这种权力描述为"父母对其子女所拥有的，为了子女的利益而支配他们的权力，直到他们能运用理性，或达到这样一种知识状态为止：在那种状态下，我们可以假定他们有能力懂得那种应该用来规范自己的准则，不论那是自然法

---

〔1〕 *Second Treatise*, sects. 4, 5.

〔2〕 sect. 6.

〔3〕 *Second Treatise*, sect. 60.

〔4〕 sect. 83; cf. sect. 80.

或他们国家的国内法",[1]描述为一种由自然赋予父母的权力,"使其在儿女未成年时为他们谋利益,以补救他在管理他们的财产……[即人们在他们的人身和物质上的财产]方面的无能和无知……"[2]

人生来就能够独立谋生,这个预设并非无所用意。有了它,洛克能够凭良心将他所观察到的社会不平等和他假定的自然权利平等调和起来。如果人生来在"平等地有能力照管自己"这个意义上是同样理性的,那么在财产竞逐中永久落后的人就能被认为是咎由自取。而且,只有假定人平等地有能力自行谋生,让人们在没有旧自然法所主张的保护下自谋生计并在市场中相互对抗,才会被认为是公正的。这样一来,人在独立谋生的能力方面是同样理性的这个预设,就使得市场正义与传统的交换正义和分配正义观可能被调和起来。

我们可以说,洛克的平等理性能力学说脱胎于胡克并受到了霍布斯的启发。如果想要为市场社会正名,而又像洛克一样不愿意全面追随霍布斯将一切正义归结为市场中缔约者的正义,那么独立谋生的平等能力这项预设就是必需的。易言之,至少对那些声称自己在延续传统自然法的资产阶级理论而言,必须在总体上将人设想为一种有能力且在道德上有资格照管自己的理性资产阶级人。

至此,当人在总体上被这么设想为一种资产阶级理性人的形象时,人的自然状况就是非常理性、非常和平的。我认为,这就是洛克的两个自然状态概念中第一个的源头。它既归因于他对基督教自然法传统的理解,也归因于他对资产阶级社会同等程度的理解。

洛克的另一个自然状态概念与一种具有更明显资产阶级性质的

---

[1] sect. 170.

[2] sect. 173.

社会概念（这种社会存在一种固有的理性能力上的阶级差别）有着更直接的联系。17 世纪的资产阶级观察者很难看不到，在穷人的理性能力和有一定财产的人的理性能力之间，存在一种根深蒂固的差别。这一差别实际上是一种根据资产阶级道德法则安排自己生活的能力或意愿上的差别。但是，对资产阶级观察者来说，这看起来就是人们遵照道德规则本身安排自己生活的能力上的差别。我们已经看到，这就是洛克的看法。如果这种理性道德方面的阶级差别被附会进人性中，它就会造成一种不安全和不稳当的自然状态。因为，（像洛克那样）说大部分人在没有制裁的时候无法用理性法指导自己的生活，就意味着需要有一个提供法律制裁的政治社会（以及一个提供精神制裁的教会）来让他们遵守秩序。没有这些制裁（即在自然状态中），是不会有和平的。

　　我已经将洛克的理性能力差别概念称为一种资产阶级概念。这和亚里士多德的两个阶级——奴隶主和奴隶（假定的理性能力上的固有差别证成了他们的相对地位）——的观念没有共同之处。对洛克来说，理性能力上的差别不是人所固有的，不是上帝或自然植入他们身上的；相反，它是借助人们的不同经济地位，通过社会获得的。只不过，它是在自然状态里习得的；因此就是政治社会所固有的了。一旦获得就成为永久性的了，因为它是洛克将其作为政治社会的永恒基础那个财产关系秩序的伴生物。洛克差别化的理性能力这个概念，被证成为是自然的，而非一种奴役[1]，是一部分人通过持续以契约方式让渡他们的劳动能力而形成的从属地位。之所以出现这种差别，是因为人们能够自由地让渡他们的自由。理性能力的不

────────────

　　〔1〕 当然，洛克确实论证了奴役的正当性，但不是以人固有的不同理性能力作为依据。只有当一个人"因为他的过错，做了理应处死的行为而丧失了生命权"（sect. 23）的时候，奴役才是正当的。洛克似乎曾将它看作是适合于他笔下的自然罪犯的刑罚。

同是这种让渡的一个结果而非它的一个原因。但是，理性能力的不同一旦确立，就为权利差别提供了证成。

因此，洛克对自然状态的两种看法都源于一种资产阶级社会观。它们的共同源头模糊了它们的互相矛盾。通过以上分析可知，含糊不清和相互矛盾的是洛克对他所处社会的理解。舍此很难找得到其他的解释。它极为准确地反映出一个新兴资产阶级社会的矛盾心理：它要求形式平等又要求实质上的权利不平等。正如人们对霍布斯学说的全面疏远所说明的，这种社会的领导者还没有准备好抛弃传统的道德法则并转而去赞美一种彻底的唯物主义功利原则。他们认为，这样一种原则（无论对错）对社会结构而言太过危险。只要人们还持有这种看法，那么就必须宣扬人的自然平等，并给这种平等披上自然法的外衣；就必须为不平等提供一种自然证成。为了让同时代的读者们普遍感到满意，洛克把这两样工作都做了。即使这在洛克理论的核心处留下了一个含糊之处，而这个含糊之处又弥漫到他理论的其他部分，它也并没有使他的理论不能很好地服务他自己所处的社会。

第五节　含糊不清的政治社会

我们现在可以来探究，洛克对自然权利和理性能力的含糊立场是如何出现在他关于政治社会形成的理论中的。洛克告诉我们，人们进入政治社会，是为了保护他们自己免受自然状态的不便、不安全和暴力之忧。或者就像他反复说的那样，人们聚合为政治社会，将他们自己置于政府之下的重大目的是保全他们的财产——据他说，他用"财产"一词来指他们的"生命、自由和地产"。[1]如果这么来定义财产，那么每个人都有理由进入政治社会，而且每个人都有能力进入政治社会，因为每个人都享有某些可以转让的权利。但是，洛克没有坚持这个定义。在"财产"的意涵对他的论证有决定性意义的地方，他在两个不同意义上使用这个词语。人们约束自己服从政治社会、希望由政治社会来保护的财产，有时被说成是生命、自由和地产，[2]有时又被明确说成只是动产或土地。[3]这样一来，说那些没有地产或动产的人（即那些没有通常意义上的财产的人）处在和不处在政治社会中，都有正当根据。

当人们进入政治社会所要保护的财产被认为是生命、自由和地产时，所有人（除了奴隶）都有资格获得成员身份；当它只被认为是动产和地产时，则只有那些占有动产和地产的人才有资格。洛克同时采用了这两种用法，并没有觉得存在任何矛盾。按照我们的分析，他的这个做法是可以理解的。洛克认识到他所处社会中所存在的有阶级权利差别——这种认识作为一个有关自然权利和理性能力差别的隐含预设进入他的设定中，但并没有将关于普遍理性能力和平等权利的形式预设替换掉——他的这种认识显现在谁是社会契约的契约缔约方这个极重要的含糊点上。

洛克认为谁是政治社会的成员？这个问题看起来只有一个答案。对所有人（无论是否拥有通常意义上的财产）来说，保全自己的生命和自由都是其利益所在，因此他们都被包括在内。与此同时，只有那些有"地产"的人才能是正式成员，其原因有二：只有他们才对保全财产有完完整整的利益，也只有他们完全有能力过那种理性

---

〔1〕 *Second Treatise*, sect. 123.

〔2〕 e.g. sects. 123, 131, 137.

〔3〕 e.g. *Second Treatise*, sects. 138–140, 193.

生活（即自愿服从理性法）——而这是完全参与政治社会的必要基础。没有财产的劳动阶级虽然服从于政治社会，但并不是政治社会的正式成员。[1] 如果有人质疑说，这不是一个答案，而是相互矛盾的两个答案，那么我的回应是，这两个答案都来自于洛克的预设，而且只有两个答案合在一起，才能精确地再现洛克的想法，而其中任何一个答案都无法单独做到这点。

哪些人经由假定的原始契约成为政治社会成员？对这个问题的含糊处理使洛克能够将所有人视为被统治的成员，而仅仅将有财产的人视为实行统治的成员。统治权（更精确地说，就是控制政府的权利）只被赋予了那些有财产的人：他们被赋予了有关税收（没有税收，任何政府都不能存续）的决定权。[2] 另一方面，受法律约束和服从合法政府的义务被加诸所有人，无论他们有没有"地产"意义上的财产，其实也无论他们是否订立过明示契约。当洛克将他的明示同意学说扩大化为默示同意学说时，他无疑指明了受到约束的是哪些人：

> 只要一个人占有任何土地或享用任何政府的领地的任何部分，他就因此给出了他的默示同意，从而在他同属于那个政府的任何人一样享用的期间，他必须服从那个政府的法律。这不管他所占有的是属于他和他的继承人的土地，或只是一星期的住处，或只是在公路上自由地旅行；事实上，只要他还在那个政府的领土范围以内，就构成了默示同意。[3]

洛克明确指出，默示同意（所有人都被假定做出了默示同意）

---

〔1〕　参看哈林顿所做的"赚取工资者处在共和国之外"的预设；上文，第四章，第182页。

〔2〕　*Second Treatise*, sect. 140. Cf. sect. 158.

〔3〕　sect. 119.

并不能使这些人成为正式的社会成员:"除了通过积极投入,以及明示承诺和契约,确实地加入一个国家之外,没有别的方式可以使任何人成为那个国家的臣民或成员。"[1] 被假定通过明示契约使自己加入某个国家的人仅仅是那些拥有或有望拥有某种土地财产权的人:

> 每一个人最初加入一个国家时,通过使自己加入这个国家的行为,他也将已有的或将要取得的而不曾属于其他任何政府的财产并入并服从这个共同体。因为,任何人为了保障和规范财产权而和其他人一起加入社会,却又认为他的土地(该土地上的财产权理应由这个社会的法律来加以规范)可以不受这个政府——身为土地所有人,他自己就是这个政府的臣民——的管辖,这会是一个直接的矛盾。[2]

并不是每个土地所有人都必然是正式社会成员——外国人[3],甚至那些其实没有加入社会的本国人[4]也可能在那里占有土地——但每个正式成员都被假定为土地所有人。因此,没有地产的或无望拥有地产的本国人,就不能通过默示同意这个后门来获得正式成员资格;他就像定居本国的外国人一样,只是服从政府管辖而已。[5] 洛克引入默示同意概念的原因大概是,根本无法证明一个业已建立的国家的所有现有公民都做出了明示同意。但他的默示同意学说还有个额外的好处:它显然将义务加诸那些没有任何地产的人身上,只要"他们出现在"领土内。

---

[1] sect. 122.
[2] *Second Treatise*, sect. 120.
[3] sect. 122.
[4] sect. 121.
[5] 参看艾尔顿的立场;上文,第三章,第151-152页。

从之前的整个分析来看，洛克努力的成果是，用有关平等个人自然权利的设定为一个阶级国家提供了一个道德基础。考虑到 17 世纪的个人主义自然权利预设，一个阶级国家只能靠一种同意学说来获得正当性。这种同意学说将一个阶级纳入国家中，但又不让它完全成为这个国家的一部分。这正是洛克理论所做的工作。这个理论要想成立，就要求一些隐含的预设——而我们已经看到，他脑中确实有这些预设。这些预设使他陷入含糊和矛盾中，而这些含糊和矛盾遍及他的论证中。他如果不是想要阶级国家和平等自然权利两者兼得，就很难理解他为何如此坚持这些矛盾的论述。

这并不是在暗示，洛克故意将一个平等自然权利理论歪曲为一项对阶级国家正当性的论证。相反，他所真诚抱持着的自然权利预设是这样一些预设：它们使他的理论有可能（实际上差不多能确保）无须假借花招就能证明一个阶级国家的正当性。其中决定性的因素是，洛克构想的那些平等的自然权利（包括无限积累财产的权利）合乎逻辑地产生了差别化的阶级权利，并由此给出了对阶级国家正当化的一个论证。洛克笔下令人困惑的东西是从一个自身就矛盾的平等自然权利设定进行诚实推导所得到的结果。有证据表明，他并没有意识到，无限财产的平等自然权利这个设定中存在矛盾，他只不过将一种他眼中的政治社会的正常关系，附会进了权利领域（或自然状态）。以此看来，他理论的矛盾源头在于他试图用普适（非阶级性）术语来表述那些必然含有阶级内容的权利和义务。

251

第六节　对未解决问题的反思

如果我们按照上文赋予洛克理论的意义来理解它，我们就能够解决那些在解读他的理论时可能会碰到的一些突出问题。

一、合股理论

　　将洛克笔下的国家解释为合股公司，这个做法的内在问题现在已经不再成立了，因为我们已经看到，洛克如何能够既将国家视为只由拥有财产者组成，又将其视为由全部人口所组成。因此，他就完全可以将国家视为公司所有者的合股公司，这些所有者的多数票决议不仅约束他们自己也约束他们的雇员。劳动阶级（他们所拥有的唯一财产是他们的劳动能力）不能以所有者的方式来参与公司运作。不过，劳动阶级依然为公司运作所必需，从而被认为是公司的一个有机组成部分。因为，公司的目标不仅仅是保全公司的财产，而且还要保全使公司能够增加财产的权利和条件；而条件之一就是存在一支有效服从它管辖的劳动力队伍。或许，与洛克的国家最相近的是那些与遥远国度进行贸易或在那里从事种植业的商人所组成的合股公司，其章程给予他们或允许他们取得贸易章程所要求的那种对本地劳动力的或迁移劳动力的管辖权。

252

二、多数人统治 v. 财产权利

　　那种强调多数人至上的解释，其中暗含的矛盾也被清除了。我们还记得，矛盾出现在主张多数人统治和坚持个人财产权神圣之间。如果没有财产的人获得完全的政治权利，那么在多数人统治下，如何才能维持现有财产权制度的神圣性？这并不是一个胡思乱想出来的问题。这个问题在内战期间被提出来时，一切有财产的人都认识到，将真正的多数人统治与财产权利结合起来是不可能的。而洛克准确地认定，在他写作之时，在英格兰，没有财产的人占了大多数。[1]但是，我们现在能看到，洛克关于多数人统治和关于财产权利的主张并不矛盾，因为洛克假定，只有那些拥有财产的人才是政治社会乃至"多数人"的正式成员。

三、个人同意和多数人同意的等同

即使我们承认洛克所说的多数人同意是多数财产所有者的同意，他对同意的看法仍存在一个更深层的问题。在他讨论对税收的同意时，这一点能被看得最清楚。洛克首先以最强硬的语句宣称，"最高的权力，未经任何人本人的同意，不能取去他的财产的任何部分"，因为，如果没有这个规定，个人将会"毫无财产"，并因此将会"因参加社会而丧失了作为他们加入社会的目的的东西；这种十分悖理的事是无论何人也不会承认的"。[2]这清晰地表达了一种极端的个人主义立场。两段之后，洛克承认，"政府没有巨大的经费就不能维持，凡享受保护的人都应该从他的财产中支出他的一份来维持政府。但是这仍须得到他自己的同意，即由他们自己或他们所选出的代表所表示的大多数的同意"。[3]这种将每个个体财产所有者的同意等同于大多数财产所有者的同意，或者等同于其代表的同意的做法，看起来难以与洛克刚刚提出的强个人主义立场调和。比如，高夫就曾发问，洛克是否"真的认为多数代表的同意与一个人自己的同意一样，而实际上多数代表的同意与一个人自己的同意之间隔了两层？"[4]。高夫并没找到令人满意的答案。洛克很清楚，土地所有者、商人和货币所有者之间有利益差别，而且这种差别在他们关于

---

〔1〕 关于洛克的预设，见《基督教的合理性》，上文第224-225页所引用的部分；关于其准确性，见金的估计，下文附录所引用的部分。

〔2〕 Second Treatise, sect. 138.

〔3〕 sect. 140.

〔4〕 Gough, op. cit., p. 69.

税负范围的争斗里表现得尤为明显。[1]如果我们注意到这点，那么洛克还将这两种同意相等同的做法，就更令人好奇了。不过，洛克对这些差别的认识倒是为他的同意学说提供了一条线索。洛克对这些个人利益间的相互冲突了然于心，但却将个人同意等同于多数人同意。这说明，他认为政府的功能是捍卫财产权本身。洛克（作为一个拥有财产的人[2]）可能认为，有产者在财产保全上的共同利益，比 254 他们分别作为土地所有者、货币所有者或商业股份所有者所具有的不同利益更加重要，也能被任何理性的自利有产者视为更加重要。按照这个假定，也只有按照这个假定，将（理性的）个人同意等同于（理性的）多数人同意才前后一致。个人利益之间的差别仍然存在——对任何税收的优点，每个理性人不可能得出相同结论，因此他们对每个提议的理性决定也不会完全一致；但是，每个理性人意识到，他必须赞同大多数人所接受的方案，因为不这么做，就不会有足够的政府收入，进而就不会有对财产权制度的足够保护。他自利的理性意志将会服从于大多数理性财产所有者的意志；略而言之，他的意志就是多数人的意志。

洛克将个人对税收的同意等同于多数人对税收的同意，只不过是他将这两种同意等同的一个例证（或许是最具有启发性的一个例证）而已。他可以说，对每个进入政治社会的人来说，"为了尽可能保全这个社会所有成员的财产"，"国家的判决……就是他自己的

---

〔1〕　*Considerations, Works* (1759), ii. 36, 29.

〔2〕　近来，我们对洛克所持有财产的范围和种类有了新认识。在17世纪70年代，他拥有年入240镑的土地，在丝绸贸易、奴隶贸易和其他海外投机活动上有大量投资，此外还有从短期借贷和死手抵押上所获的金钱。在1694年，他拿到了500镑的英格兰银行首发股份；1699年，他为自己所拥有的一笔1500镑"死钱"寻求投资咨询。在他去世时，他的地产约价值20000镑。Maurice Cranston, *John Locke, a Biography* (1957), pp. 114-115, 377, 448, 475.

判决，因为它们是由他自己或是由他的代表做出的"。[1]他可以说，当人们发现在一个人的政府下他们的财产没有保障，所以为保全财产而建立起一个集体的立法机构的时候，"每一个个人和其他最卑微的人都平等地受制于那些他自己作为立法机关的一部分所确立的法律"。[2]

　　将个人同意等同于多数人同意，确实来自建立政治社会所必需的协议条款。每个希望进入政治社会的个人为了进入政治社会而必须做出的那个同意就是接受多数人决定约束的同意，"这就是多数人同意"[3]；没有这种同意，就不会有社会。洛克在论证政治社会要求多数人统治时，他确实区分了个人同意和多数人同意，但这只是为了证明个人同意是不可能实现的要求。[4]欲达目的必接受手段，目的是保全他的财产，手段是将多数人的意志视为他自己的意志："任何人为了保障和规范财产权而和其他人一起加入社会，却又认为他的土地（该土地上的财产权理应由这个社会的法律来加以规范）可以不受这个政府——身为土地所有人，他自己就是这个政府的臣民——的管辖，这会是一个直接的矛盾。"[5]理性财产所有者必须同意多数人的同意。有鉴于此，将单个所有者的同意等同于多数所有者的同意，就能被接受了。这将我们带向一个更重大的问题。

四、个人主义 v. 集体主义

　　至此，有关洛克是个人主义者还是个"集体主义者"，他将个人目的放在第一位还是将社会目的放在第一位的争论，就呈现出了新

---

〔1〕 *Second Treatise*, sect. 88.

〔2〕 sect. 94.

〔3〕 sect. 96.

〔4〕 sects. 97–98.

〔5〕 sect. 120.

的面貌。如果我们牢记洛克个人主义的基本性质，那么这个争论就变得没有意义了。洛克的个人主义不完全在于他坚持个人生来自由和平等，只有基于他自己的同意，他才能正当地服从他人的管辖。如果对洛克个人主义的理解止步于此，就会错失其主要意义。从根本上说，洛克的个人主义在于使个人成为他自己人身和能力的自然所有主，为此他对社会无所亏欠。

这样的一种个人主义必然是集体主义（在主张政治社会高于每个个人的意义上）。原因在于，它主张的一种只有在积累财产中才能完全实现，只有部分人才能实现，且必须以牺牲其他一些人的个体性为代价的个体性。要使这样一个社会能够运作，政治权威必须高于个人；因为若非如此，就无法保证这种个人主义所必需的财产制度拥有足够的约束力。有途径去实现其人格（即拥有财产）的个人不需要保留任何对抗政治社会的权利，因为政治社会是由他们并为他们而建立的，是由他们并为了他们而运作的。他们所要去做的事情，仅仅是坚持政治社会（即他们中的大多数）高于任何政府，因为如果他们不这样做，某个政府就可能会摆脱他们的控制。洛克毫不犹豫地允许个人将他们的全部自然权利和权力[1]（特别是他们的全部占有物和土地）[2]，或者是（到头来是一样的）那些为社会成立之目的所必需（由多数人来加以决定[3]）的全部权利和权力[4]都交给政治社会。为了获得保护财产的充分集体力量，个人权利的整体转让是必要的。洛克可以这么说是因为政治社会将会由有产者来掌控。在这些情况下，个人主义必须也能够让人安心地让位于国家的

256

---

〔1〕　*Second Treatise*, sects. 128, 136.

〔2〕　sect. 120.

〔3〕　sect. 97.

〔4〕　sects. 99,129,131.

集体至上。

　　个人主义和"集体主义"是天平的对立两端，可以将国家和国家理论摆放到上面，而无须考虑它们所处的社会发展阶段。这是一种肤浅而有误导性的观念。洛克的个人主义是一个新兴资本主义社会的个人主义，它并不排斥（恰恰相反）而是要求国家高于个人。问题并不在于个人主义成分越多，集体主义成分就越少。问题在于，个人主义越彻底，集体主义就越彻底。对此的一个绝佳说明是霍布斯的学说；但霍布斯拒绝了传统自然法，也没能为财产权提供防范自我持续的主权者的保障，因此他的观点无法被那些将财产权视为核心社会事实的人接受。洛克更能为人所接受是因为，他对自然法含糊其辞并且他为财产权利提供了某种保障。如果我们以这种方式来看 17 世纪资产阶级个人主义的具体性质，那么就无须在洛克的个人主义和集体主义之间寻找到某种妥协了。在这种情况下，它们彼此蕴涵。

五、洛克的立宪主义

　　洛克的立宪主义现在也更容易理解了；我们既不需要缩限它，也不需要强调它从而使它排斥其他一切理解。现在，我们能够看清他的本来面目：它在捍卫扩大财产的权利而非个人对抗国家的权利。

　　这才是洛克立宪主义的真实意涵。下述重要事实可对此予以说明：洛克认为，个人保留某些对抗任何议会或政府的权利并不可取（平等派在"人民公约"里认为这是不可或缺的）。在洛克的国家中，没有什么个人权利受到直接的保护。个人享有的对抗专制政府的唯一保护在于，当政府破坏了永远追求公共福祉和永不专断行事的信托时，政治社会的大多数人发出声音的权利。洛克之所以能够假定，这种多数人至上是每个人权利的充分保障，是因为他假定，所有有权协商的人都一致同意同一个公共福祉概念（它最终体现为国家财富的最大化，以及［如他所认为的］由此实现的国家福利最大化）。只有根据洛克的劳动阶级不在有权协商者之列这个假定，他才能预设上述这种同意。洛克的立宪主义实质上是在捍卫财产权的至上地位——而不仅仅是自耕农的财产权——尤其是那些以保护其无限积累为第一要务的资产雄厚之人的财产权的至上地位。

258

洛克坚持认为政府权威（"立法机关"）是受限的和信托性的，依赖于大多数应课税人口的同意，或依赖于这些大多数人对政府是否忠诚于其信托的理解；这个观点仅仅是洛克整个理论的一部分并且还不是其主要部分。他必须（也有可能）提出对政府的限制是因为他理论中首先予以建构的另一部分，即个人全部从属于政治社会。这两部分都是任何意在保护和加强财产权的学说所必需的，进而也是保护和加强需要通过一场内战、一次复辟和一场更彻底的革命来保卫的那种社会所必需的。在 1689 年，虽然约束专制政府具有更明显的急迫性，但是个人服从国家至少仍然具有一定的重要性。辉格党革命不仅确立了议会对王权的至上性，而且巩固了有产者（特别是那些以新方式利用其财产，将财产作为生利资本的人）凌驾于劳动阶级的地位。[1]洛克的理论在这两方面都能服务于辉格党政权。

我们可能会顺带注意到，洛克在 1660 年和 1689 年对国家至上问题所持立场之间的差别，并不像一些学者最近所说的那么大。[2]洛克写于 1660 年的一篇未发表的关于民政长官的论文包含了一些引人

---

〔1〕　Cf. H. J. Habbakuk, "English Landownership, 1680—1740", *Econ. Hist. Rev.* Feb. 1940.

〔2〕　Gough, op. cit., p. 178; Locke, *Essays on the Law of Nature*, ed. W. van Leyden (Oxford, 1954), pp. 15, 27; Cranston, op. cit., p. 67; Locke, *Two Treatises of Government*, ed. Laslett, pp. 19-20.

注目的威权主义段落，最极端的就是他在序言里的表述："每个国家的最高长官，无论经由什么途径被创造出来，都必然享有对其人民的一切无关紧要行为的绝对和专断的权力。"[1]这听起来非常不像是他三十年后所坚持的观点，即政治社会和任何政府都不可能拥有对任何臣民的生命、自由或财产的专断权力。但事实上，在这两种情形下，他允许政治权威所能拥有的权力是相同的。1660年的"绝对和专断的权力"仅仅指向"无关紧要的行为"，意即，既非自然法或神启之法所要求的行为，亦非它们所禁止的行为。就这些行为而言（也仅仅就这些行为而言），人才是生而自由的，因此他仅仅对于这些行为享有将其转让给社会的权力。这正是洛克在《政府论·下篇》中让个人交给最高政治权威（在那里就是政治社会自身）的那种有限的自然权力。

通过比较《政府论·下篇》为人熟知的原则与1660年手稿里的一个段落，我们可以看出来这两个原则其实是一样的。洛克在说明，没有人拥有免受神法或自然法自然自由或原始自由这个前提后，继续写道：

> 4º.一切没有被这种法律所包含的东西都是完全无关紧要的，对于它们，人生而自由，而他又完全是他自己的自由的主人，所以，既然神法没有禁止一个人处分他的自由和服从其他人，他就可以通过契约将它转让给其他人，并将管制他行为的权力给予这个人；而在另一方面，既然神法要实现一切合法契约的诚信，在他这样放弃权力并同意顺从之后，就受契约的约束。

---

[1] Bodleian Library, MS. Locke, c. 28, f. 3ʳ.

259

　　5°. 假定人天生是一个全部自由的所有者、完全是他自己的主人，所以不应该臣服于除了上帝之外的其他任何人（这是我们能想到的、他所处的最自由的状态），那么成立社会和政府的不可更改的条件就是，每个个别的人都必须不可避免地舍弃他对自己自由的权利，并将他自己所拥有的、辖制自己行为的全部权力信托给统治者；若非如此，任何人就不会服从于另一个保留了对他自己自由处置之权、是同等的自由的主人的人。……[1]

　　这正是《政府论·下篇》关于政治权威的权力范围的学说。[2] 在这两个学说中，个人都交出了他们的全部自然权力。在这两个学说中，他们的自然权力都限制在自然法所许可的范围内。在这两个学说中，政治权威在自然法范围内拥有绝对权力，但超出这个范围就没有绝对权力。在1660年，洛克称这种权力为“绝对的和专断的”；在1689年，他保留了“专断的”一词，用它来指称与自然法相抵触的权力。

　　当然，对于权力的所在地，这两个学说间存在着一种实质性差别。在1660年，洛克愿意将一个绝对君主，或一个议会中的国王，或一个纯粹共和国经选举产生的会议，视为政治权威的适格承担者。洛克在一个旁注里定义了“长官”（洛克在刚才所引用的段落中主张了其权力），清楚表达了他自己的偏好：

　　我理解的长官，是任何社会的最高立法权力，而不论它被置于何种政府形式中或交给多少人。我能说的惟有：对我们之

---

　　[1] Ibid., e. 7, ff. 1–2.
　　[2] *Second Treatise*, sects. 135, 136.

前悲惨境地的不可磨灭的回忆，和我们的古老自由与幸福的愉悦回归，就为我们知晓这些国家的最高权力如何放置才是最有利的提供了充分的证据，而无须其他论据的辅助。

洛克在序言里说道，他不会"纠缠于长官的王冠是直接来自神授还是由其臣民给他佩戴在头上的问题"；[1] 在这两种假设里，长官的权力是一样的。在长官的权力范围上，一个共和国和一个绝对君主制国家没有差别：

> 不像有些人所天真设想的那样，人们在一个纯粹的共和国里（如果能找到这么一个共和国的话），比在一个绝对君主制国家里享有更多份额的这种［他们的天生］自由，因为在那里，会议（它就像一个人一样行动）与君主有着同样的专断权力：在那里，每个个别的人自己所拥有的制定新法或抵制旧法的权力，并不比在君主制国家里多（除了多出微不足道的他自己那个投票权之外），他所能做的一切（这不过是国王允许陈情者去做的）就是劝服大多数人——他们其实就是君主。[2]

因此，在 1660 年，洛克选择支持复辟的斯图亚特王朝，他也愿意给予它最高权力，即自然法范围内的绝对权力。在《政府论·下篇》里，洛克将最高政治权威留给了政治社会自身；他愿意承认议会中的国王的至高地位，但前提是严格限制国王权力，并总是加上下述限制条款：人民可以"在他们发现立法机关的行为与他们给予

------

〔1〕 Bodleian Library, MS. Locke c. 28, f. 3ʳ.

〔2〕 Ibid., e. 7, f. 2.

立法机关的信托相抵触时，罢免或更换立法机关"。[1]

　　由于在这两个立场里，最高权力都被认为仅仅受到自然法的限制，这两个立场间的差别并不像它看起来那么巨大。但这种差别仍然实质性存在，因为，只有在《政府论·下篇》中，人民才被赋予权利将他们对自然法的理解强加给业已建立的政治权威。不过，我们不必从这个差别推论说，洛克的基本原则发生了任何改变。他一以贯之地想要一个能够保障阶级社会基本制度的政治权威。在1660年，这要求斯图亚特王室的回归以及长官对无关紧要之事拥有绝对和专断权力的学说；在1689年，这就要求着斯图亚特王室下台以及《政府论·下篇》的学说。

　　我们已经看到洛克如何靠着将理性能力和权利的阶级差别这个隐含预设（这导源于他对自己所处社会的理解）置入《政府论·下篇》的设定里，从而得到了一个关于政治社会中成员资格差别的含糊理论，一个从平等个人自然权利这个设定证成阶级国家正当性的理论。他在成员资格上的含糊性遮蔽了（我已经提出，这也让他自己没能看到）他个人主义中的矛盾。在他的个人主义中，某些人的完整个体性是靠消耗其他人的个体性创造出来的。洛克不可能意识到，他所捍卫的个体性却同时是对个体性的否定。我们在刚刚开始了解到个人自由的重大可能性（它在于资本主义社会的进步性）的人脑中是找不到这种认识的。矛盾就在那里，但他们不可能认识到它，更遑论解决它。洛克确实站在英国自由主义的源头。17世纪自由主义之所以伟大是因为它主张自由而理性的个人是良善社会的判断标准，而它的悲剧在于，这个主张必然否定其半数国民的个体性。

262

---

[1] *Second Treatise*, sect. 149.

第六章

占有性个人主义与自由主义民主

第一节　17 世纪的基础

现在，我们可以来思考，17 世纪的主要政治理论在多大程度上共享了一些可辨识的社会预设，这些预设与后来的自由民主社会的问题有何关联。

占有性个人主义所包含的预设也许可以总结为以下七个命题：

（1）使人成其为人是免于依赖他人意志的自由。

（2）免于依赖他人的自由是指免受任何与其他人的关系约束的自由，但个体为了自身利益而自愿加入的那些关系除外。

（3）个体实质上是他自己人身和能力的所有者，为此他对社会无所亏欠。

在某个理论中，命题（3）可能是一个独立的设定，也可能是从命题（1）、命题（2）和一个作为排他性权利的财产权的概念中而推导出来的。因为个体自由（以及他的人道）依赖于他享有为了自身利益进入与其他人的关系这种自由，又因为他进入此种关系的能力依赖于他对自己人身和能力（所享有权利）的排他性控制，还因为所有权是这种排他性控制的一般形式，所以个体实质上是他自己人身和能力的所有者。

（4）尽管个体不能让渡他对自己人身的整个财产权，但他可以让渡他的劳动能力。

（5）人类社会由一系列市场关系构成。

这两点来自前面说的预设。因为，只有当个体是自由的，他才成其为人，只有当他是自己的所有者时，他才是自由的，所以人类社会只能是一系列独立所有者之间形成的关系，即一系列市场关系。

此外，在某个理论中，命题（5）也可能不是一个推导出来的命题，而是一个基本的甚至是单独的社会预设。因为它包含了命题（1）到（4）。市场关系这个概念必然蕴涵着命题（2）所定义的个体自由，以及命题（3）和（4）所定义的所有权；而"人类社会由市场关系构成"的设定必然意味着个体的人道取决于他的自由（命题［1］）。

（6）因为正是免受他人意志支配的自由使得一个人成其为人，所以每个个体的自由只受到保护他人相同自由所必需的那些义务和规则的正当限制。

（7）政治社会是一种人类发明物，它旨在保护个体对其人身和物品的财产权，（进而）旨在维系个体（作为自身的所有者）之间的有序交换关系。

这些预设以不同形式存在于我们已经分析过的每个理论中。根据我们的分析，每种理论的长处取决于它对这些预设的整合，而其弱点来自于它未能处理好其中这些预设的某些隐含之意。

这些预设在霍布斯那里体现得最为清晰和全面。他关于人的模型（作为一个人获得其满足的权力的总和）把人的本质归结为免受他人意志支配的自由和对自己能力的所有权。他的社会模型是由他关于人的模型再加上"每个人的权力对抗着其他每个人的权力"这个预设推导出来的，（我们已经说过）这是一个完全的占有性市场模型。这个政治社会（他从这些模型中推导出它的必要性）是一个人造工具，其目的是通过一切可能手段为个体运用他的能力提供最大限度的安全。

对霍布斯而言，有关自我运动、充满欲望和占有欲的个体模型，以及作为这些个体间一系列市场关系的社会模型，就是政治义务的充分来源，而不需要有关正义、自然法或神的目的传统观念。个体对国家所负的义务是从一些人的唯物模型和社会的市场模型所设定的假定事实中推导出来的。这些模型包含了以下两种霍布斯认为足以推导出权利和义务的事实性命题：人在需要持续运动方面的平等；遭受到市场中其他人侵犯这个不利因素所带来的平等的不安全状态。这个系统（既是机械的又是道德的）是自我运动和独立自足的。它不需要外部动力或外部的正当标准。

我已经论证，霍布斯的占有性市场预设赋予其政治理论以非凡的力量和一致性。我也已经论证，其市场模型的一个缺陷使他的政治理论无法适用于占有性市场社会。这个缺陷就是，他没能看到市场社会生成了一定程度的阶级凝聚性，这使得某种政治权威在没有自我持续的主权机构的情况下也可能持续存在。

当我们转向平等派的理论时，我们再次发现了占有性个人主义的主要预设，但平等派的表述有所不同，其隐含之意也没有被那么彻底地阐发出来。人的本质在于免受他人意志支配的自由，而自由取决于对自己人身的所有权："他拥有对自己的所有权，所以他才成其为他自己，否则他就不能成其为他自己。"[1]政治社会是用以保障

266

---

〔1〕 所引用部分，见上文，第三章，第140页。

个体自然权利（就是个体自由和所有权）的发明物。任何个体都不能让渡他对自己人身的整个财产权，但每个人都能让渡他对自己劳动的财产权；他这么做就放弃了他在选举中发声的自然权利，但并没有放弃他对公民自由和宗教自由的自然权利。

对平等派理论的长处，我们可以做不同评价。它对那些参与平等派运动的人之所以具有强烈的感召力，也许是因为它对个人的宗教及世俗自由的坚守，以及将历史和圣经融进那些地位处于富人和仰人鼻息的穷人之间的那部分人的自由事业中的技巧。它的理论长处在很大程度上源于它从现实角度认可个体在市场社会中的地位。平等派作家认识到，在他们的社会里，自由取决于占有。他们因此能够依靠把自由定义为对自己人身的所有权，而为个人自由找到强有力的道德理由。

平等派立场的理论缺陷全都可以归结为，他们未能看到其占有性个人主义预设的全部隐含之意，这一失败进而可以归结为他们作为一个中间阶级成员的视野有限。他们没有看到，如果你主张个人自由取决于占有，那么你就必须接受彻底的市场社会。如果你坚持认为，一个人只有作为他自己的唯一所有者且只有免受市场关系之外其他一切关系的支配才成其为人，那么你就必须将所有的道德价值观转化为市场价值观。但是，在平等派笔下，占有性个人主义的市场道德观和他们同样赞成的基督教社会伦理之间似乎没有什么差异。他们在自我保全和自我发展的个人权利之上，引入了一个作为"人类最高的尘世之善"的"共同居住或单独生活构成的人类社会"的概念，以及继而为每个人施加了为"共同幸福"努力的义务。[1]他们在将一个人的劳动视为一种商品和将其视为人格不可分割的一

---

〔1〕 引用的部分，见上文，第三章，第156-157页。

部分的这两种观点之间摇摆不定。他们主张个人将土地和动产据为己有的权利,但却否认其后果(财富的极度不平等分配)的正当性。

虽然平等派比霍布斯更看重 17 世纪社会的阶级结构,并由此避免了霍布斯因忽视阶级凝聚力而犯下的错误,但他们对阶级的处理同样有缺陷。他们剥夺了赚取工资者和领取施舍者的政治权利,可见他们认可了当时盛行的一种阶级划分;而他们谴责有钱人合谋针对他们自己(由独立的小生产者构成的中间阶级),可见他们认可了当时盛行的另一种阶级划分。他们要求把政治上的发声权利赋予他们自己,这其实是要求去除第二种划分的界线。他们的隐含预设是,地位高于仰人鼻息的穷人的所有人,有足够能力凝聚起来支持某个经选举产生的单一政治权威。事实证明,并不存在这样的凝聚力。平等派的错误表面上是经验判断上的错误,不过归根溯源,是因为他们的理论对市场社会把握不准确。他们没有认识到,一个占有性市场社会不仅会将赚取工资者,而且也会将所有那些没有大量(和——随着市场的自然运作——不断增加的)资本的人置于依赖他人的境地。

哈林顿的理论在某种程度上脱离了其他的理论。哈林顿较少关心权利和义务,而更为关心政治变革和政治稳定在经验层面上的一致性。他对道德原则的关注比平等派少,对心理分析的关注比霍布斯少。虽然他对公民自由和宗教自由的关切使他处在自由主义传统中,但他并不像其他人那样明显是个自由主义者。他主要使用比较的和历史的分析方法,似乎并不依赖于某些有关个体的道德本性或行为本性的设定。不过,正如我们所见,[1]他确实做出了"每个人

---

[1] 见上文,第四章,第 163 页。

寻求压制他人的权力"和"权力取决于财产权"的设定。他认识到，　268
他的均势理论需要这些设定。即便他没怎么说到过人性，那也是因
为他完全赞同霍布斯的分析："他关于人性和关于自由及必要性的论
述，是新观点中最闪亮的，是那些我已在遵循的且将会继续遵循的
观点。"[1]

我们能将哈林顿称为一个占有性个人主义者，最明确的证据是
他的以下预设：17 世纪的英国社会是一个占有性市场社会。我已经
论证，他有关在英格兰建立一个"平等共和国"的主张就基于这个
预设。他既预设了资产阶级社会的存在，又认可它的道德观。士绅
和人民的行为都被纳入到一个有关占有性动机和积累性动机的一般
理论中。只因为士绅和人民这两个阶级都接受了市场关系（哈林顿
认定，市场关系从此以后将会永久存续），他所提出的士绅和人民之
间的制度性均势就将行之有效，而用以稳固这个均势的土地法也将
坚不可摧。

他没有像霍布斯所做的那样，把市场关系附会进人性中。但
是，尽管他没有像霍布斯那样洞彻资产阶级人性，他却避免了霍布
斯在此种高度抽象分析中犯过的那种错误。哈林顿看到了阶级结构
的真实情况。他考虑到了阶级凝聚的可能性，并确实以此为理论基
础，而霍布斯并没有这么做。他避免了平等派犯下的相反错误：他
没有假定，在富贵的自由人和卑微的自由人之间存在一种不可能存
在的阶级凝聚力或利益一致性；而是试图在他们之间设置一种权力
均势。

我已经论证说，哈林顿理论的主要缺陷要归因于他的逻辑能力
不足，这使他在应用均势原理时自相矛盾。如果他细致琢磨过他的

---

〔1〕 *Prerogative of Popular Government, Works* (1771), p. 241.

预设，并在推导过程中更加谨慎，那么他本可以避免这些矛盾。因此我们可以说，哈林顿体系的理论长处在于他认识到并认可占有性市场关系和动机，而其理论缺陷在于他没能完全看到或清晰表述出这里所涉及的全部隐含之意。

到了洛克这里，我们再次进入到从假定的人性和社会本质推导出来的道德权利义务领域。与霍布斯一样，洛克的推导开始于个体，进而转入社会和国家；不过，又一次与霍布斯一样，作为他推导出发点的个体已经被塑造成了市场人的形象。个人生来就平等地享有免受他人管辖的自由。人的本质是免受任何关系（为了自己的利益而加入的关系除外）束缚的自由。个体自由，只有出于其他人自由的需要才能被正当地限制。个体是他自己人身的所有者，为此他对社会无所亏欠。他有让渡自己劳动的自由，但不得让渡他的整个人身。社会是一系列所有者之间的关系。政治社会是一个用以保护所有者和有序调节他们之间关系的契约装置。

但是，洛克这里的占有性个人主义的预设并不纯粹。他拒绝将一切社会关系都归结为市场关系，将一切道德都归结为市场道德。他不愿意彻底抛弃传统自然法。为确立他的政治义务理论，他既利用霍布斯又利用胡克。他的主要理论缺陷可以追溯到他试图融合两种不同来源的道德和义务的努力。我已经说明过，这些缺陷更应该追溯到他没有能力克服市场社会所固有的一个矛盾。市场社会制造了实际权利和理性能力上的阶级差异，但市场社会为了证成自己还需要一个平等自然权利和平等理性能力的设定。洛克看到了自己所处社会中的这种差别，并把它附会进自然社会。同时，他又坚持了平等自然权利和平等理性能力的设定。洛克大多数的理论混乱以及他的大多数现实吁求，都可以追溯到这个含糊不清的立场。这个含糊其辞并非他的逻辑缺陷造成的，而是他试图处理一个他还没有完全意识到的市场社会内部矛盾的结果。他没有像霍布斯那样透彻地剖析这个社会，但他确实考虑到了一个被霍布斯忽视了的问题：阶级分化为一个原子化市场社会带来的复杂状况。

如果说，正因为洛克把这些复杂状况牢记于心，所以他才没有提出清晰的关于人或社会的模型，也没有像霍布斯那样根据它们来做缜密推理，这可能言过其实。但我们可以说，人们对洛克理论的实际接受，很大程度上归功于他把复杂状况牢记于心并加以处理，虽然处理时有混乱之处。将它们牢记于心至少使洛克能够避免霍布斯的错误，并创造出一个不需要自我持续的主权者的政治体系。

为使霍布斯的理论体系与一个占有性市场社会的需求和可能性相一致，洛克对它做了一个必要的结构性改变，他由此在霍布斯的坚实基础上完成了自己的理论大厦。洛克的其他贡献——为其理论大厦加上一个传统自然法外观——相比之下没那么重要。它使这个结构更为迎合同时代人的口味。但是，一旦人们的口味发生了变化，就像在 18 世纪那样，自然法外观就会被休谟和边沁移除，而不损害到理论大厦内部那坚固而建造精良的功利主义结构。由此一来，霍布斯（在自我持续的主权者这个问题上被洛克加以修正后）就提供了英国自由主义理论的主体结构。

占有性个人主义的基本预设——人之自由以及人之为人是因为他对自己人身的唯一所有权，而人类社会本质上是一系列市场关系——被深埋在 17 世纪的基础原理中。是这些预设给了新式理论以力量，因为它们确实契合 17 世纪市场社会的现实。占有性个人主义的预设被保留在了现代自由主义理论之中，虽然人们并不总能认识到这点。不过，它们没能成为自由主义民主理论的基础。问题并不在于，虽然它们不再契合我们的社会却仍得以保留。它们依然契合我们的社会，因此必须被保留下来。某些自由主义理论所存在的问题是，它们没能认识到这一点，并试图抛开这些预设。但真正的问题是，占有性市场社会的一个变化——这个变化并没有改变占有性个人主义预设的有效性，因为这个在市场社会方面发生的变化并没有反映在这些预设中——在两个方面使得从这些预设推导出一个有效的义务理论成为不可能。

这个变化就是工人阶级政治表达力（political articulacy）的出现。它没有改变占有性个人主义预设对占有性市场社会的有效性，因为这些预设反映或说明的是这个社会原子化本质而非其阶级本质。我们已经看到，[1]一个占有性市场社会必然存在阶级分化。我们也已经看到，[2]一个占有性市场社会是一系列所有人之间的竞争性和攻击性关系，而不论这些人属于哪个阶级，这样的社会让每个人各自为战。正是占有性市场社会的这第二个方面，曾经并依旧准确地反映在占有性个人主义的预设中。这些预设仍然不可或缺，但现在却已经无法从中推导出充分的义务原则了。现在，我们必须思考，这是如何发生的以及自由主义民主理论又会有怎样的前景。

第二节　20 世纪的困境

占有性个人主义的预设特别适合占有性市场社会，因为它们阐明了这种社会所特有的特定基本事实。占有性市场社会里的个人之所以成其为人是因为他能够作为自己人身的所有者；他的人道确实依赖于享有不受任何与他人缔结的契约关系（除非是为了自己的利

272

---

〔1〕　见上文，第二章，第 55–56 页。
〔2〕　见上文，第二章，第 57 页。

益）约束的自由；他所处的社会确实是由一系列市场关系构成的。在 20 世纪，英格兰及其他现代自由民主国家依然是占有性市场社会。那么，为什么蕴涵这些预设的现代自由民主证成理论无法令人满意呢？为什么体现英国功利主义传统的占有性个人主义理论（它实际上是霍布斯提出的理论，但洛克在自我持续的主权者这个问题上对其加以了修正）不能令人满意地证明个人对自由国家负有政治义务呢？还有，为什么这个理论在 19 世纪时做出承认赚取工资者为自由人这个修正后，它还是无法满足自由民主国家的需要呢？我们可以从先前的分析中，归纳出一个占有性个人主义理论得以成为充分政治义务理论所需要的条件，以此来更好地处理上述问题。

我已经论证，[1]要想不依靠任何假定的自然目的或上帝意志而得到一个有效的政治义务理论（我们可以称其为一个自主的政治义务理论），我们就必须能够假定，组成社会的个人认为或能够认为他们自己在某个方面的平等要比他们其他方面的不平等更为根本。从占有性市场社会作为 17 世纪的主导形式出现，一直到它在 19 世纪发展到顶峰的这个期间，原初的占有性市场社会满足了这个条件，因为所有人显然必须服从于市场规律。只要每个人都服从于竞争性市场的控制，只要个体平等地服从于市场控制事实上被所有人认为是正当的或不可避免的，那么，所有人对一个政治权威——它能够维持和执行唯一可能有序的人类关系（即市场关系）——负有理性义务就具备了充分的基础。

我同样已经论证，[2]在一个占有性市场社会中，一个关于个体对非自我持续的主权机构的义务理论（进而，一个关于个体对任何种

〔1〕　见上文，第二章，第 83 页。
〔2〕　见上文，第二章，第 94-95 页。

类的自由国家的义务理论）要想成立，还需要一个进一步的条件。
这个进一步的条件就是，在所有有权选举政府的人中间，存在着一
种自我利益的凝聚力，这凝聚力要足以抵消占有性市场社会的离心
力。在市场社会的黄金时代，因为政治话语权只限于有产阶级，这
个阶级有足够的凝聚力来周期性地决定（克服无政府状态）谁享有
主权权力，因而这个条件得到了满足。只要实现了这个条件，一个
有关个体对立宪自由国家的义务的自主理论就有了充分基础。与第
一个条件一样，这第二个条件直到大约 19 世纪中叶为止都能够被
满足。

此后，这两个条件都不再具备了。尽管占有性市场关系实际上
继续盛行，但随着产业工人阶级发展出某种阶级意识并逐渐具备政
治表达力，占有性市场关系的不可避免性越来越受到挑战。人们不
再认为，他们自己在不可避免地服从市场控制这方面是根本平等的。
市场制度的发展创造了一个能够设想出某种替代性制度的阶级，由
此摧毁了本来满足自主政治义务理论的第一个前提的社会事实（即
承认市场关系的不可避免性）。

第二个前提条件同样受到影响。尽管社会继续存在阶级分立，
而且有产阶级继续保持凝聚力，但是当有产阶级承认其他社会阶级
也拥有选举权而从而不得不放弃它的权力垄断时，它的凝聚力就不
能再满足那个前提条件了。民主选举权确立后，在所有那些拥有政
治话语权的人中间，凝聚力的保障就不再有了。这种保障是在仅仅
一个阶级拥有选举权的时代由阶级利益提供的。

可能有人会主张，从那时起，自由民主国家得以在占有性市场
社会中持续存在，要归因于有产阶级在实行普遍选举制的情况下，
依然有能力将实际政治权力把握在自己手中。但是，虽然这可能足
以维持一个自由国家的运作，但它带有太多的欺骗意味，所以无法

成为从道德上证成自由民主制的充分基础。

可能还会有人主张，当有产统治阶级的凝聚力被民主选举制不稳定的凝聚力取代后，一种国际层面上的阶级凝聚力使得自由民主国家得以持续存在到20世纪。民主选举制出现在19世纪的发达资本主义国家。自它一出现，这些国家和落后民族的关系与发达市场社会中有产阶级和无产阶级之间的关系，在某种程度上是相同的。但是，尽管有产国家的凝聚力可能为先前有产阶级的凝聚力提供了某种替代物，但它依然不是为自由民主制度提供道德证成的充分基础。不管怎样，随着殖民地人民民族独立运动的兴起，这一基础现在正在急速消失。

在我们的这个世纪，战争有时候为旧凝聚力提供了暂时替代物。但是，不仅这种凝聚力的代价是削弱自由制度，而且也没人会将自由民主制度的道德证成建立在持续战争这个前提下。无论如何，今天的战争技术条件已经达到了这样一种程度：如果战争规模足以使一个交战国国内形成凝聚力，那么这场战争也将摧毁这个国家。由此可见，所有那些可能被认为合力使自由民主国家在旧的凝聚力基础消失后仍在占有性市场社会里保持运行的因素，没有一个提供了或能够提供一种令人满意的证成理论。

至此，现代自由主义民主理论的困境就显而易见了：当市场社会的结构已不再为我们从占有性个人主义预设推导出一种有效政治义务理论提供必要条件时，自由主义民主理论还必须继续使用这些预设。自由主义理论还必须使用占有性个人主义预设，因为这些预设在事实方面还准确地反映着我们的占有性市场社会。它们的事实准确度已经为人所注意，但其要点还将经得起一再重复。市场社会里的个体作为他自己人身的所有者而成其为人。无论他是如何不情愿，他的人性确实还要依赖于他免受任何与他人的契约关系（以自利为目的的关系除外）约束的自由。他的社会确实由一系列市场关系构成。由于这些预设在事实方面是准确的，所以不能将它们从一个提供证成的理论中除去。但是，市场社会的成熟已经销蚀了所有拥有政治话语权的那些人中的凝聚力，这种凝聚力是从占有性个人主义预设推导出对自由国家所负义务的一个前提。拒绝这些预设的同时却不拒绝市场社会，是无法帮助我们走出困境的，就像从约翰·斯图尔特·穆勒到我们这个时代的诸多理论家那样，以这些预设在道德上令人不快为理由而拒绝这些预设。即使它们现在在道德上令人不快，但它们在事实方面仍旧准确地契合着我们的占有性市场社会。困境依然存在。要么拒绝占有性个人主义预设，但这样一来我们的理论就变得不真实；要么我们保留它们，但这样一来我们无法得到一个有效的义务理论。如此一来，我们现在无法指望在占有性市场社会中，获得一个自由民主国家义务的有效理论。

276 我们能否在不放弃自由政治制度的前提下，放弃或超越一个占有性市场社会的真实关系？要回答这个问题困难重重。如果能够放弃市场社会，凝聚力问题就会迎刃而解，因为这个问题的症结正是，为了要抵消市场关系的离心力，才会需要一定程度的凝聚力。但还会存在这样一个问题：我们要为承认一种基本平等（它最初是由每个人理应必然服从市场提供的）找到一个替代物。我们能否想出一种（与维持自由制度和自由价值保持一致）关于基本平等的新观念，（我之前所论证的）所有关于政治义务的自主理论若想有效则必须对其予以充分承认？

以下事实给了我们少许安慰：我们现在不必按照上面的次序来解决对凝聚力和平等这两个问题。在一个给定的自由民主国家里，真实的占有性市场关系能否被放弃或被超越，这个问题现在已经变成次要的了。因为，社会事实已经发生了一个深层变革。战争方式

的技术变革这个（它使得战争无法再继续作为内部凝聚的来源）新
变化，已经在个体之间创造了一种新的不安全状态的平等，它并不
限于一国之内而是无处不在。如今，毁灭每个个体要比霍布斯所能
设想的更具有现实和迫切的可能性。

　　一种新的理性政治义务的可能性就产生于此。我们不能指望，
可以得到一个关于个体仅仅对单个民族国家负有义务的有效理论。
但是如今，只要我们仅仅将理性理解力的程度设定为有关任何政治
义务的道德理论都必需的程度，我们就应该可以得到一种可被接受
的、个体对一个更广泛政治权威负有义务的理论。基于这种理性能
力程度，自利的个人（不论其财产状况如何，不论其是否依恋占有
性市场社会）能够认识到，市场社会的关系必须让位于一个压倒一
切的要求，按照奥夫顿的表述，这个要求如今获得了新的意义——
"人类社会（包括共同居住或单独生活的），……高于尘世万物，必
须得到维系"。[1]

　　新的不安全状态的平等由此改变了我们问题的限定条件。所以
说，20 世纪的技术可以说把霍布斯和平等派糅合到了一起。占有性
个人主义所引发的那些问题已经缩水了：它们如今也许能被限制在
可控范围内，但前提是我们必须清晰地界定这些问题并使之准确地
关联于社会事实的真实变化。这些变化已经迫使我们在一个新的层
面上再次处于霍布斯笔下的不安全状态中。现在的问题是，在新背
景下，我们还能不能再一次对霍布斯做出修正，这一次的修正要比
洛克做出的更清晰。

———————

　　[1] 引用的部分，见上文，第三章，第 156 页。

1648年左右英格兰的社会阶级和选举权人类别

以下估算，是根据格里高利·金按照阶层或职业类别对1688年英格兰人民的人口、收入和支出的估算，和他按照年龄、性别和婚姻状况对人口的估算，以及他按照特定的社会阶级对税收收益和商品消费的估算，经计算得出来的。[1]金的估算经受了现代的经济史学者和人口学家的仔细检视，非常站得住脚。[2]

我们要对下列选举权人类别做出估算：

1. 自由保有人和公司自由人；

2. 不在第（1）类里的济贫税纳税户主；

3. 不在第（4）类里的非济贫税纳税人；

---

〔1〕 Gregory King, *Natural and Political Observations and Conclusions upon the State and Condition of England*, 1696, 作为附录收录在 George Chalmers's *Estimate of the Comparative Strength of Great Britain. . .* (London, 1804). 金的很多表格（有些经过了轻微变动）都收录在 Charles Davenant's *Essay upon the Probable Methods of Making a People Gainers in the Balance of Trade* (in Davenant, *Works*, 1771, vol. ii). 达文南特的版本在某些方面比金的更容易利用，因为达文南特对金的估算的所用材料和方法做了些说明。

〔2〕 D. C. Coleman, "Labour in the English Economy of the Seventeenth Century", *Econ. Hist. Review*, 2nd ser., viii. 3 (1956), p. 283, 及其所引注的权威材料。

4. 雇工和领取施舍者。

这将给出我们所讨论的四种选举权中每一种的范围：自由保有人选举权由（1）测算得出；济贫税纳税人选举权由（1）+（2）得出；非雇工选举权由（1）+（2）+（3）得出；成年男性选举权由（1）+（2）+（3）+（4）得出。

以下两页复制了金的主要估算。我们将看到，不能通过仅仅把金所给出的各分类加以分组，就得到我们的每一种选举权人类别。首先，存在着一些界定问题：例如，他的"劳动者和家外雇工"与"茅舍农和贫民"是否应全部被计入我们的"雇工和领取施舍者"类别？就其他类别而言，问题主要不是有关如何界定，而是有关一些主观假设。例如，我们应该假设，在金所给出的公职人员、商业和工业类别里，各有多少比例的人是自由保有人、非自由保有的济贫税纳税人和非济贫税纳税人呢？

我们还必须把生活在雇主所提供场所内的雇工从家庭转移到一个单独的子类别里去。一旦我们把金的分类中的成员分派到我们的选举权人类别里，就必须进行两个进一步的计算。此时，在大部分选举权人类别里，我们所得到的数字都是"家庭"数量：这些数字必须转化成 21 岁及以上的男性人数。又因为此时我们是针对 1688 年做出估算，这就需要从这些估算数值里减去 1648 年到 1688 年间的人口增长数。

从"雇工和领取施舍者"选举权类别的计算入手，会比较方便。

格里高利·金的 "一个关于英格兰若干类家庭的收入和花费的图表；适合于 1688 年"[1]

家庭数	阶层、等级、头衔和资格	每个家庭内的人口数	人数	每个家庭的年收入 镑 先令	每口人的年收入 镑 先令	每口人的年支出 镑 先令
160	世俗贵族	40	6400	2800 0	70 0	60 0
26	宗教贵族	20	520	1300 0	65 0	55 0
800	准男爵	16	12800	880 0	55 0	51 0
600	骑士	13	7800	650 0	50 0	46 0
3000	候补骑士	10	30000	450 0	45 0	42 0
12000	绅士	8	96000	280 0	35 0	32 10
5000	公职人员	8	40000	240 0	30 0	27 0
5000	……	6	30000	120 0	20 0	18 0
2000	海上商人和贸易商	8	16000	400 0	50 0	40 0
8000	陆上商人和贸易商	6	48000	200 0	33 0	28 0
10000	法律从业者	7	70000	140 0	20 0	17 0
2000	教士	6	12000	60 0	10 0	9 0
8000	··	5	40000	45 0	9 0	8 0
40000	自由保有人	7	280000	84 0	12 0	11 0
140000	··	5	700000	50 0	10 0	9 10
150000	农民	5	750000	44 0	8 15	8 10
16000	科学和博雅教育从业者	5	80000	60 0	12 0	11 10
40000	商店店主和零售商	4½	180000	45 0	10 0	9 10
60000	技工和手工匠人	4	240000	40 0	10 0	9 10
5000	海军军官	4	20000	80 0	20 0	18 0
4000	陆军军官	4	16000	60 0	15 0	14 0
511586		5¼	2675520	67 0	··	··
50000	普通海员	3	150000	20 0	7 0	7 10
364000	劳动者和家外雇工	3½	1275000	15 0	4 10	4 12
400000	茅舍农和贫民	3¼	1300000	6 10	2 0	2 5
35000	一般士兵	2	70000	14 0	7 0	7 10
849000	无业游民	3¼	2795000	10 10		
			30000		2 0	3 0
849000		3¼	2825000	10 10	··	··

因此，总分类账户数（the General Account）为：

511586	增加王国财富者	5¼	2675520	67 0	··	··
849000	减损王国财富者	3¼	2825000	10 10	··	··
1360586	总计	··	5500520	32 0	··	··

[1] King in Charles, pp. 48—49.金的表格中有三栏和一些总计数字，因为我们不需要，所以此处从略。

类别四　雇工和领取施舍者

一、雇工

在 17 世纪的英格兰，"雇工"（servant）一词意指任何为了工资而为雇主工作的人，不论工资是计件的还是计时的，也不论雇佣期限是按天、按星期还是按年计算。[1]雇工的权利义务由成文法界定，他们的工资率不时地由法官进行评估，予以相当细致地决定，而当时很多经济学著作都记载了他们的经济地位。[2]

人数最多的组别是"农业雇工"，其范围涵盖了从监工、熟练犁田人和一般农业劳动者在内的农业被雇佣者以及从事"户外工作及苦工"的妇女。[3]即使对一个简朴的自耕农来说，雇一两个这样的雇工也并不稀奇，而稍殷实些的自耕农会雇请好几个；按照传统，他们按年受雇，但比例越来越高的雇工受雇期限较短，工资以日计。[4]工业雇工是一个规模更大的组别。他们包括了从熟练工到驳船手在内的雇工，构成了很大一部分生产力。他们按年或按更短的期限受

₂₈₃

---

〔1〕　著名的"工匠法"（1563 年伊丽莎白治下第 5 年制定法第 4 章 Statute of Artificers, 5 Eliz., c. 4, 1563）的撰写用语可能暗示了在"雇工"（第 7 节）和"按日或按周受雇发薪的工匠及劳工"（第 9 节）之间存在差异，尽管第 11 节把两者放在一起，笼统地称为"雇工、劳工和工匠，要么是按年或按日，要么是其他方式"，以及"所谓的工匠、手工匠人、农夫或其他任何劳工、雇工或工人"。但不论这部法律的意图为何，从以下 4 个注释所注引的材料里可以清楚地看出来，在 17 世纪的用法里，"雇工"一词没有把"劳工"或其他受雇期限少于按年的人排除在外。

〔2〕　关于工资评估，例见 George Unwin, *Studies in Economic History*, ed. Tawney, 1927, p. 296（1630 年特定的制衣业雇工类别的工资率）；关于 1615 年数量众多的雇工按照计件工资制受雇于一个制衣商的例证，见 Unwin, op. cit., p. 292；关于 17 世纪的经济学作家，例见 Andrew Yarranton, *England's Improvement by Sea and Land* (London, 1677), pp. 124−125, 127,132, 164−171, 179−188; Thomas Firmin, *Some Proposals for the Imployment of the Poor* (London, 1681), pp. 9,45; John Carey, *Essay on the State of England* (Bristol, 1695), p. 161. 亦请见注释 U。

〔3〕　Mildred Campbell, *The English Yeoman under Elizabeth and the Early Stuarts* (New Haven, 1942), App. III, p. 398.

〔4〕　Campbell, op. cit., pp. 212−214.

雇，计时或计件领取工资，为包括从大制衣商到单个手工匠人在内的、范围广泛的雇主工作。[1]

既然在 17 世纪的用法里"雇工"包括了所有种类的赚取工资者——劳工和计件工以及按年受雇者——那么，所有金所说的"劳动者和家外雇工"看起来都应列入平等派的"雇工"概念中。

不过，有一个可能存在出入的地方需要予以考虑。有人可能会主张说，并不是所有金的"劳动者和家外雇工"都在平等派"雇工"一词的所指范围内，因为有些劳动者可能是茅舍农，他们只是间歇性工作以赚取工资，所以不会像正规的契约性雇工那样依赖于其雇主；而由于受雇佣依赖于他人意志正是平等派对雇工的判断标准。但我们一定要注意到，首先，这种间歇性劳工不可能被金算在"劳动者和家外雇工"里，而是算在他的"茅舍农和贫民"里（见下文，286–287 页）；其次，不可能存在颇具规模的间歇劳工，其经济独立性足以让平等派给予他们比给予按年受雇者更多的政治考量。[2]

因此，看起来我们能恰当地认为，所有"劳动者和家外雇工"都应列入平等派"雇工"一词的所指范围。

要估计整个雇工类别的规模，我们必须在金的劳动者和家外雇工之外，再加上家内雇工。17 世纪时，家外雇工和家内雇工之间的区别是相当清楚的。农业雇工和很多工业部门的雇工，通常在结婚前生活在雇主家中（那里一般也是工作场所），婚后他们就搬出去生活了。

工业、农业和家政服务方面的家内雇工人数，能够从金的两个表格中的任一表格得到。

---

〔1〕 昂温以及 282 页注 2 中引用的当代经济学作者。

〔2〕 对照科尔曼把未充分受雇的农村劳动力描述为"一支'劳动力后备军'，如果有这么一支军队的话"。*Econ. Hist. Review*, 2nd ser. viii. 3, p.289.

在表三[1]里，金给出的"雇工"人数是560000，其中260000人是男性。从该表的分类可以推论出来，这些人是家内雇工，不是家外雇工。因为它是按照家庭进行分类，分为"夫妻、鳏夫、寡妇、孩子、雇工、寄宿者和单身的人"。家外雇工大部分是已婚者，因此会被划入"夫妻"一类里。这个推论并不确定。不过，根据金的主表（"一个关于英格兰若干类家庭的收入和花费的图表"，上文已有复制）进行一定的计算，可以支持这个推论。在该表中，家内雇工被明确计入了高于贫困线的类别中规模从40人到4人不等的家庭里。

在高于贫困阶层的家庭中，包括学徒在内的家内雇工数量可以 284 通过从这些家庭的总人数里减去估算的家庭自身成员数而算出来。我们必须对这些家庭里的孩子、单身汉和寡妇的数量做一些假设；在很大程度上（虽然不是完全地）我们能够基于金的表三和表四[2]（这两个表格给出了年龄和性别分布情况，和一些关于婚姻状况的数字）做出这些假设。基于某些看起来合理和前后一致的假设，经过计算得出家内雇工的总数是540000。[3]

这个数字非常接近金的表三里的雇工人数，足以支持我们把表三里的"雇工"理解为家内雇工。从表面上看起来，这两个数字非常低。因为，在能够雇佣雇工的所有阶层中，家庭的总数是511586个；这意味着，在有能力雇佣雇工的家庭里，平均下来，每个家庭只有一个多一点的雇工（不论其性别及年龄）。

要想利用金给出的560000个家内雇工（其中260000人为男性）这个数字，得出达到投票年龄（21岁及以上）的男性家内雇工的数

[1] King in Chalmers, p. 39.
[2] King in Chalmers, p. 40.
[3] 应当说，通过在可能范围内改变相关的假设，我们得到的总数可以超过600000人或者比500000人低一些。此处无须再现计算过程；指出它们得出了和金的表三所给数字相一致的结果就够了。

量，需要进行一定的推导。这 260000 人不包括孩子，但包括学徒和不满 21 岁的雇工。在金给出的数字里，没有能够用以说明这些人在所有家内雇工中所占比例的明确指示，[1] 而其他当时材料所展现出来的行业和地区差别过于广泛，不能作为概括估算的基础。但是，在农业和工业领域，低于 21 岁的男性受雇佣者或学徒所占的比例，似乎不可能超过 50%。因此，如果我们减掉一半，21 岁及以上的男性家内雇工的总数就是 130000。

从家庭到 21 岁及以上男性的换算。只有当我们估算出男性家内雇工的数量后，我们才能接着把每个类别中的"家庭"数量换算为 21 岁及以上男性的数量。因为，一旦把 21 岁及以上男性家内雇工从金的家庭里移到一个独立的子类别里，以下情况就变得显而易见了：我们无法假设，金的所有家庭都由一个 21 岁及以上的男性带领。因为，按照这样的假设，21 岁及以上的男性总数将会是 1360586 个（户主）加上 130000 个家内雇工，再加上"无业游民"中的那部分成年男性（我们可以保守估计为 10000 人）：总数是 1500586。但是，金的表四（总人口的年龄和性别分布情况）给出的 21 岁及以上的男性总数是 1300000 人。[2] 从中可知，家庭自身（即非家内雇工）21 岁及以上的男性数量，必然比家庭总数少大约 200000 个。换句话说，200000（或更多）个家庭并非由 21 岁或以上的男性（实际上不包括雇工，雇工除外）带

285

---

[1] 在男性总人口中，16—21 岁年龄组占到 21 岁及以上年龄组的 18%（金，表四）；在家内雇工类别里，这个百分比大概更高，因为所有学徒（他们主要在 16—21 岁年龄组）都被置于家内雇工的分类中。唯一一个其他指示是，家内雇工的平均年龄是 27 岁（表四），不满 21 岁的家内雇工占家内雇工总数的比例只要不高于一半，这个平均年龄就都可能和这样的比例数相一致。

[2] King in Chalmers, p. 40. 他所说的"那些 21 岁以上的人"看起来意指那些已经过了他们第 21 个生日的人。

领。这个数字并不那么令人意外，因为金的表三给出的寡妇数量是240000，[1]而且还有一些由未嫁在室女作为户主的家庭。[2]因此我们可以假设，在1360586个家庭里，有大约200000个家庭（大约占总数的七分之一）没有（不是家内雇工的）成年[3]男性。因此，要把家庭数换算成成年男性数，我们必须减去七分之一。

我们没必要对金的每种分类都做这样的计算，只有当我们以估算选举权人为目的，将他的分类重组为选举权人类别时，才需要对每个类别予以如此的计算。我们将把同样的七分之一减法用到每一个选举权人类别上去（有特定例外，以下将提及）：这就需要做一个主观假设，即每个类别都包含比例相同的作为户主的寡妇和未嫁女，但改变这个假设所产生的差异并非实质性的。

至此，我们可以完成对成年男性雇工数量的估算了。我们已经估算出，成年男性家内雇工为130000人。要得到家外雇工的人数，我们先从364000个"劳动者和家外雇工"的家庭着手，通过减去七分之一，将这个数目转换为成年男性的人数；于是我们得到的是312000个成年男性。之后我们必须把金的"普通海员"加进去，因为他们是赚取工资者。[4]但是，尽管我们已经假设，所有男性家外雇工都是21岁及以上，我们却不能把这个假设应用到海员身上。[5]我们将主观上假设，金的50000个普通海员中的13000个，年龄低于

---

〔1〕　Ibid., p. 39.参看亚兰顿对带着孩子的寡妇（即使她拥有一些财产）寻找第二个丈夫再嫁时所遇难处的评论（A. Yarranton, *England's Improvement* (1677), pp. 65−66,167,168,172）。

〔2〕　在金对格罗塞斯特市制作的表格里，自立门户的未嫁女的数量占到家庭总数的4.7%（King in Chalmers, pp. 70−71）。

〔3〕　为简省计，以下将使用"成年的"一词来指称21岁及以上。

〔4〕　Davenant, ii. 201.它大体包括了海军海员，以及达文南特特别提及的商船海员；这两者都被当作赚取工资者。

〔5〕　我们是在假设，每个海员的"家庭"是由一位男性主导的，即我们假设，海员遗孀的家庭将被归入金的家外雇工或茅舍农和贫民的分类之中。

286 21 岁。[1]我们由此有了 37000 个赚取工资的成年男性海员。

我们还把金的"普通士兵"分配到雇工类别里。他们一般不会被说成是雇工，但他们的工资和支出只能让他们置身于这个类别里，而不能置身高于此的类别里。在金的时代，金所说的 35000 个士兵中是否有人拥有选举权，对我们的计算来说并不重要，因为我们必须对 1648 年的士兵数量做出特别估算。[2]可以从金的 35000 个士兵的"家庭"里减去标准的七分之一，[3]从而得到成年男性士兵的总数是 30000 个。

因此，成年男性家外雇工的总数是 379000。我们由此有了130000 个家内雇工和 379000 个家外雇工，总数为 509000 个成年男性雇工。

二、领取施舍者和乞丐

我们还要考虑"那些领取施舍的人"或曰乞丐的分类。在讨论剥夺选举权时，平等派无差别地称其为"那些领取施舍的人"[4]和"乞丐"[5]，在有一处则称其为"那些逐门逐户接受施舍的人"[6]。平等派为剥夺领取施舍者的选举权所陈述的理由（即，这样的人依赖于

〔1〕 这个"大约四分之一的普通海员年龄低于 21 岁"的假设虽然任意，但并非不合理。对这个数字的大小所做的调整，使得对金的主表进行计算从而估算出来的 21 岁及以上男性总数，与他在表四里给出的这些人的总数，近乎相同（130000）。

〔2〕 见下文，第 291−292 页。

〔3〕 就像对海员那样，我们假设，每个士兵的"家庭"都是由一个男性主导的，但必须对年龄低于 21 岁的一些人打个折扣。按照"对年轻男性来说，出海是个比参军更有吸引力的赚取工资的职业"的假设，只减去七分之一而不是四分之一，可能是有道理的。

〔4〕 例如，普特尼辩论，in A. S. P. Woodhouse, *Puritanism and Liberty* (1938), pp. 82−83; Second *Agreement*, ibid., p. 357; Third *Agreement*, in Don M. Wolfe, *Leveller Manifestoes* (1944), p. 401.

〔5〕 例如，*Letter* of 11 Nov. 1647, in Woodhouse, p. 452; *The Grand Designe* (8 Dec. 1647); *Petition* of 18 Jan. 1648, in Wolfe, *Leveller Manifestoes*, p. 269.

〔6〕 普特尼辩论，in Woodhouse, p. 83。

他人的意志，害怕触怒他们），比起那些暂时的乞丐来，甚至能更直接地应用在那些从教区领取公共济贫款物或住在济贫院里的人身上，因为，那些作为教区负担的家庭，被标记成了仰人鼻息的家庭而声名狼藉。相应地，我们将把金所说的浮浪乞丐和茅舍农及贫民（他们是教区的负担）都纳入我们的估算。

金估计，只有30000个单身的"无业游民"，其中包括"沿街叫卖者、流动小贩、搬运货箱的人、吉普赛人、小偷和乞丐"。[1]或许他们中间有10000个可以算作成年男性乞丐。

被视作教区负担的人数远大于此。金在他的主表里把400000个"茅舍农和贫民"家庭作为单一分类表示出来。我们从达文南特对金的计算的说明里可以知道，这个数字是554631个茅舍农的家庭数减去所有那些身边有土地的家庭数和所有那些其住户"自己谋生、不是教区负担"的家庭数。[2]因此，金所说的400000个茅舍农和贫民家庭只包括那些不能"自己谋生"、是"教区负担"、"主要靠别人生活"和不能"维持自己的大部分生活"的家庭。[3]当然，我们不能就此推论说，即便是这些茅舍农，也完全以济贫事业为生。农村的茅舍农可能拥有一两头牲畜，在公共地上有些权利，他们中间的一些人会从事某些在茅舍里干的行业，或间歇性地受雇为日工；[4]但是，达文南特清楚地说明，所有这些家庭都是教区的负担。[5]尽管有些雇佣劳动者生活在茅舍里，并且有时候可能是教区的负担，但是在金的表格里没有人被重复计算：那些既能被说成是劳工又能被说成是茅

287

---

〔1〕　King in Chalmers, p. 36.

〔2〕　Davenant, *Works*, ii. 203-204.

〔3〕　Ibid., 203, 205.

〔4〕　Ibid., 201.

〔5〕　Cf. G. M. Trevelyan, *English Social History*, 1946, p. 274: "我们可以假设"，金所说的茅舍农和贫民"代表那些尝试过摆脱工资制束缚的人，而按照金的看法，他们的尝试成效甚微"。

舍农的人，会被算作其中的一种，而不会两种都算。

因此，我们必须认为，400000 个茅舍农和贫民家庭在某种程度上都依赖于教区。而且，他们就是金在其他三个表格里所说的"接受施舍"的家庭，这一点没什么疑问。在对每年肉类消费的估计里，他说的是"440000 个接受施舍的家庭"。[1] 在计算威廉一世和玛丽时期的人头税收益时，他说的是 600000 个"接受施舍"的人（男性和女性，不包括孩子）；[2] 这些人中有约 300000 个可能是男性。在计算 1696 年房屋税和窗税收益时，他说的是（在总数为 1300000 幢住人的房屋中）有 330000 幢房屋由"那些接受施舍的人"居住着，因而免税。[3] 这些数字的量级以及这最后一个数字是基于房屋税和窗税而得出的这个事实，都清楚地表明，金所说的"接受施舍的人"不仅仅是那些住在济贫院里的人（他们的总数还是金在另一个表格[4]里给出来的，男性和女性共计只有 13400 人），而主要是那些"茅舍农和贫民"。

因此，我们可以认可，金给出的 400000 个茅舍农和贫民的家庭数量，大体是接受施舍的家庭数量。我们无法假设，这些"家庭"包含了 400000 个 21 岁及以上的男性，因为在"茅舍农和贫民"这个类别里（与在金的主要估算的其他类别里一样），必须对寡妇作为户主的"家庭"打个折扣。在打了与其他类别一样的折扣（七分之一）后，我们在接受施舍的"茅舍农和贫民"的分类里，得到了343000 个 21 岁及以上的男性人数。

如果我们再把这 343000 个接受施舍的男性加上估算出来的

---

〔1〕 King in Chalmers, p. 55.

〔2〕 Ibid., p. 57.

〔3〕 Ibid., p. 59.

〔4〕 Ibid., p. 73.

10000 个男性浮浪乞丐，我们就在领取施舍者和乞丐的分类里，得到总数为 353000 个 21 岁及以上的男性。

小结：雇工和领取施舍者

现在，再加上 509000 个 21 岁及以上的男性雇工，21 岁及以上的男性雇工和领取施舍者的总数就是 862000。

类别一、二和三

288

估算余下的选举权人类别的规模，困难要小一些。我们要做的只是把那些处在金的贫困线以上的分类（意即那些"增加王国财富"的分类）里的人，分配到这些选举权人类别里。至于把金的某些类别以何种比例分配到我们的选举权人类别里去，我们必须做出一些假设。以下所做的假设并非唯一可能的假设，但其实使用契合我们对当时社会和经济结构认识的其他任何假设，都不会显著改变这三个选举权人类别的数量级。

类别一 自由保有人和公司自由人

我们假设，在金所划分出来的从贵族往下一直到（包括）"海上商人和贸易商"的所有阶层成员都应属于这个类别。他们总计有 28500 个家庭。除了这些家庭，金还把另外 180000 个家庭单划为"自由保有人"。我们进一步假设，以下阶层的成员里有一半要么是自由保有人，要么是公司自由人：陆上商人和贸易商、科学和博雅教育从业者、商店主和零售商、技工和手工匠人、海军和陆军军官；这就为这个类别又添加了 66000 个家庭。因此，划入类别一的家庭总数是 275000。我们对这个数字打七分之一的折扣，从而得到成年男性的总数是 235700。

类别二 不属于类别一的济贫税纳税户主

我们把金的"农民"全部分配给这个类别，计 150000 个。因为金的农民和他的自由保有人是互相排斥的两个类别，所以他的农民是指所有（非城市的）非自由保有的保有人。我们已经假设这些人包括：（1）公簿保有人和（2）定期租约保有人和定期或数世租约保有人，也就是（我们在正文中已经说过的）从普特尼的自由保有人选举权范围里排除出去的那两类农村保有人。易言之，我们假设，金和普特尼辩论各方都遵循了自由保有人和非自由保有人之间的既有法律区别，以及布莱克斯通所主张的公簿保有人一词的法律用法。[1]可能会有人质疑这个假设，所以我们必须注意做出其他假设可能带来的影响。

（1）如果金把"自由的公簿保有人"计入他所说的自由保有人（而我们已经看到了，普特尼辩论各方很可能没有这么做），我们就需要把自由的公簿保有人数量从类别一移到类别二里。金很有可能就是这么做的，因为正如我们所见，在这些自由的公簿保有人或依习惯的自由保有人是否以及在什么方面算是自由保有人的问题上，不存在确定的规则。我们无法估算这个数字。如果这个数字很大，那它就会大大增加自由保有人选举权和济贫税纳税人选举权之间的不一致。

还有另外三个假设可能需要予以考虑，不过它们的可能性都不如刚刚讨论过的这个假设的可能性高，因为这些假设关注的是终身或数世保有人的地位和定期或数世保有人的地位，而这些保有人的

---

〔1〕 见上文，第三章，第 112 页。

地位，在法律上不存在疑问。

（2）如果金违反了法律上的用法，将终身或数世保有人当成非自由保有人，那么有两种可能的情况：（a）普特尼辩论各方也把他们当成非自由保有人，如果是这样，我们的估算并不受影响；（b）普特尼辩论各方将他们当成自由保有人，如果是这样，我们就必须把估算出来的他们的数量，从我们的类别二移到类别一。这将缩小自由保有人和济贫税纳税人选举权之间的差距，但我们不知道会缩小多少。

（3）如果金违反了法律上的用法，将定期或数世保有人当成自由保有人，那么有两种可能的情况：（a）如果普特尼辩论各方将他们当成自由保有人（这非常有可能，因为九十九年或三世保有人拥有与普通的自由保有人一样多的保障，而保有地产的安全性被克伦威尔和艾尔顿用作选举权资格的主要判断标准），那么我们的估算并不会受影响；（b）如果普特尼辩论各方将他们当成非自由保有人，我们就必须把他们的数量从我们的类别一移到类别二，因此会增加自由保有人和济贫税纳税人选举权之间的差距，不过，我们还是不知道他们的数量。

（4）如果金将定期或数世保有人当成非自由保有人，而普特尼辩论各方将他们当成自由保有人，我们就需要把他们的数量从我们的类别二移到类别一，因此会缩小自由保有人和济贫税纳税人选举权之间的差异。

总之，在这四个具有可能性的假设中，最有可能的一个（第一个）会增加我们的类别一的规模，缩小类别二的规模；其余三个假设要么对我们的估算没有影响，要么在一种情况下与第一个假设有同样的影响，而在其他情况下与第一个假设有相反的影响。但是，这四个假设的可能性似乎都不如我们已经做出的假设的可能性大。因此，我们将金所说的所有农民都归入非自由保有人类别中。

我们假设，陆上商人及贸易商、科学及博雅教育从业者和海军及陆军军官里，有一半家庭属于这个类别，计16500个。我们还把所有的法律从业者和教士归入这一类，计20000个。[1]我们假设，商店主和零售商以及技工和手工匠人中有四分之一，计25000个。因此，分配给类别二的家庭总数是211500。成年男性的人数是181300。

类别三　不属于类别四的非济贫税纳税人

290　我们假设，四分之一的商店主和零售商以及技工和手工匠人属于类别三，计25000个家庭。成年男性人数是214000。

应该（只）把这些人放到类别三里。这个假设可能显得有些任意。我们可以提出两点考量来论证它的合理性。

（1）金的"商店主和零售商，技工和手工匠人"全都是独立的生产者或商人；熟练工人和其他赚取工资者不在这个类别中，而是在雇工这个类别中。因此，假设说这些人里只有四分之一既不是公司自由人也不是济贫税纳税人，看起来是合理的。

（2）从我们所了解的非纳税家庭总数的情况来看，把任何多于四分之一的商店主、零售商、技工和手工匠人归入非济贫税纳税人类别，似乎都会过高。对于那些有住房但没有交纳济贫税的家庭数量，我们没有确切数字。不过，金对房屋税和窗税收益的估算能够提供些许暗示。他估计，在1300000幢住人的房屋里，有330000幢因为居住着领取施舍者而没有被课税，另有380000幢因为居住着"那些没有缴税给教堂或给穷人的人"而没有被课税。[2]这些数字是针对房屋而言的，其中有些房屋肯定居住着不止一个家庭。

---

〔1〕见注释S，第300页。
〔2〕King in Chalmers, p. 59.

尽管这些数字并不完全符合金的主表中，所有家庭在贫困线之上和贫困线之下的分布情况，但它们确实意味着，非纳税家庭的总数不可能构成拥有住房的赚取工资者和领取施舍者家庭的全部。

最后，我们可能会注意到，在考虑到这些情况后，即使我们放到类别三里的男性数量是我们已经放了的两倍，类别三和其他类别之间的比例也不会显著改变，而选举权类型 C 与其他选举权之间的比例所发生的变化甚至会更小。[1]

把对 1688 年的估算换算成对 1648 年的估算

我们已经把金的"家庭"数量转换为成年男性的数量，并把它们分配给我们所关注的各个选举权类别，至此我们估算出了这些选举权类别在 1688 年的规模：

类别一	自由保有人和公司自由人	235700
类别二	不属于类别一的济贫税纳税户主	181300
类别三	不属于类别四的非济贫税纳税人	21400
类别四	雇工和领取施舍者	862000
	总计	1300400[2]

我们现在需要将这些估算出来的数字换算为 1648 年的人口数。我们将假设，1648—1688 这四十年里，各阶层间的人口分布没有发生过显著变化。但是，我们的选举权人类别发生了一个显著变化：1647—1648 年间的军队规模要比 1688 年大得多，又因为 1647—1648 年间议会军里的所有士兵都被计入了平等派的选举权人

〔1〕 类别三将会从 21400 个增加到 42800 个；类别二将会从 181300 个减少到 159500 个；类别一和类别四将不会变化。选举权 C 将不会变化（438000 人）；选举权 B 将会从 417000 人减少到 395600 人；选举权 A 和 D 不会变化。

〔2〕 在金的表四里，21 岁以上男性总数为 1300000 人。

范围，[1]那么这些士兵中那些作为平民本应该属于类别四的人，就必须被提到更高的选举权人类别中。据此看来，有必要将我们对 1688 年的估算（我们本来可以认为，这些估算作为说明选举权人类别之间比例的充分指示，是站得住脚的）换算为 1648 年的人口基数。

尽管 17 世纪英格兰的人口增长是不均衡的，但我们可以假设，1648—1688 年间人口净增长了大约 10%。我们要从我们的每个估算数值里相应减去 10%。由此我们得到了：

选举权人类别	1688 年成年男性数量	1648 年成年男性数量（未调整军队数字）
一、自由保有人等	235700	212100
二、不属于类别一的济贫税纳税人	181300	163200
三、不属于类别四的非济贫税纳税人	21400	19300
四、雇工和领取施舍者	862000	775800
总计	1300400	1170400

现在，我们可以对军队做必要的调整。17 世纪 40 年代议会军中的男性人数随内战需要而有所变化。在 1645 年，其人数是 60000 到 70000 人，其中 22000 人是在新模范军里。[2]第一次内战后，按照费尔法克斯（Thomas Fairfax）的单独命令，有些部队被解散，其他的部队被合并；在普特尼辩论发生时，军队总数肯定超过了 32000 人。[3]在 1648 年的第二次内战期间，更多人被招募入伍；在 1649 年 3 月，军队有了大约 47000 人。[4]在第二和第三公约（1648 年 12 月和 1649 年 5 月）提出选举权要求时，军队肯定至少有 45000 人。

我们可以大体估算出身为平民时本应属于雇工和领取施舍者这

〔1〕 见注释 K，第 297 页。

〔2〕 C. H. Firth, *Cromwell's Army* (1902), pp. 33, 34.

〔3〕 新模范军计为 22000 人，北方军计为 10000 人（Firth, op. cit., p. 34）。

〔4〕 Firth, op. cit., pp. 34—35.

个类别的士兵比例。新模范军最初由 6600 个骑兵、1000 个龙骑兵
和 14400 个步兵组成。[1]骑兵和龙骑兵是志愿兵，像绅士一样生活；
我们可以假设，他们全都来自自由保有人或济贫税纳税人类别。步
兵（他们中超过一半是被强征入伍的）大部分是文盲；[2]因此，如 292
果假设有四分之三的步兵（意即，刚好不到军队的半数）来自赚取
工资和领取施舍的类别，另四分之一的步兵来自非济贫税纳税人的
类别，似乎并不过分。如果我们假设，1648 年扩充之后的军队和
最初的模范军大体处在相同比例，那么我们就得到 45000 人中的约
22100 人，他们来自雇工和领取施舍者的类别。[3]按照身为平民时的
类别看，整个军队的分布由此可以估算如下：

类别一和类别二	自由保有人和济贫税纳税人	15500
类别三	不属于类别四的非济贫税纳税人	7400
类别四	雇工和领取施舍者	22100
	总　计	45000

　　估算出来的成年男性总人口的分布看起来如下：

类别	总人口数	其中士兵人数
类别一、自由保有人和公司自由人	212100	8500
类别二、不属于类别一的济贫税纳税人	163200	7000
类别三、不属于类别四的非济贫税纳税人	19300	7400
类别四、雇工和领取施舍者	775800	22100
总　计	1170400	45000

---

〔1〕　Firth and Davies, *Regimental History of Cromwell's Army*, i, pp. xvii–xviii.

〔2〕　Firth, *Cromwell's Army*, p. 40.

〔3〕　这个比例看起来过高，但它大大低于这个类别在总人口中所占的比例。我们可以把这个
比例调低些，但这么做会使选举权人类别三中的士兵数量增加到难以和总人口中类别三的男性
人数一致的程度。

我们现在必须把 22100 个在身为平民时处于类别四里的士兵移到类别三里。结果就是，1648 年，成年男性在各选举权人类别间的分布如下：

类别一、自由保有人和公司自由人	212100
类别二、不属于类别一的济贫税纳税人	163200
类别三、不属于类别四的非济贫税纳税人，加上最初在类别四中的士兵	41400
类别四、雇工和领取施舍者，减去最初在类别四中的士兵	753700
总计	1170400

在平等派文献里被争论过的四种不同选举权类型累加后的总数就是：

A. 自由保有人选举权	212100
B. 济贫税纳税人选举权	375300
C. 非雇工选举权	416700
D. 成年男性选举权	1170400

注　释

注释 A：（1）《自然法及政治法原理》（*The Elements of Law Natural and Politic*），1649 年以手稿形式流传，1650 年以两部专著（《论人性》/*Human Nature* 和《论政治体》/*De Corpore Politico*）的形式出版；后被冠以最初的书名，由 F. 滕尼斯（F. Tönnies）编辑出版，剑桥，1928 年（本书引用的是滕尼斯版本，引作《原理》/*Elements*）。

（2）《论公民》（*De Cive*），1642 年，其英文版以《关于政府和社会的哲学基本原理》（*Philosophical Rudiments concerning Government and Society*）为书名，出版于 1651 年；1651 年英文版"基本原理"的文本已经过 S. P. 兰普雷希特（S. P. Lamprecht）的编辑，并以《论公民》（*De Cive or The Citizen*）为书名出版于纽约，1949 年（本书引用的是兰普雷希特版本，引作《基本原理》/*Rudiments*）。

（3）《利维坦》（*Leviathan*），1651 年（本书引用的版本是 W. G. 伯格森·史密斯/W. G. Pogson Smith 编辑，牛津，1929 年）。

注释 B：如果我们使用经济学家关于人之权力的高度抽象的概念（前一个注释已提及），我们就能建构一个关于完全竞争性经济的模型，身处其中的人没有土地或资本；我们也能说明，雇佣关系不涉及赚取工资者的任何权力转移，因为他的权力被界定为排除了对土地或资本的任何利用权。在这样一个模型里，我们可以证明，工资等于劳动的边际净产品，尽管劳动的边际净产品与劳动所投入的精力及技术总量确实没有固定关系，而是根据劳动力供应量和资本及土地供应量之间比率的变化而发生变化。如果放宽完全竞争的预设，那么即使在这个经济模型里，也可能发生狭义权力的转移（超出这种权力转移的，就是我们所定义权力的转移）。进一步的转移产生于劳动力购买者之间的不完全竞争（购买者少于售卖者容易导致这种竞争）；购买者较少时，他们按照心照不宣和习以为常的理解，不会以高于特定工资率来出价，或者不会接受低于特定价格来出卖自己的土地和资本，他们这么做，就能让自己所得到的产品份额大于他们不这么做时的所得。

注释 C：例如，Thomas Nagel, "Hobbes on Obligation", *Philosophical Review*, lxviii（1959），68–83。内格尔认为，霍布斯确实从自我利益推导出了义务，但（像霍布斯那样）将其称为道德义务则是错误的："原则上完全不与自我利益相冲突的东西不能被称作是一种道德义务。"（第74页）但即使承认这个提议，并且承认霍布斯的义务就是从自我利益推导出来的，我们也不能推论说，它不可能是道德义务。因为，在霍布斯的观念里，每个人的自我利益都包含着它自己的矛盾面：短期自我利益和长期自我利益相冲突。因此，从长期自我利益推导出来的义务确实在原则上与短期自我利益相冲突。

注释 D：我们尚不清楚霍布斯把上帝称为自然法作者的意图是什么。但即使那些极力主张"霍布斯很可能意欲要么以神的赏罚、要么以神的意志作为义务的基础"这一观点的人，也不得不承认，霍布斯的体系可能是"基于一个权威自生的自然法体系"，而这"使得把上帝的角色引入霍布斯政治理论变得毫无必要"（H. Warrender, in *Political Studies*, viii [1960]，49）。参看 Warrender, *The Political Philosophy of Hobbes*, p. 311。瓦伦德尔在该处说，基于神的意志和神的赏罚的解释"对推导人的义务来说，没什么重要意义，除了一点——它们为权威的等级提供了一个形式上的终结点"。

注释 E：可能有人会认为存在着一条中间道路：即有这样一个社会，身处其中的人都承认一种阶梯式的不平等，但没有任何人主张不受限制的优越地位。这将满足以下条件：如果没有人主张不受限制的优越地位，那么所有人都将在道德上受约束。但是我们难以想象会有这样一个社会：身处其中的人承认，人们在某个具有最高社会重要性的方面是不平等的，但却没有人要求不受限制的优越地位。也就是说，在这个社会里人们本可以事实不平等为由来主张优越地位，但所有人都接受对这种优越地位的明确限制。可能有人会认为，一个运作正常的等级体系（诸如一个理想化的封建体系）满足这些要求；这样的体系（事实上）为了维持其差别性道德，总是要依赖于某些超自然的设定（和强制力）。

注释 F：菲尔斯把第一公约和平等派在普特尼辩论中的立场都解释为支持成年男性选举权（见第 107 页，注 1），同时还引用了平等派在辩论期间的选举权排除主张（*Clarke Papers*, i, p. li），但没有看到不一致；Gardiner, lac. cit.；G. P. 古奇著、拉斯基编辑《英国 17 世纪的民主观念》（G. P. Gooch, *English Democratic Ideas in the Seventeenth Century*, 1898, ed. Łaski 1927）指出了选举权排除（第 131 页），但之后称其为"他们的成年男性选举权计划"（第 132 页）；T. C. 皮斯所著《平等派运动》（T. C. Pease, *The Leveller Movement*, 1916）说，普特尼选举权辩论的结果是平等派"支持普遍选举权的提议"（第 224 页），但是他们支持的提议将选举权赋予除雇工和乞丐之外的所有人［letter of 11 Nov. 1647, in Woodhouse, op. cit., p. 452］；伍德豪斯前揭书（Woodhouse, op. cit.），把这同一种投票权说成是一种赞成成年男性选举权的解决方案（第 29 页），并说公约都规定普遍选举权（第 71 页）；D. W. 彼得戈尔斯基所著《英国内战中的左翼民主主义》（D. W. Petegorsky, *Left-wing Democracy in the English Civil War*, 1940）虽然承认"赚取工资者……会被排除在他们所鼓吹的普遍选举权方案之外"，但却说平等派要求实现普遍选举权（第 96、116、118 页）；唐·M. 沃尔夫所著《清教革命中的平等派宣言》（Don M. Wolfe, *Leveller Manifestoes of the Puritan Revolution*, 1944）把普特尼选举权辩论结束之际的投票说成是针对成年男性选举权的投票（第 61 页），把 1648 年 1 月"请愿书"引注为要求成年男性选举权的例证（第 260 页），尽管请愿书文本（第 269 页）排除了雇工和乞丐，还将"第一公约"解释为要求成年男性选举权（第 14、235 页），并将《一项新约定，或曰，1648 年 8 月 3 日宣言》（*A New Engagement, or, Manifesto* of 3 Aug. 1648）说成是建议成年男性选举权（第 80 页），尽管其文本只是要求"人们平等地划分比例以选择他们的代表"；莫里斯·阿什利所著《约翰·怀尔德曼，谋划者和邮政部长》（Maurice Ashley, *John Wildman, Plotter and Postmaster*, 1947）把"第一公约"说成是支持成年男性选举权（第 36 页），把普特尼投票说成是接受了"平等派的成年男性选举权原则"（第 43 页），在指出 1648 年 1 月"请愿书"排除了乞丐和罪犯的同时，却没有注意到它也排除了雇工；佩雷斯·扎戈林所著《英国革命中的政治思想史》（Perez Zagorin, *A History of Political Thought in the English Revolution*, 1954）虽然指出了"第三公约"和普特尼辩论各方对雇工和领取施舍者的排除（第 36、37 页），但还是把平等派说成是成年男性选举权的倡导者（第 30、31 页）。

注释 G：爱德华·伯恩斯坦所著《克伦威尔和共产主义：伟大的英国革命中的社会主义和民主主义》（Eduard Bernstein, *Cromwell and Communism: Socialism and Democracy in the Great English Revolution*, 1930. 最初以德文出版于 1895 年）把平等派在普特尼辩论中的立场解释为支持普遍选举权（第 68 页，注），并赞扬平等派"为当时和后世工人阶级的政治利益"而斗争（第 86 页）。他注意到第二和第三公约排除了赚取工资者和领取施舍者，不过，他说熟练工"通常处在学徒和雇主的过渡阶段"，"把选举权扩大到农业劳动者范围，在当时的条件下将会增强反动党派的力量"（第 87 页），以此来调和平等派的选举权排除和他对平等派原则的理解。虽然我们必须对这两个理由给予一定重视，不过它们还称不上是令人满意的解释。平等派是原则的狂热拥护者，如果他们抱持过彻底的普遍选举权原则，他们就不会基于如此敷衍的理由就把这个原则从所有农业劳动者身上撤回来。M. A. 吉布所著《约翰·李尔本，平等派，一个基督教民主主义者》（M. A. Gibb, *John Lilburne, the Leveller, a Christian Democrat*, 1947）处处表现出了成年男性选举权的看法（第 15、139、208 页），把普特尼投票说成是在推进"普遍选举权议题"（第 209 页），尽管她注意到"第三公约"排除了赚取工资者。关于"这个对平等派理念的明显背离"（第 271 页），她提出了一个与伯恩斯坦相似的解释；但是这个解释认定这是对他们理念的背离，其本身就是有问题的。

注释 H：W. 申克所著《清教革命中对社会正义的关注》（W. Schenk, *The Concern for Social Justice in the Puritan Revolution*, 1948）发现了从 1647 年到 1648 年之间的一个变化：在 1647 年，平等派"似乎宣扬无资格限制的成年男性选举权"，而在 1648 年，他们排除了领取施舍者和赚取工资者。他引用"第二公约"作为这种选举权排除的例证，但没有提及"第二公约"还排除了所有非济贫税纳税人；他将其解释为平等派的权宜之计；并得出结论称，"按照平等派的理论来看，我们可以假定，他们只是打算临时设置这些限制"（第 40 页，注 48）。这个解释和这个假定可能适用于他没有提到的选举权排除主张（排除非济贫税纳税人），但不适用于他提到的选举权排除主张（排除领取施舍者和雇工），因为至少从 1647 年 10 月 19 日到他们停止撰写、传布政治文册时，后一种排除是平等派一贯主张的。弗朗西斯·D. 沃姆斯所著《现代立宪主义的起源》（Francis D. Wormuth, *The Origins of Modern Constitutionalism*, 1949）把平等派说成是成年男性选举权的倡导者（第 75、79 页），把普特尼投票说成是针对成年男性选举权的投票（第 81 页）。他注意到了，"第二公约"排除了领取施舍者、赚取工资者和非济贫税纳税人，但他说"第三公约"恢复了成年男性选举权（第 83-84 页）。约瑟夫·弗兰克所著《平等派》（Joseph Frank, *The Levellers*, 1955）把他们说成是至少从 1646 年 10 月开始（第 94、123、133、151 页），直到"第二公约"时止，都是成年男性选举权的倡导者，还把"第二公约"范围广泛的选举权排除看作是一项妥协（第 176-177 页）。他注意到了（但没有评论）"第三公约"对雇工和贫民的排除（第 206 页）。

　　注释 I：显而易见，平等派从没有主张过妇女选举权。吉布（Gibb, op. cit., p. 174）提请人们注意以下事实：李尔本在其《为自由人的自由而辩》（*The Freemans Freedome Vindicated*, 16–19 June 1646, in Woodhouse, pp. 317–318）中主张，"所有人，和每一个个别的和个体的男人和女人"，"生来都是平等的，有一样的权力、尊严、权威和威严，他们之中没有人生来就拥有任何超过他人或高于他人的权威、统治权或管制权力"，除非"经过相互间的协议或同意"。吉布推断，从李尔本的主张可知，女性也拥有政治权利，其基础与男性相同。但这种推论并不成立，而且李尔本也没有做这样的推论。从中可以推知的只是，我们必须假定女性和男性一样，已经对设立政府表达了同意，而这种同意"是为了、出自或假定是——为了其他每个人的良善益处和舒适，而不是为了得到危害、伤害或损害"。这个说法能轻易地适用于一种权威从妇女到其丈夫的假定性转移。虽然李尔本自己的妻子在为他辩护时表现得非常积极，不过她总是遵从他的政治观点和决定，而他们两人看起来都觉得这样是正当的和自然的。吉布还援引了平等派的 1649 年 5 月 5 日"妇女请愿书"（*Petition of Women*, 5 May 1649, in Woodhouse, pp. 367–368），请愿书主张男女属灵平等和一种在法律规定的自由与安全（意即公民自由）方面的平等，但并没有主张平等的政治权利。（把男性和女性从专断的司法程序下解放出来的相同要求，是平等派在 1647 年 3 月"请愿书"里提出来的：in Wolfe, op. cit., p136.）平等派（无论男女）似乎理所当然地认为，妇女被假定已经授权其丈夫来行使她们的政治权利。在典型的雇佣关系还被看作是类似于家庭关系的时代，一种类似的权威从雇工到雇主的假定性转移，并不会是一个异乎寻常的设定。这显然正是佩蒂在普特尼辩论中的设定：雇工被"计入了他们的雇主"（Woodhouse, p. 83，前文第 123 页有引用）。

注释 J：按照各郡纳税比例重新分配的方案，不仅在逻辑上与选举权的广度相一致，而且艾尔顿在普特尼辩论中确实将它与范围最窄的自由保有人选举权一并提出来（Woodhouse, p. 83），并且在《军队的状况》里，（像我已经论证过的）它和非雇工选举权一起得到了平等派的赞同（藉由他们对 6 月 14 日"宣言"中所有规定的赞同；Haller and Davies, pp. 77, 61）。在两周后的"第一公约"里，平等派建议按照人口比例重新分配；这个事实并不意味着，他们已经在选举权范围问题上改变了立场。正如我们所见，在普特尼辩论期间，艾尔顿和克伦威尔非常重视"第一公约"的这一条款，但他们在双重意义上错误表达了立场：第一，他们提出，先前按照纳税比例重新分配的方案意味着一种财产选举权（在《军队的状况》中肯定并非如此）；第二，他们提出，按照人口比例重新分配的方案意味着成年男性选举权（基于普特尼辩论中平等派阐明选举权排除的史料，事实并非如此）。

注释 K：士兵拥有议会选举权，似乎是平等派在普特尼辩论期间的一贯预设：参看 Buff-Coat, i.e. Everard（Woodhouse, p. 7），Sexby（pp. 69-70）, and Rainborough（p. 71）。1647 年 10 月 30 日军队参政委员会报告中的选举权建议大概也是出自平等派之手。它主张："一切生而自由的英国人，或被赋予自由居留英格兰权利的人，凡是在上次战争里为了王国自由而服务于议会，并在 1645 年 6 月 14 日之前仍服役者……得允许其拥有在上述选举中发声的权利……即使他们在其他方面不符合资格。"（Woodhouse, p.450）委员会既包括克伦威尔和艾尔顿，也包括雷恩巴勒和塞斯比。允许原本不符合条件的士兵享有选举权，看起来是军队领袖的让步，但它并不是一项重大让步：它仅仅是主要建议的一项附录而已，主要建议则规定由当时的平民院设置选举权资格限制，"以求尽可能扩大共同自由，同时对当前宪法在这方面的平等性（equality，疑为equity，公平）和目的给予正当关注"。正如《数位鼓动者的一封信》所报告的那样（Woodhouse, p.452），在普特尼辩论结束之际进行的投票是针对下述提议："所有士兵和其他人（如果不是雇工或乞丐）"都应当拥有选举权。因为信是致送所有士兵的，又因为它宣称这次投票是"你们的天生自由"的胜利，所以这个提议的意思只可能是：所有士兵和那些不是雇工或乞丐的平民都应享有选举权。

注释L：例如，雷恩巴勒在普特尼期间（Woodhouse, p. 53）；Lilburne, *Free-man's Freedom Vindicated*（ibid., p. 317）。是否平等派甚而认为这项权利适用于那些被"计入他们的雇主"的人，是值得怀疑的。他们的社会契约观念从没有被清晰阐述过。李尔本频繁援引一句"自然的格言"，即除非一个人自己同意，否则他不能受约束；并用它来无差别地论证以下权利的正当性：（1）每个人成为向政府授权之协议或契约或信托的当事一方的权利，和（2）每个人选择立法者的权利。在《没有保证的草率誓言》里，他是在后一个意义上使用它的（见上文，第135页），而我们已经看到，在那一处他只可能是用它来意指每个自由人。他（主要）在1647年1月的《揭露暴君》（*Regall Tyrannie discovered*）（Jan. 1647）里用的是它的前一个意义："理性告诉我，没有我的同意，我不应当承受强加给我的法律……理性告诉我，只有经过每个个人都算在内的共同同意，才能正当地行使主权，才能正当地推行法律……"（第10页）；"……有句来自自然和理性的格言，就是除非一个人自己同意，否则他不能受约束；无论是为了什么（或为了谁），把不是人民所选择或所信托之人所制定的法律强加给人民的，就是专制暴君……"（第46页）

298

李尔本把"我的同意"等同于"每个个人都算在内的共同同意";那些已经"被计入他们的雇主"的人由此可以隔着一层被计入政治同意里。参看"请愿书"的推理,上文,第 124 页。

注释 M:*Oceana*, pp. 99, 154; *Prerogative*, pp. 243, 247. 哈林顿对英国人口有什么看法,尚不清楚。他在《专权》的第 24—27 页提到"一百万个家庭的父亲",这看起来既包括了劳工也包括了公民。这是个合理的估算,和格里高利·金给出的 1688 年时所有类别的一又三分之一百万个"家庭"总数相去不远。《大洋国》第 154 页给出的 18 岁以上男性数量是一百万人,这很明显是户主的人数;但是,它是否意在把"雇工"包括在内,尚不清楚。因为,这里的一百万的总数,是从"年度花名册"上作为"年长者"(年满 30 岁及以上)和"年轻人"(年龄在 18—30 岁)的男性人数得出来的,这似乎意指公民,而非雇工;不过,他马上又使用一百万这个数字来包括日工。在《立法的技艺》(*Art of Lawgiving*)第 403 页,他把英格兰说成是一个"500000 人或更多的男性"组成的共和国,行文语境暗示(虽然不明确)该处说的是地位高于雇工的男性。整体而言,他似乎很可能认为,有 500000 个男性公民和同等数量的男性雇工。这也与金的估计(见上文,第 280、286 页)相去不远。

注释 N:在拉斯莱特所编辑的洛克《政府论两篇》版本里,其导论虽然赞同洛克"完全愿意考虑一个人的劳动成果被他人持续地或永久地据为己有",却认为"说一个人能够在财产(propensity/ 癖性,原文如此)的意义上出卖其劳动,是一种过度解释"(第 104 页)。在雇佣契约里,被出售的是一个人的工作能力。"他所承担的劳役"(洛克语)无疑在种类上有限定——熟练的面点烘烤师承担不了农业雇工的工作——而且在数量上可能也有限定，但是，一个人出售的是他的未来劳动，或他的未来履行某工作（即作为雇主缔约目的的工作）的假定能力。一个人的劳动是可以让渡的，那么可以推知，洛克确实把生命和劳动给分开了：见上文，第 219–220 页。

注释 O：这些信条实质上就是：人生有来世，只有相信基督死而复生，成为人类的神圣救世主，才能得到救赎。洛克主张，这是一种直白的观念，再加上神迹，能让目不识丁的人按照其日常经验轻易理解："单靠一个字就治愈病人、让瞎子重见光明、升天、起死回生，凡此种种都是他们不费劲就想象得出的事实问题；他们也能理解，做出这些事迹的人，必定是靠着神力的辅助才行。这些事迹都处在最通常的理解力水平上：谁能分辨出生病和痊愈、瘸子和健全人、死人和活人，谁就能理解这个教义。"（ibid. ii, 580）

注释 P：拉斯莱特（洛克《政府论两篇》，导论，第 105 页）引用第 111 节，认为这一节使得人们很难将洛克解释为一位本质上的资产阶级理论家，所以他没能看到这一点。在此处，我们可以一并说说拉斯莱特所找到的阻却人们做出这种解释的其他那些障碍。他说，我们必须解释清楚洛克有关财产权的起源和财产权的限制的全部表述；我希望，上文第二节的第三部分已经充分解决了这个问题。他指出，我们必须忽略洛克有关"规范"（regulating）财产权的所有那些表述，这个说法有两点令人好奇。第一，如果每个人的财产和获得财产的权利是受保护的，那么每个人的财产权必定如洛克明确主张的那样（*Second Treatise*, sect. 120）"被规范"。但是，拉斯莱特此处大概脑中所想是以下这一事实，洛克"没有在任何地方根据财产权来抱怨过他所处的'重商主义'时代的那些复杂规范"（第

104 页）。洛克当然是个重商主义者，但是，这其实与他作为资本主义进取精神和无限量资本主义据有的支持者身份完全一致。资本主义据有权并不意味着重商主义国家规范的缺失；恰恰相反，它可能需要这类规范：见上文，第二章，第 57–58、62、98 页。最后，对于洛克坚持主张自然法义务在社会里依然有效这点而言，我们完全没必要否认洛克意欲这些自然法义务适用于财产权。恰恰相反，正因为洛克确实意欲其适用于财产权，所以他才如此费心地去说明，无限据有并不违反自然法，并在自然状态中是被允许的（见上文，第 203 页及以下，218 页）。小查尔斯·H. 蒙森（Charles H. Monson, Jr.）在规范财产权这个问题上似乎犯了相同的错误，他写道，"洛克并没有认可无限制据有和不可让渡的财产权利"（*Political Studies*, vi. 2 [1958], 125）。洛克当然不认可"不可让渡的财产权利"；没人说他认可这点。在洛克笔下，个人同意进入政治社会，就是同意把国家规范财产权作为保护他财产权的方式。但是，这丝毫没有否定一种无限量据有的权利。正如我已经说明过的，无限的资本主义据有要求国家对财产权的管辖，并且与国家对个人财产权的大量干预是一致的。

注释 Q：sect. 21. 这一段在 W. S. 卡朋特编辑的人人文库版《政府论》（the Everyman edition of the *Treatises*, ed. W. S. Carpenter）里没有，在 C. L. 谢尔曼编辑的艾普尔顿—世纪集团版《政府论下篇及论宗教宽容》（the Appleton-Century edition of the *Second Treatise and Letter Concerning Toleration*, ed. C. L. Sherman, New York, 1937）里也没有。在这一点上，这两个版本延续的都是第一版《政府论》中没有包含第 21 节的那个印本；这两个版本都武断地把其他节拆分成两节来掩盖这个缺陷。（谢尔曼把第 20 节拆成两节；卡朋特把第 36 节拆成两节。因此，在人人文库版里，第 21 节到第 35 节之间的所有节数都是错的。）已有学者梳理了洛克第一版两个印刷本的特别之处以及现代编辑者对它们的处理，见 Peter Laslett, "The 1690 Edition of Locke's Two Treatises of Government: Two States", *Transactions of the Cambridge Bibliographical Society*, iv（1952），341–347。

　　注释 R：考克斯所著《洛克论战争与和平》（Cox, *Locke on War and Peace*, 1960）令人信服地主张说：洛克的真实立场是其中第二种；洛克在《政府论·下篇》的开篇采取第一个立场，其目的"不去冲击"读者"既有的观点"；在开篇掩饰了自己的真实观点之后，他做出了一个"渐进的但精确设定的转变"，"悄悄而又系统地逐渐反转"开篇的自然状态图景（pp. 72–73,76）。这种反转并不像考克斯所说的那样是渐进的，因为洛克早在第 21 节就和他那令人愉悦的自然状态版本相抵触了。但是，考克斯解释的真正问题在于，洛克需要两个版本的自然状态（正如我已经指出过的，例如在上文前一段）来支持他的结论。因此对我来说，看起来更可能的是，洛克真的抱持着两种看法，而没有意识到它们的不一致。

　　注释 S：10000 个法律人都被划分到类别二里，10000 个"公职人员"都被分配到类别一里；每一组别都完全可以在这两个类别间平均划分。我们可能应当从计算里把教士全部忽略掉，因为他们在 1648 年是否拥有选举权值得怀疑。只要教士阶层应缴纳的税金是由宗教会议投票决定（就是说，一直到内战开始，在复辟后又曾短暂持续过），教士就没有议会选举权。在 1663 年，谢尔登大主教和克拉灵顿勋爵缔结协议规定，此后像对世俗地产征税一样对教堂采邑征税，"其后果是……领取圣俸的下级教士一直有权投票选举平民院成员"（Burnet, *History of His Own Time*, ed. 1823, i, 340）。很多教士"在复辟后的第一次选举中投票；而根据 1664—1665 年会期通过的一项法案［查理二世治下 16 年和 17 年之法，第 1 章 /16 and 17 Car. II, c. 1］（该法规定对教士和世俗人员共同征税），他们自己作为议会选民的身份得到确认"（Porritt, *The Unreformed House of Commons*, 1903, i. 3）。但是，不是直到 1663 年后教士才交出对自己征税的权利；从内战一开始直到 1660 年，教士"要么出于自愿服从、装腔作态贴近普罗大众，要么因为缺少代表他们自身的代理人，他们让自己的财产和在徒有外表的议会里的俗界人士一样课税"（Laurence Echard, quoted in A. Browning［ed.］, *English Historical Documents* 1660—1714, p. 416）。因此，人们非常有可能认为，教士在内战期间没有被取消议会选举权资格。

注释 T：对于全职赚取工资者人数，最简单的计算如下：260000 个男性家内雇工（金的表三）、364000 个劳动者和家外雇工（的家庭）、50000 个普通海员（的家庭）和 35000 个普通士兵（的家庭）（数字全部来自金的主表，该表复制于上文，第 280-281 页）：总计 709000 个。这占到 1578000 个 16 岁以上男性（金的表四）的 45%。其他利用金的主表、并为那些没有男性户主的"家庭"的存在（见上文，第 284-285 页）打了折扣的计算方法，给出的结果介于 43%—45% 之间。如果再加上 400000 个茅舍农，比例就超过了三分之二。

注释 U："雇工"（servants）一词在 17 世纪的用法里意指一切赚取工资者。对这点更全面的说明，见我的《17 世纪英格兰的雇工和劳工》，载于《民主理论：论文重淬集》（牛津，1973 年），第十二章（C. B. Macpherson, "Servants and Labourers in 17th Century England", *Democratic Theory, Essays in Retrieval*〔Oxford, 1973〕, Ch. XII）。

引用的作品及其版本

一、17 世纪作品

哈林顿

对他作品的引用，全部来自《大洋国及其他作品集》(the *Ocean a and Other Works*, London, 1771)。

霍布斯

《比希莫特，或长期议会》(*Behemoth or the Long Parliament*, ed. F. Tönnies, London, 1889)。

《论公民》，见《哲学基本原理》(*Philosophical Rudiments*)。

《自然科学十讲》，载于《英语作品集》(*Decameron Physiologicum*, in *English Works*, ed. Molesworth, London, 1839—1845, vol. vii)。

《自然法和政治的原理》(*Ele-ments of Law Natural and Politic*, ed. F. Tönnies, Cambridge, 1928)。

《哲学原理，第一部分，关于实体》，载于《英语作品集》(*Elements*

of Philosophy, the First Section, Concerning Body, in *English Works*, ed. Molesworth, vol. i）。

《利维坦》（ *Leviathan*, ed. W. G. Pogson Smith, Oxford, 1929 ）。

《关于政府和社会的哲学基本原理》（ *Philosophical Rudiments Concerning Government and Sociey* ）。拉丁文版的 1642 年《论公民》（ *De Cive* ）的英文版本（1651 年）被冠以《论公民》（ *De Cive or The Citizen* ）之名出版（ *De Cive or The Citizen*, ed. S. P. Lamprecht, New York, 1949 ）。本书引用的是这一版，引作《基本原理》（ *Rudiments* ）。

平等派著作

平等派的很多重要著述，在以下四部现代辑录里的一部或多部中可以找得到：

威廉·哈勒（编辑）：《清教革命中关于自由的文册：1638—1647年》（引作: Haller, *Tracts* ）（ William Haller [ed.], *Tracts on Liberty in the Puritan Revolution 1638—1647*, 3 vols., New York, 1934 [cited as Haller *Tracts*] ）。

威廉·哈勒和戈弗雷·戴维斯（编辑）：《平等派文册集 :1647—1653 年 》（ 引 作: Haller and Davies ）（ William Haller and Godfrey Davies [eds.], *The Leveller Tracts 1647—1653*, New York, 1944 [cited as Haller and Davies] ）。

唐·M. 沃尔夫（编辑）：《清教革命中的平等派宣言》（引作: Wolfe ）（ Don M. Wolfe [ed.], *Leveller Manifestoes of the Puritan Revolution*, New York, 1944 [cited as Wolfe] ）。

A. S. P. 伍德豪斯（编辑）：《清教主义和自由：从克拉克手稿里辑录的军队辩论（ 1637—1649 年 ），以及补充的文献》（引作: Woodhouse ）（ A. S. P. Woodhouse [ed.], *Puritanism and Liberty, being* the Army Debates (1647—1649) from the Clarke Manuscripts, with Supplementary Documents, London, 1938 [cited as Woodhouse])。

本书在脚注中引注那些平等派作品（它们全部或部分地收录于以上辑录里）时，会注出相应的辑录出处，其引注形式如上；如果引用的是其他平等派作品，将注出原始出处；当它们被部分照录于关于平等派的现代著作里时，将注出相应的现代著作。

洛克

（1）印刷版作品

《人类理解论》(An Essay Concerning Human Understanding, ed. A. C. Fraser, Oxford, 1894)。

《洛克论自然法》(Essays on the Law of Nature, ed. W. van Leyden, Oxford, 1954)。

《基督教的合理性》(The Reasonableness of Christianity, in Works, 6th edition, London, 1759, vol. ii)。

《对降低利息和提高货币价值的后果的一些思考》(Some Considerations of the Consequences of the Lowering of Interest and Raising the Value of Money, in Works, 6th edition, 1759, vol. ii)。

《政府论两篇》(Two Treatises of Government, ed. Peter Laslett, Cambridge, 1960)。

（2）手稿

《日记》(1678 年)(Journal for 1678. As printed in H. R. Fox Bourne, The Life of John Locke, New York, 1876, vol. i, 403–404)。

《政治统治者》(1660 年)(Civil Magistrate [1660]. Bodleian Library, MS. Locke, c. 28 and e. 7)。

《关于穷人的报道》(1697 年)，收录于 H. R. 福克斯·伯恩:《约翰·洛克生平》，纽约，1876 年，第二卷，第 377–391 页（*Report on the Poor*, 1697）。

《论贸易》（*Trade*. Bodleian Library, MS. Locke, c. 30, f. 18）。

二、现代作品

本书引注或引用的每部现代作品的题名、出版日期和出版地（如果出版地不是伦敦的话）都会在第一次引用该作品时的脚注或注释里给出。本书"索引"部分为每位现代作者都标示出了其作品或作品集被引注的页码；在每个作者的索引条目下，第一个数字（或者，在同一位作者有超过一部作品被引注的情况下，前两个或前几个数字再加上"等等"）标示的是完整引注项第一次出现时所在的页码。

索 引

（索引页码为原书页码，即本书页边码）

Hobbes 为霍布斯所拒绝，66；rejected by Locke 为洛克所拒绝，244-5。

Pease, T. C. T. C. 皮斯，294。

Petegorsky, D. W. D. W. 彼得戈尔斯基，294；137，143。

Peters, Richard 理查德·彼得斯，42。

Petition of March 1647 1647 年 3 月《请愿书》，296。

Petition of January 1648 1648 年 1 月《请愿书》，108-9，124，154-5，156，294，295。

Petition of 11 September 1648 1648 年 9 月 11 日《请愿书》，138。

Petition of Women，5 May 1649 1649 年 5 月 5 日《妇女请愿书》，296。

Petty, Maximilian 马克西米利安·佩蒂，108，113，122-3，125-6，127，139，146，152，296。

Petty, Sir William 威廉·佩蒂爵士，229。

Petty, William 威廉·配第，228-9。

Plato 柏拉图，77。

Pluralism 多元主义，3。

Pocock, J. G. A. J. G. A. 波考克，174-5。

Poor, The 穷人：Hobbes on 霍布斯论穷人，66；Levellers on 平等派论穷人，128，146-7，152，154-5；Locke on 洛克论穷人，217，221-6；Puritan doctrine on 清教关于穷人的教义，226-7；Restoration views on 复辟时期对穷人的各种看法，227-9；*see also* Beggars，Wage-earners 另见"乞丐"、"赚取工资者"条。

Porritt, Edward 爱德华·波里特，301。

Possessive individualism 占有性个人主义：defined 定义，3，263-4；in Harrington 在哈林顿中，267-9；in Hobbes 在霍布斯中，264-5；in Levellers 在平等派中，142，154-6，265-7；in

Locke 在洛克中，269-70；source of 17th-century strength 在 17 世纪具有优势的根源，270；source of 20th-century dilemma 在 20 世纪陷入困境的根源，271-5。

Possessive market society 占有性市场社会：defined 定义，48-49，53-61，271-2；as condition for deduction of obligation 作为推导出义务的条件，89-90；freedom and compulsion of 占有性市场社会的自由和强制性，106；Harrington's recognition of 哈林顿对占有性市场社会的认识，268-9；Hobbes's awareness of 霍布斯对占有性市场社会的察觉，62-67；and Hobbes's model，占有性市场社会和霍布斯的模型，59-67；Levellers' oversight of 平等派对占有性市场社会的忽视，266；Locke's recognition of 洛克对占有性市场社会的认识，269-70；need for sovereign in 占有性市场社会中对主权者的需求，95-96；net transfer of powers in 占有性市场社会中权力的净转移，55-57；persistence of and change in 占有性市场社会的持久性和变革，271-5；possibility of obligation in 占有性市场社会中义务的可能性，100-1，105；possibility of sovereign in 占有性市场社会中主权者的可能性，97-99；power-seeking in 占有性市场社会中的权力追求，58-59；role of state in 占有性市场社会中国家的作用，57-59；and 17th-century England 占有性市场社会与 17 世纪的英格兰，61-62；*see also* Market relations 另见"市场关系"条。

Poverty, not same as dependence 贫穷

图书在版编目（CIP）数据

占有性个人主义的政治理论：从霍布斯到洛克 /
（加）C. B. 麦克弗森著；张传玺译 . —杭州：浙江大
学出版社，2018.8

书名原文：The Political Theory of Possessive
Individualism: Hobbes to Locke

ISBN 978-7-308-17735-1

I. ①占⋯ II. ① C⋯ ②张⋯ III. ①政治哲学 IV.
①D0-02

中国版本图书馆 CIP 数据核字（2018）第 000520 号

占有性个人主义的政治理论：从霍布斯到洛克

[加] C. B. 麦克弗森 著　张传玺 译　王　涛 校

责任编辑	王志毅
责任校对	王　军　牟杨茜
装帧设计	王小阳
出版发行	浙江大学出版社
	（杭州天目山路 148 号　邮政编码 310007）
	（网址：http://www.zjupress.com）
排　版	北京大观世纪文化传媒有限公司
印　刷	北京时捷印刷有限公司
开　本	635mm×965mm　1/16
印　张	23
字　数	278千
版印次	2018年8月第1版　2018年8月第1次印刷
书　号	ISBN 978-7-308-17735-1
定　价	68.00元